Annett Großmann

Flexibles Qualitätsmanagementsystem für kleine und mittlere Unternehmen

Vorwort

Die vorliegende Arbeit entstand im Rahmen meiner Tätigkeit als wissenschaftliche Mitarbeiterin am Institut für Arbeitswissenschaft der Universität Gesamthochschule Kassel (GhK). Teilbereiche der Arbeit beruhen auf Ergebnissen aus dem Forschungsvorhaben „Flexibilisierung von Qualitätsmanagementsystemen nach DIN EN ISO 9000ff. im Zusammenhang mit simultaner Aufgabenbearbeitung im gesamten Produktentstehungsprozeß in kleinen und mittleren Unternehmen (KMU)". Das Forschungsvorhaben wurde von der Arbeitsgemeinschaft industrieller Forschungsvereinigungen „Otto von Guericke" (AiF) gefördert. Die Projektträgerschaft lag beim Forschungskuratorium Maschinenbau e.V. (FKM) im Verband deutscher Maschinen- und Anlagenbau (VDMA). Projektpartner der federführenden Forschungsstelle Institut für Arbeitswissenschaft der Universität Gesamthochschule Kassel war das Fraunhofer-Institut für Produktionstechnik und Automatisierung, Stuttgart.

Mein besonderer Dank gilt Herrn Prof. Dr.-Ing. Hans Martin, Institut für Arbeitswissenschaft der Gesamthochschule Kassel, für seine konstruktive Unterstützung sowie seine kritischen Hinweise und fachlichen Anregungen. Herrn Prof. Dr.-Ing. Franz Tikal, Institut für Produktionstechnik und Logistik der GhK, danke ich für das entgegengebrachte Interesse und seine weiterführenden Hinweise.

Konzepte und Methoden müssen sich in Unternehmen bewähren und können erst durch die Anregungen aus der Praxis erfolgreich werden. Vor diesem Hintergrund möchte ich mich für die gute Zusammenarbeit bei den Industriepartnern bedanken. Dieser Dank gilt vor allem Herrn Dipl.-Ing. Uwe Hertel vom Unternehmen SMA Regelsysteme GmbH, Niestetal, für die freundliche Unterstützung und konstruktive Zusammenarbeit.

Wesentlich zum Gelingen dieser Arbeit trug das freundschaftliche und produktive Klima am Institut für Arbeitswissenschaft bei. Ich möchte mich bei allen Kolleginnen und Kollegen des Institutes, vor allem bei Dr.-Ing. Friedrich-Wilhelm Mengedoht, Dr. Thomas Vollmer, Dipl.-Psych. Tanja Schaeckenbach und Dipl.-Des. Barbara Mauve, für kritische Diskussionen und Unterstützung bedanken. Frau Beatrix Hülsmann danke ich für die Korrektur der Arbeit.

Mein ganz besonderer Dank gilt Dipl.-Ing. Matthias Schubert, der durch sein Verständnis und seine Ermutigung wesentlich zum Gelingen der Arbeit beigetragen hat, und allen, die den Druck dieses Buches unterstützt haben.

Kassel, März 1998

Annett Großmann

Inhaltsverzeichnis

Abkürzungen und Formelzeichen

AV	Arbeitsvorbereitung
EQA	European Quality Award
EU	Europäische Union
KMU	Kleine und mittlere Unternehmen
KU	Kleine Unternehmen
MBNQA	Malcolm Baldrige National Quality Award
MU	Mittlere Unternehmen
p	Bewertung
p_{max}	Maximale Bewertungszahl
PPS	Produktionsplanung und -steuerung
PT	Prototyp
QM-System	Qualitätsmanagementsystem
QMB	Qualitätsmanagementbeauftragter
TQM	Total Quality Management
VDI	Verein Deutscher Ingenieure
VDMA	Verein Deutscher Maschinen- und Anlagenbau e.V.
W	Wertigkeit

1 Einleitung

Zahlreiche kleine und mittlere Unternehmen stehen vor der Aufgabe, auf externe Marktforderungen schnell, flexibel und kostengünstig sowie mit einer ständigen Verbesserung der Qualität der Produkte und Prozesse zu reagieren. Diese unternehmensexternen Marktforderungen schlagen sich in internen Forderungen nach einer flexiblen aber nicht ungeregelten Umsetzung der Forderungen in den einzelnen Prozessen des Produktentstehungsprozesses nieder. Die betriebliche Flexibilität und die Qualität von Prozeß und Produkt stellen somit zunehmend einen entscheidenden Wettbewerbsfaktor dar.

Die Rahmenbedingung, die viele kleine und mittlere Unternehmen bewältigen müssen, ist der Aufbau eines flexiblen und normenkonformen Qualitätsmanagementsystems nach DIN EN ISO 9001/2/3. Die Umsetzung der Normenforderungen für Qualitätsmanagementsysteme im Rahmen der vorhandenen Organisationsstrukturen erfolgt dabei häufig nicht zu Gunsten von notwendigen flexiblen Strukturen. Die bisher existierenden Leitfäden (z.B. Hummel 1992, Glapp 1993, Pfeifer 1993 & Wittig 1994) und Normen (z.B. DIN EN ISO 9000-1, DIN EN ISO 9000-2, DIN EN ISO 9004-4, DIN ISO 10013) bieten kaum eine Unterstützung, um die Normenforderungen flexibel umsetzen zu können. Die vorhandenen Spielräume werden von den Unternehmen entweder nicht erkannt oder aus der Sorge vor dem Verlust der Zertifizierungsfähigkeit des Qualitätsmanagementsystems nicht genutzt. Aus dieser Zielsetzung entstand das Forschungsvorhaben des Forschungskuratoriums Maschinenbau e.V. zur Flexibilisierung von Qualitätsmanagementsystemen in kleinen und mittleren Unternehmen des Maschinen- und Anlagenbaus (vgl. Mengedoht, Großmann, Robeck & Fiestas Cueto 1997).

Das Ziel dieser Dissertation, die in das Forschungsvorhaben eingebunden ist, ist die Analyse der vorhandenen betrieblichen Flexibilität und das Aufzeigen von Wegen, um diese Flexibilität – vor dem Hintergrund der Zertifizierung nach DIN EN ISO 9001 – zu erhalten und weiter auszubauen. Aus diesem Grund wird ein flexibles Qualitätsmanagementsystem für kleine und mittlere Unternehmen konzipiert und umgesetzt.

Bei der Entwicklung eines flexiblen Qualitätsmanagementsystems wird die Umsetzung des Konzeptes der menschengerechten Arbeitsgestaltung angestrebt. Dabei bedeutet die Umsetzung der Forderungen an eine menschengerechte Arbeitsgestaltung, daß die Beschäftigten ihre Fähigkeiten entfalten können und sich in einem Zustand des subjektiven Wohlbefindens, welcher eine weitestgehende Übereinstimmung zwischen Mensch und Umwelt voraussetzt, befinden. Dabei wird ein Menschenbild zu Grunde gelegt, daß von einem verhältnismäßig selbständigen Menschen in der ihn umgebenden Umwelt ausgeht. Das bedeutet, daß der Mensch „aktiv am praktischen und kulturellen Leben teilnimmt, ... bewußt entsprechende Aufgaben in Angriff nimmt und sie zusammen mit anderen eigenständig und schöpferisch realisiert" (Tomaszewski 1978, S. 16) und damit flexibel auf äußere Anforderungen reagieren kann. Das heißt für die Konzeption und Umsetzung des flexiblen Qualitätsmanagementsystems, daß dieses System den Beschäftigten einen Rahmen geben muß, den sie sich selbst gestalten und weiterentwickeln können und der ihnen die Erreichung der eigenen Ziele – im Einklang mit den Unternehmenszielen – ermöglicht. Die Sicherstellung der menschengerechten Arbeitsgestaltung stellt damit die Grundlage für die betriebliche Flexibilität dar.

In der vorliegenden Arbeit erfolgt die Darlegung der wissenschaftlichen Grundlagen in Kapitel 2. Das Betrachtungsfeld der kleinen und mittleren Unternehmen wird zu Beginn des Kapitel dargestellt, um die Rahmenbedingungen für diese Unternehmen und damit auch für die vorliegende Arbeit deutlich zu machen. Danach folgt die Darstellung der wichtigsten Grundlagen zu Management- und Qualitätsmanagementsystemen, die Verbindung zum Prozeßmanagement wird geschaffen und Aspekte der Wirtschaftlichkeit von Qualitätsmanagementsystemen werden aufgezeigt. Des weiteren werden die Flexibilitätspotentiale bei der Umsetzung der Forderungen der ISO-9000 Familie verdeutlicht. Überdies folgt die Veranschaulichung des Flexibilitätsbegriffes sowie die Entwicklung von Gestaltungsfeldern der betrieblichen Flexibilität. Darauf aufbauend wird der Zusammenhang zwischen Flexibilität und menschengerechter Arbeitsgestaltung hergestellt und für die Bewertung des entwickelten Konzeptes nutzbar gemacht.

Das Vorgehen zur Analyse sowie zur Konzeption und Gestaltung eines Modells für ein flexibles Qualitätsmanagementsystem beinhaltet drei Phasen und ist in den Kapiteln 3 bis 5 dargestellt. Im Kapitel 3 erfolgt die Darstellung des Untersuchungsansatzes sowie der Ergebnisse der allgemeinen empirischen Untersuchungen in den beteiligten Unternehmen. In der ersten Phase der Analyse erfolgte die Untersuchung der Aufgabenbearbeitung in 10 Unternehmen. Dabei wurde vom Konkreten, Besonderen, Einzelnen (Aussagen aus Leitfadeninterview, Dokumentenanalysen, Beobachtungen) auf das Allgemeine (vorhandene Organisationsstrukturen, Merkmale der Prozesse) geschlossen. In der zweiten Phase der Analyse wurde so vorgegangen, daß in einem ausgewählten Unternehmen – ausgehend vom Allgemeinen – Detailanalysen durchgeführt wurden, die Aussagen zur Flexibilität des Unternehmens, zur Beurteilung der Arbeitssituation durch die Beschäftigten, zur aktuellen Prozeßstruktur- und -organisation und zur Analyse von vorhandenen Verbesserungspotentialen, zu Möglichkeiten zur Flexibilisierung des Qualitätsmanagementsystems zulassen. Auf Grund dieser Vorgehensweise wurde die Konzeption und Umsetzung des flexiblen Qualitätsmanagementsystems und die Begleitung der Unternehmen beim Aufbau eines solchen Systems in einer dritten Phase erst möglich. Dies ist in den Kapiteln 4 und 5 dargestellt.

In Kapitel 4 erfolgt auf der Grundlage der theoretischen Erkenntnisse und der Ergebnisse der Analyse die Formulierung von Anforderungen an ein flexibles Qualitätsmanagementsystem und die Entwicklung eines Konzeptes für ein flexibles Qualitätsmanagementsystem. Aspekte der Umsetzung der Wirtschaftlichkeit des flexiblen Qualitätsmanagementsystems werden aufgezeigt. Schwerpunkt des entwickelten Konzeptes ist das Modell flexibler Prozesse. Dabei steht bei der Entwicklung des Konzeptes im Vordergrund, daß durch die Beteiligung der Beschäftigten bei der Gestaltung und Umsetzung des flexiblen Qualitätsmanagementsystems die notwendige betriebliche Flexibilität konzipiert und sichergestellt wird.

Das Fallbeispiel zur Umsetzung des flexiblen QM-Systems und des Modells flexibler Prozesse ist in Kapitel 5 dargestellt. Dabei wird das Vorgehen bei der Umsetzung des flexiblen Qualitätsmanagementsystems und die Begleitung eines Unternehmens exemplarisch anhand realer betrieblicher Abläufe geschildert. Im Kapitel 6 wird das entwickelte Modell für ein flexibles Qualitätsmanagementsystem und die Erfahrungen mit der Umsetzung des Modells in den Unternehmen im Sinne einer Zusammenfassung diskutiert.

Im Anhang sind die entwickelten Instrumente zur Analyse der Aufgabenbearbeitung, der betrieblichen Flexibilität, der Arbeitssituation der Beschäftigten sowie Beispiele für Wirtschaftlichkeits- und Qualitätskennzahlen dargestellt.

Wenn in der vorliegenden Arbeit der Begriff Mitarbeiter verwendet wird, so sind in jedem Fall beide Geschlechter, d.h. auch Mitarbeiterinnen, gemeint.

2 Qualitätsmanagementsysteme und betriebliche Flexibilität in kleinen und mittleren Unternehmen

2.1 Kleine und mittlere Unternehmen (KMU)

2.1.1 Veränderung der Marktbedingungen und Situation der Beschäftigten

In der internationalen Arbeitsteilung haben in den letzten Jahren starke Verschiebungen stattgefunden. Leistungsfähige Kommunikations- und Informationstechnologien haben dem technischen Wissen eine internationale Mobilität verschafft und weniger entwickelte Länder, die sich im industriellen und technologischen Aufholprozeß befanden, konnten technisches Wissen aus den hochentwickelten Ländern unmittelbar importieren. Diese Strategie führt zu neuen Spezialisierungsprofilen im internationalen Handel und zu instabilen Bedingungen für die Unternehmen auf den Absatzmärkten (VDMA 1995, S. 197; Hilbert & Sperling 1993, S. 19f.).

Die Nachfrage nach differenzierten Waren und Dienstleistungen, verbunden mit einer zunehmenden Spezifizierung der Käuferwünsche, steigt und bedingt dadurch eine schnelle Veränderung bei Geschäftsprozessen sowie bei Organisations- und Fertigungsstrukturen in allen Unternehmen. Dafür müssen die Unternehmen die eigenen, gewohnten Geschäftsprozesse grundlegend neu strukturieren, Forschungs- und Entwicklungsaktivitäten in den Unternehmen beschleunigen und die Fähigkeit zu marktorientierten Innovationen vergrößern (VDMA 1995, S. 97). Kleine und mittlere Unternehmen werden dabei durch den Wandel der Nachfragestruktur begünstigt, da KMU eher in der Lage sind, auf diese Nachfrageveränderungen flexibel zu reagieren (Dicke 1994, S. 9).

Kleine und mittlere Unternehmen können teilweise nicht mit stabilen Bedingungen bei der Erstellung ihrer Leistungen rechnen, da das Beherrschen der Unternehmensprozesse durch verschiedene externe und interne Einflüsse beeinträchtigt wird (Dicke 1994, S. 6f). Interne Störungen lassen sich meist durch gezielte präventive und reaktive Maßnahmen bewältigen. Externe Einflüsse, wie z.B. die Zuliefer- und Abnehmerbeziehungen eines kleinen und mittleren Unternehmens sind schwerer zu beherrschen. Dies wird gerade in der kundenspezifischen Fertigung von Einzel- und Kleinserienfertigern deutlich. Die Herausforderung für ein Unternehmen besteht darin, neben der Sicherstellung der geforderten Produktqualität einen teilweise stark vom Kunden geprägten Produktentstehungsprozeß flexibel zu beherrschen (vgl. Eissing 1993, Hilbert & Sperling 1993). Dies zeigt sich z. B. darin, daß

- vorhandene Randbedingungen oder Spezifikationen der Kunden zu berücksichtigen sind,
- nicht alle Spezifikationen zu Auftragsbeginn vorhanden sind,
- Änderungen der Kundenerwartungen über alle Phasen der Produktentstehung bis hin zur Montage möglich sind.

Für die Beschreibung der Situation der Beschäftigten in der flexiblen Aufgabenbearbeitung in den kleinen und mittleren Unternehmen sind (vgl. Mengedoht 1997, S. 43f.) folgende Merkmale geeignet:

- Komplexität der Handlungssituation:

  Die Planung und Steuerung der Aufgabenbearbeitung ist ein Beispiel für eine komplexe Handlungssituation, die zur Koordination des Zusammenspiels der einzelnen Funktionsbereiche und Prozesse dient. Wenn die Intensität der Aufträge und die Abhängigkeit der Aufträge untereinander steigt, nimmt die Komplexität der Handlungen zu.
- Intransparenz über Informationen und Unvollständigkeit der Kenntnisse:

  Für die Beschäftigten bestehen häufig Schwierigkeiten bei der Beschaffung und Weitergabe von Informationen, was dazu führt, daß den Beschäftigten nicht alle benötigten Informationen bekannt oder unmittelbar zugänglich sind. Bei der Unternehmensleitung ist davon auszugehen, daß durch die Dynamik der Entwicklung und die Unvollständigkeit von Informationen häufig nur unvollständige Kenntnisse über den aktuellen Zustand der Auftragsbearbeitung in den einzelnen Funktionsbereichen vorliegen. Daraus ergibt sich eine Unsicherheit für Planungen und Entscheidungen, auf die mit Abschätzungen unter Berücksichtigung von Annahmen reagiert werden kann.
- Dynamik des Aussagegehaltes von Informationen:

  Aufgrund äußerer und innerer Einflüsse, wie z.B. flexible Reaktionen auf wechselnde Kundenforderungen, verändern sich Rahmenbedingungen und Aufgaben des Unternehmens und damit für die Beschäftigten und das Management. Diese dynamische Entwicklung geschieht zum Teil unter einem hohen Zeitdruck, der sich auf die Weitergabe und Beschaffung von Informationen sowie auf die Veränderung des Informationsgehaltes auswirken kann. Der Zeitdruck zwingt unter Umständen alle Beteiligten zu einem schnellen Handeln, d.h. zum Planen und Entscheiden, ohne alle eventuell verfügbaren Informationen als Grundlage nutzen zu können und zu berücksichtigen, daß zu einem späteren Zeitpunkt die Information eine veränderte Aussage haben kann.

- Vernetztheit der Aufgabenbearbeitung:

  Die Aufgabenbearbeitung unterliegt einer Vielzahl zeitlicher und inhaltlicher Abhängigkeiten, die besonders bei einer flexiblen Aufgabenbearbeitung zu beachten sind. Aus diesem Grund bestehen für die Beschäftigten hohe Anforderungen an die Beachtung einer Vielzahl sich laufend und zum Teil gleichzeitig mit einer hohen Geschwindigkeit ändernden Rahmenbedingungen. Besonders bei einer großen Vernetztheit ist das Management gefordert, in größeren Zusammenhängen zu denken und seine Führungsaufgabe so wahrzunehmen, daß die Abläufe überprüft, der Informationsfluß gelenkt und die Beschäftigten für ihre Aufgaben geschult werden.

- Zeitdruck zum Planen, Entscheiden und Ausführen:

  Aufgrund z.B. kürzer werdender Lieferzeiten und Produktlebenszyklen sowie Störungen während der Aufgabenbearbeitung sind Management und Beschäftigte zunehmend gefordert, in bestimmten Situationen schnell zu reagieren. Das Handeln unter Zeitdruck ist somit ein weiteres Kennzeichen der Situation der Beschäftigten.

Anhand der beschriebenen Merkmale wird die Situation der Beschäftigten in kleinen und mittleren Unternehmen sichtbar. Daraus leiten sich Anforderungen an die Unternehmensleitung und die Beschäftigten ab, die sich ergeben, wenn eine flexible Aufgabenbearbeitung geplant und durchgeführt werden muß. Diese beschriebenen Bedingungen machen deutlich, daß es aufgrund wirtschaftlicher Gesichtspunkte nicht immer sinnvoll ist, die Vision einer vollautomatisierten und menschenleeren Fabrik zu verfolgen (Schindler, Hartmann & Fuchs-Frohnhofen 1995, S. 186). Zur Lösung des Problems streben viele Unternehmen eine zunehmende Konzentration auf die menschlichen Ressourcen an. Dabei versuchen sie, diese Situation z.B. mit erfahrenen Beschäftigten mit hohem Produkt- und Prozeßwissen zu bewältigen (vgl. Mengedoht 1997, Martin 1995, Fleig & Schneider 1995).

2.1.2 Definition von KMU

Kleine und mittlere Unternehmen haben in allen Industrieländern eine große Bedeutung. Dies gilt sowohl im Hinblick auf die Bruttowertschöpfung sowie die Ausbildungsleistungen als auch auf die Anzahl der Beschäftigten. Dabei ist die Bedeutung des Mittelstandes in fast allen Industrieländern in den letzten Jahren größer geworden. In der Statistik des Institutes für Mittelstandsforschung für Deutschland (Clemens & Kayser 1995)

- stellen KMU 96,6% aller steuerpflichtigen Unternehmen dar,
- verfügen KMU über 80% aller Ausbildungsleistungen,
- beschäftigen KMU 64% aller Arbeitnehmer,
- erwirtschafteten KMU 52,1% aller Bruttowertschöpfung von Unternehmen,
- erarbeiten KMU 45,9% aller steuerpflichtigen Umsätze und
- tätigen KMU 44,1% aller Bruttoinvestitionen.

Die Frage, was im Unterschied zu Großunternehmen kleine und mittlere Unternehmen sind, wird national wie international unterschiedlich beantwortet, je nachdem ob qualitative Aspekte (z.B. Haftung durch Inhaber, Persönlichkeit des Unternehmers) oder quantitative Aspekte (z.B. Zahl der Arbeitsplätze, Umsatz) dabei im Vordergrund stehen. Ein naheliegendes Kriterium für die Abgrenzung ist die Zahl der Beschäftigten im Unternehmen. Diese Zahl unterliegt im Gegensatz zu anderen Daten, wie z.B. der Umsatz, nicht der Geheimhaltung (Kayser 1986, S. 6f.).

Die Europäische Union hat im Jahr 1996 beschlossen, den Begriff kleine und mittlere Unternehmen künftig einheitlich auszulegen (CORDIS Community Research and Development Information Service 1996). Demnach handelt es sich um ein mittleres Unternehmen, wenn das Unternehmen über

- maximal 250 Beschäftigte,
- eine Bilanzsumme von maximal 27 Mio. Ecu (ca. 51 Mio. DM) und
- einen Jahresumsatz von maximal 40 Mio. Ecu (ca. 75 Mio. DM)

verfügt und

- zu höchstens 25% im alleinigen oder gemeinschaftlichen Eigentum eines größeren Unternehmens steht.

Ferner wird weiterhin nach

- kleinen Unternehmen mit maximal 50 Beschäftigten, einer Bilanzsumme von maximal 5 Mio. Ecu (ca. 10 Mio. DM), einem Jahresumsatz von maximal 7 Mio. Ecu (ca. 13 Mio. DM) und
- sehr kleinen Unternehmen mit unter 10 Beschäftigten unterschieden.

Dabei will die EU diese Werte regelmäßig an die Preisentwicklung und Produktivität anpassen und hat den EU-Mitgliedsländern empfohlen, diese Definition zu übernehmen.

Unternehmens-größe	Zahl der Beschäftigten	Bilanzsumme Ecu/Jahr	Jahres-umsatz Ecu/Jahr	Besonderheiten
sehr klein	unter 10	k. A.	k. A.	
klein	max. 50	ca. 5 Mio.	ca. 7 Mio.	
mittel	max. 250	ca. 27 Mio.	ca. 40 Mio.	höchstens zu 25% im alleinigen oder gemeinschaftlichen Eigentum eines größeren Unternehmens

Bild 2.1: Kriterien für kleine und mittlere Unternehmen in der Europäischen Union (vgl. CORDIS Community Research and Development Information Service 1996)

Zusätzlich zur Unternehmensgrößenklassifizierung anhand der Beschäftigtenzahl müssen (nach Hamer 1987, S. 56; Aiginger & Tichy 1985, S. 13) folgende Einflußgrößen berücksichtigt werden:

- Branche (unterschiedlicher Beschäftigtenbedarf, z.B. in der Grundstoff-, Bekleidungs- und Investitionsgüterindustrie),
- Automatisierungs- und Mechanisierungsgrad (Stand der Technologie des Unternehmens),
- Art der vorherrschenden Beschäftigungsverhältnisse (z.B. Anteil Teilzeitkräfte, Saisonarbeiter) und
- Arbeitszeitregelungen (z.B. Schichtmodelle).

2.1.3 Rahmenbedingungen für die Einführung flexibler Qualitätsmanagementsysteme

Die Ermittlung von Rahmenbedingungen, die für die Klasse der kleinen und mittleren Unternehmen typisch sind, ist zur Abgrenzung dieser Unternehmensgruppe wichtig. Grundsätzlich ist davon auszugehen, daß die Struktur eines am Markt erfolgreichen Unternehmens ein bewährtes System darstellt, welches sich vor allem durch betriebsspezifische Anforderungen herausgebildet hat. Vorhandene Rahmenbedingungen sind genau zu analysieren, um die gewachsenen Betriebsstrukturen hinsichtlich Eignung, Effektivität und Zweckmäßigkeit für die Einführung von flexiblen Qualitätsmanagementsystemen zu überprüfen und gegebenenfalls zu verbessern.

Betriebliche Flexibilität

Kleine und mittlere Unternehmen besitzen bestimmte Stärken gegenüber Großunternehmen (nach Köhler 1994, S. 25f.), welche die betriebliche Flexibilität der Unternehmen ermöglichen. Diese Stärken sind z.B.

- kurze Entscheidungswege und rasche Umsetzung der getroffenen Entscheidungen,
- direkte Kommunikation zwischen Unternehmensleitung und Beschäftigten,
- bessere Motivationsmöglichkeiten des Personals und
- Kundennähe des Managements.

In einer Untersuchung von 1993 bei 1667 Unternehmen in der Schweiz wurde festgestellt: "Drei Viertel der Unternehmensleiter der befragten KU und auch der MU sehen »hohe Flexibilität bezüglich Kunde und Markt« als wichtigste unternehmerische Marschrichtung zur Gewinnung von Wettbewerbsvorteilen für ihr Unternehmen an" (Sattes, Brodbeck, Lang & Domeisen 1995, S. 34). Weitere Daten zur betrieblichen Flexibilität belegen, daß die Unternehmen steigende Forderungen an die Flexibilität der Produktion sehen. Das zeigt sich darin, daß in den Jahren 1992 bis 1994 zwischen 70,2 und 75,8% der befragten Betriebe insgesamt eine Steigerung der Flexibilitätsforderungen auch an ihren Betrieb wahrnehmen:

Flexibilitätsforderungen werden insgesamt .... (Anteil der Betriebe in %)			
	eher steigen	gleichbleiben	eher sinken
1992	71,8	14,1	14,1
1993	75,8	11,5	12,7
1994	70,2	10,6	19,2

Bild 2.2: Flexibilitätsforderungen an die Betriebe (Mitteilungen für den Maschinenbau Nr. 12/1995)

Betrachtet man genauer, wie sich die Flexibilitätsforderungen ausdrücken, dann stellt man fest, daß von den Unternehmen eine Zunahme bei Eilaufträgen (1992: 65,5%, 1994: 70,7%), von kürzeren Durchlaufzeiten (1992: 57,6%, 1994: 60,1%) und bei Belastungsschwankungen (1992: 47,7%, 1994: 57,5%) erwartet wird (Mitteilungen für den Maschinenbau Nr. 12/1995).

Leitung, Kapitalbesitz und Rechtsform

Viele mittelständige Unternehmen sind häufig Gründer- und Traditionsbetriebe. Bei einer 1993 durchgeführten empirischen Untersuchung in der Schweiz mit ca. 1700 Unternehmen (Sattes et al. 1995, S. 19f.) waren etwa zwei Drittel Familienunternehmen, d.h. zu mehr als 70% Eigentum einer einzigen Familie (siehe Bild 2.3). Diese Gründer- und Traditionsbetriebe sind Eigentum eines Unternehmers, der in besonderer Weise mit seinem Unternehmen verbunden ist. „Als wesentliches Kriterium schlägt hierbei ganz deutlich die Personenbezogenheit durch, denn in den meisten Fällen sind Kapitaleigentum und Unternehmensführung miteinander kombiniert" (Gruhler 1984, S. 14). Folge dieser Kombination ist eine außergewöhnlich hohe und umfangreiche Belastung des mittelständischen Unternehmers, der auch als „Eigentümer-Unternehmer" (Gruhler 1984, S. 12) oder „Risikounternehmer" (Hamer 1987, S. 129) bezeichnet wird. Es besteht häufig die Neigung, vieles oder alles selbst zu machen. Negativ anzumerken sind in diesem Zusammenhang eine Überlastung der Führungsspitze, eine unzureichende Aufgabendelegation, eine geringe planerische bzw. strategische Betriebsführung und Weiterbildungsdefizite der Unternehmensleitung, die beim Aufbau von flexiblen Qualitätsmanagementsystemen besonders hervortreten. Positiv anzumerken sind eine „hohe Flexibilität, eine schnelle Entscheidungsfähigkeit und ein unbürokratischer, gesprächsorientierter Führungsstil" (Gruhler 1984, S. 136), die sich bei der Einführung eines flexiblen Qualitätsmanagementsystems positiv auswirken würden.

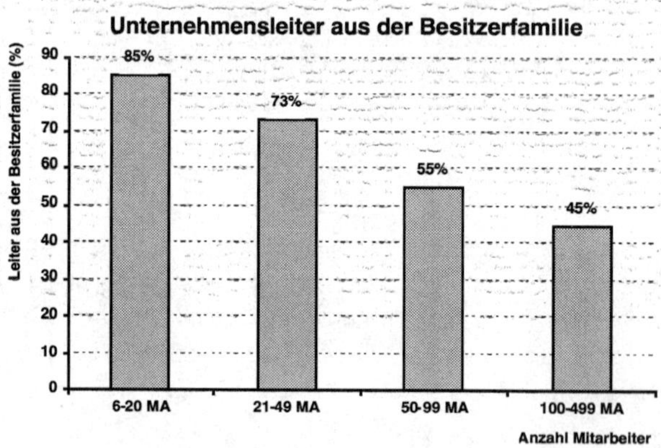

Bild 2.3: Unternehmensleiter aus der Besitzerfamilie nach der Unternehmensgröße (Sattes et al. 1995, S. 19)

Erwähnenswert ist bei der Betrachtung der Rechtsformen kleiner und mittlerer Unternehmen vor allem die GmbH. Diese Form erlaubt die Begrenzung des persönlichen Risikos des Unternehmers auf eine festgelegte Höhe und „lockert" so die im vorangegangenen Punkt beschriebene Verbindung zwischen Unternehmensexistenz und der persönlichen Existenz des Unternehmers (Hamer 1987, S. 135).

Kunden- und Marktorientierung

Durch die in den letzten Jahren vollzogene Entwicklung in den Großunternehmen, instabile und arbeitsintensive Produktionsstufen an kleine und mittlere Unternehmen zu vergeben, werden Kundenorientierung, Flexibilisierungsgrad sowie Termintreue dort von immer größerer Bedeutung. Gleichzeitig besteht seitens der Großunternehmen starkes Interesse an Produkten kleiner und mittlerer Spezialbetriebe, die sich auf die Herstellung einer Produktart konzentrieren und deshalb in den jeweiligen Produktionsabläufen höchstes Know-how erlangt haben (Hilpert & Sperling 1993, S. 21). Als weitere Marktanforderung ist die Einzelteil- und Kleinserienfertigung zu nennen, die durch die verhältnismäßig effektive Organisation in KMU vergleichsweise kostengünstiger angeboten werden kann als in Großbetrieben (vgl. Dicke 1994, S. 11). Durch sich häufig und schnell ändernde Markt- und Kundenforderungen wird die Notwendigkeit von Flexibilität, Kundenorientierung und Termintreue in kleinen und mittleren Unternehmen verstärkt.

Merkmale für Unternehmen mit einer großen Kunden- und Marktorientierung können sein (nach Hamer 1987, Aiginger & Tichy 1986, Wassermann 1988, Berger, Domeyer & Funder 1990, Weimer 1990):

- persönliche und meist langfristige Beziehungen zu den Kunden,
- kaum Einsatz von Marketingmethoden und systematischer Marktforschung,
- Wettbewerbsfähigkeit vor allem durch gute Qualität, Problemlösekapazität und Termineinhaltung,
- schnelle und flexible Erfüllung von Kundenwünschen sowie
- große Zeit- und Leistungsflexibilität bei der Erfüllung von Sonderwünschen.

Ständige Produktneu- und Produktweiterentwicklungen sind bei einem Großteil aller Unternehmen mit starker Markt- und Kundenorientierung eine strategische Entscheidung, um die Wettbewerbsfähigkeit zu erhalten oder zu erhöhen (Mitteilungen für den Maschinenbau Nr. 11/1995). Um ständige Produktneu- und -weiterentwicklungen zu erzielen, müssen diese Unternehmen die innerbetrieblichen Voraussetzungen dafür schaffen. Dazu gehört u.a. eine ständige Überarbeitung des Produktspektrums und Standardisierung der Produkte sowie die Qualifizierung der Beschäftigten (Mitteilungen für den Maschinenbau Nr. 11/1995). Bild 2.4 zeigt den Anteil der Betriebe, die ihr Produktspektrum regelmäßig erneuern.

	Erneuerung des Produktspektrums		
Beschäftigte	nie	in Abständen	immer
bis 49	19,6	25,9	54,4
50 bis 99	11,0	23,8	65,2
100 bis 199	3,5	18,3	78,3
200 bis 499	2,0	13,0	85,0
500 und mehr	5,3	10,5	84,2
insgesamt	12,0	21,7	66,3

Bild 2.4: Erneuerung des Produktspektrums (in Prozent, n=750) (Mitteilungen für den Maschinenbau Nr. 11/1995)

Ein großer Anteil an Produktneuentwicklungen ist zwangsläufig mit hohen Aufwendungen für Forschung und Entwicklung verbunden. Dementsprechend sind gerade kleine Unternehmen benachteiligt, da diese häufig nicht in der Lage sind, diese hohen Aufwendungen zu erbringen, so daß die unterschiedliche Innovationstätigkeit in dieser Betriebsgruppe auf zu hohe Kosten zurückgeführt werden kann und nicht auf eine strategische Entscheidung gegen eine verstärkte Innovationsfähigkeit (Mitteilungen für den Maschinenbau Nr. 11/1995).

Die Markt- und Kundenorientierung eines Betriebes spiegelt sich auch in der Kundenindividualität der Produkte wider. Dabei zeigt sich, daß die Innovationsbereitschaft mit dem Anteil der Erzeugnisse nach Kundenspezifikationen und -bestellungen steigt. Betriebe, die stärker standardisierte Produkte herstellen, müssen innovativer als Betriebe sein, deren Produkte mit dem Kunden zusammen erst spezifiziert werden. Der Anteil kundenspezifischer Produkte betrug bei kleinen und mittleren Unternehmen mit Produktinnovationen im Jahre 1995 zwischen 39 und 48% und bei kleinen und mittleren Unternehmen ohne Produktinnovationen zwischen 53 und 71% (Mitteilungen für den Maschinenbau Nr. 11/1995). Diese Kundenorientierung der KMU ist ein wichtiges Kriterium für die Notwendigkeit eines flexiblen Qualitätsmanagementsystems, welches diese Forderungen berücksichtigt.

Beschäftigte größerer Unternehmen werden generell eher qualifiziert als die Beschäftigten in kleinen oder mittleren Unternehmen, der Unterschied zwischen innovativen und nicht innovativen Betrieben zeigt sich aber in allen Betriebsgrößenklassen. Bei innovativeren Unternehmen nehmen deutlich mehr technische Angestellte und Meister an Qualifizierungsmaßnahmen teil als bei Betrieben, die weniger innovativ sind (Mitteilungen für den Maschinenbau Nr. 11/1995). Dieser geringere Anteil der Beschäftigten, die in KMU qualifiziert werden, kann sich negativ auf die Einführung des Qualitätsmanagementsystems nach DIN EN ISO 9001/2/3 und auf das flexible Qualitätsmanagementsystem auswirken. Deshalb sollte die Qualifizierung und Beteiligung der Beschäftigten einen Schwerpunkt darstellen. Der durchschnittliche Anteil der Betriebe, die Beschäftigte qualifizieren ist in Bild 2.5 dargestellt.

	Anteil der Betriebe, die Beschäftigte qualifizieren nach Betriebsgröße (in %)	
Beschäftigte	Betriebe mit Produktinnovation	Betriebe ohne Produktinnovation
bis 49	68	58
50 bis 99	72	52
100 bis 199	89	64
200 bis 499	93	87
500 und mehr	94	67
insgesamt	78	59

Bild 2.5: Durchschnittlicher Anteil der Betriebe, die Beschäftigte qualifizieren (n=750) (Mitteilungen für den Maschinenbau Nr. 11/1995)

Bedarf für ein flexibles Qualitätsmanagementsystem

Die veränderte Wettbewerbssituation, vielfältige Kundenwünsche und Marktforderungen sowie interne Forderungen stellen viele kleine und mittlere Unternehmen vor die Aufgabe, schnell, flexibel und kostengünstig zu produzieren. Die Produktionsziele der Unternehmen haben sich hinsichtlich Qualität, Zuverlässigkeit, Innovation und Flexibilität geändert (Wittig 1994, S. 3). Um auf diese Entwicklungen schnell und sicher zu reagieren und ihre Prozesse an veränderte Bedingungen anpassen zu können, brauchen viele kleine und mittlere Unternehmen ein flexibles und normenkonformes Qualitätsmanagementsystem, das sich nach Pfeifer (1993, S. 14) an folgende Faktoren orientieren muß:

- Verkürzung der Innovationszeit von Idee bis zum Produkt,
- Reduzierung der Lieferfristen und Lagerhaltungsaufwendungen,
- Steigerung der Flexibilität und der Variantenvielfalt und
- kontinuierliche Verbesserung der gesamten Produktentstehungsprozesse.

In einigen Unternehmen wird inzwischen davon ausgegangen, daß der arbeitende Mensch die an ihn gestellten Anforderungen wirtschaftlicher, flexibler und kreativer umsetzten kann als es datentechnische Lösungen alleine können (Warnecke 1996, S. 34). Diese Unternehmen versuchen, das bei den Beschäftigten vorhandene Wissen und Können zu fördern und zu nutzen sowie die Beschäftigten an der Entwicklung und Umsetzung von Lösungen zu beteiligen. Die dabei förderlichen Merkmale bei KMU liegen in der Überschaubarkeit einzelner Vorgänge, bereichsübergreifenden Tätigkeiten und Prozessen und in einer flachen Organisation aufgrund der geringen Beschäftigtenzahl und der Qualifikationsstruktur. Zusätzlich unterstützen kurze Kommunikationswege schnelle Entscheidungen, Umsetzungen, Verbesserungen und Korrekturen (Aiginger & Tichy 1985 S. 134, Franke 1986, S. 22, Hering, Triemel & Blank 1993, S. 395). Für diese kleinen und mittleren Unternehmen besteht eine Möglichkeit zur Erhaltung und Verbesserung der Wettbewerbsfähigkeit in der Konzeption und Umsetzung eines flexiblen Qualitätsmanagementsystems, das die Möglichkeiten der Beschäftigten und des Managements zur Verbesserung der Produkt- und Prozeßqualität nutzt und unter Beteiligung der Beschäftigten gestaltet wird. Dabei sollte die Qualifizierung der Beschäftigten einen Schwerpunkt darstellen.

2.2 Grundlagen von Qualitätsmanagementsystemen

2.2.1 Management und Managementsysteme

Managementbegriff: Management ist die Leitung von Systemen in personen- und sachbezogener Hinsicht mit Hilfe von professionellen Methoden. In der sachbezogenen Dimension des Managements geht es um die Bewältigung der Aufgaben, die sich aus den obersten Zielen das Systems ableiten, in der personenbezogenen Dimension um den richtigen Umgang mit allen Menschen, auf deren Kooperation das Management zur Aufgabenerfüllung angewiesen ist (Ulrich & Fluri 1992, S. 13; Masing 1994, S. 5; Hoffmann & v. Rosenstiel 1988). In einem Unternehmen hat das Management die Verantwortung, Tätigkeiten, Unternehmenspolitik und deren Ziele festzulegen sowie diese durch Mittel wie Planung, Lenkung, Ergebnisbeurteilung und Verbesserung zu verwirklichen (Petrick & Eggert 1995, S. 5). Das Management umfaßt alle Instanzen im Unternehmen. Die Entscheidungs- und Weisungsbefugnisse des Managements sind nicht an die leitenden Personen selbst, sondern an ihre formalen Positionen im Unternehmen gebunden (Ulrich & Fluri 1992, S. 13).

Managementfunktionen: Als Grundfunktionen des Managements lassen sich die Gestaltung, Lenkung und Entwicklung von Managementsystemen unterscheiden, „ ... die in der Unternehmung erfüllt werden müssen, wenn diese als zweckgerichtete Institution im Rahmen einer dynamischen Umwelt lebensfähig sein soll." (Ulrich & Probst 1988, S. 263). Analog zu den Managementebenen gilt, daß die Funktionen nicht unabhängig voneinander sind, sondern sich gegenseitig bedingen und durchdringen.

- Gestaltung:
  Die Gestaltung der Managementfunktion kann als der Entwurf eines Modells des Unternehmens verstanden werden, der sich auf die für wünschenswert erachteten Eigenschaften des Unternehmens stützt. „Gestaltung bedeutet, eine Institution überhaupt zu schaffen und als zweckgerichtete handlungsfähige Ganzheit aufrechtzuerhalten" (Ulrich & Probst 1988, S. 260). Eine Ungewißheit über die zukünftige Entwicklung ist gestaltungsleitend und spiegelt sich demzufolge auch in der Gestaltung wider. „Die Gestaltungsfunktion des Managements umfaßt die Konzipierung des normativen und strategischen Überbaus des vollziehenden Handelns ..." (Bleicher 1992, S. 305).
- Lenkung:
  Unter Lenken wird „... das Bestimmen von Zielen und das Festlegen, Auslösen und Kontrollieren zielgerichteter Aktivitäten des Systems bzw. seiner Komponenten und Elemente" verstanden. Die Lenkung hat die Aufgabe, „ ... die konzeptionell gestalteten normativen und strategischen Vorgaben durch operatives Handeln umzusetzen" (Ulrich 1984, S. 8) und auf diese Weise die unmittelbare Anpassung des Unternehmens an den Wandel zu gewährleisten.
- Entwicklung:
  Die Entwicklung kennzeichnet die grundsätzliche Veränderung des Unternehmens in Richtung veränderter Werte und einer Verbesserung des Unternehmensverhaltens. Grundlegender Anstoß für Entwicklungsprozesse sind veränderte Bedürfnisse und Leistungen der Umwelt, z.B. des Kunden, wie auch sich innerhalb des Unternehmens wandelnde Werte, Motive, Absichten der Systemmitglieder, z.B. Ausrichten auf eine neue Produktpalette (Thielen 1993, S. 132). Entwicklung kann auf der einen Seite als das Ergeb-

nis von stattfindenden Gestaltungs- und Lenkungsprozessen sein. Auf der anderen Seite kann Entwicklung auch Reflexion und Hinterfragung durch die Systemmitglieder selbst und damit das Resultat von Lernprozessen sein (Bleicher 1992, S. 35).

Managementsysteme: Bei einem Managementsystem handelt es sich um ein institutionalisiertes System, das in formalisierter Weise der Unterstützung der Führung auf verschiedenen Ebenen und in verschiedenen Führungsbereichen des Unternehmens dient (Kirsch 1990, S. 3). Spezielle Aufgaben können durch entsprechende Systeme ausgeführt werden, wie z.B. Zielfindungs-, Planungs- und Kontrollsysteme, Informationssysteme, Personal-Management-Systeme oder Wert-Management-Systeme. Schwaninger (1994, S. 42ff.) bezeichnet diese Systeme als Managementsysteme erster Ordnung. Da alle Komponenten eines Gesamtsystems in einer Wechselwirkung mit gegenseitigen Abhängigkeiten stehen, fordert er die Integration der Einzelsysteme in ein Meta-Managementsystem mit dem Ziel, sie zu synchronisieren und wechselseitig abzustimmen. Dieses System nennt er Unternehmensentwicklungssystem bzw. Managementsystem zweiter Ordnung. Beispiele für besonders einflußreiche Führungs- und Managementmodelle (Ulrich & Fluri 1992, S. 100f.) aus der Literatur sind:

- das Harzburger Modell (1956): Schwerpunkt ist die Idee der „Führung im Mitarbeiterverhältnis mit Delegation von Verantwortung“, womit ältere bürokratisch-autoritäre Führungskonzepte überwunden werden sollten (Höhn 1987),
- das St. Galler Management-Modell (1972): Kernstück ist die Idee, auf der Grundlage der Systemtheorie einen formalen, spezifisch auszufüllenden, jedoch umfassenden Bezugsrahmen zur Erfassung und Integration aller Dimensionen und Funktionen der Unternehmensführung zu schaffen (Ulrich & Krieg 1974, Bleicher 1992),
- das „7S“ Konzept der Beratungsfirma McKinsey (1980): Mittelpunkt ist die Idee, daß der Führungserfolg von „weichen“, unternehmenskulturellen Faktoren wie „shared values, style, skills and staff“ und von „harten“ Faktoren wie „strategy, structure and systems“ abhängt (Peters & Watermann 1982, Pascale & Athos 1982).

Das St. Galler Managementkonzept erscheint im Hinblick auf die Konzeption eines flexiblen Qualitätsmanagementsystems für kleine und mittlere Unternehmen am geeignetsten, da es sich um ein umfassendes Konzept der Unternehmensführung handelt. In einer groben Übersicht (siehe Bild 2.6) kann das St. Galler Managementkonzept (nach Bleicher 1992, S. 52ff.) als dreidimensionales Gebäude dargestellt werden.

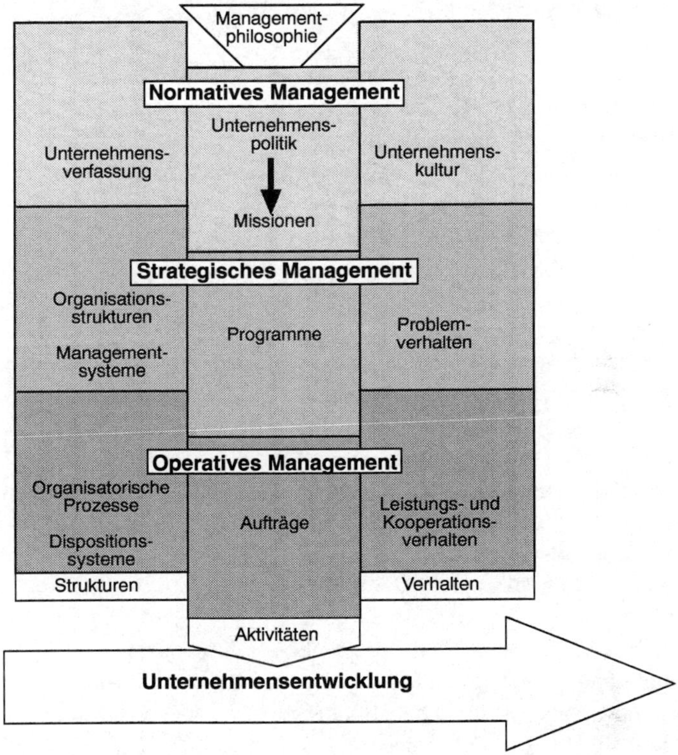

Bild 2.6: Konzept der Unternehmensführung: Das St. Galler Managementkonzept (Bleicher 1992, S. 72)

Die erste Dimension stellen die drei Ebenen des normativen, strategischen und operativen Managements dar. Die zweite Dimension verkörpern die drei Säulen der Strukturen, Aktivitäten und des Verhaltens. Die Aktivitäten, die letztendlich zu den Marktleistungen des Unternehmens führen, werden einerseits durch die linke Säule der Strukturen unterstützt und andererseits durch die rechte Säule des Verhaltens von Führungskräften und Mitarbeitern stark geprägt. Die dritte Dimension liegt in der im zeitlichen Ablauf stattfindenden Unternehmensentwicklung und betrifft die Dynamisierung, durch welche relativ zum Wettbewerb und zur Umwelt bewertete Potentiale über die Zeit einer stetigen Veränderung unterzogen werden. An den Schnittstellen von Säulen und Ebenen sind Module angelegt, welche horizontal und vertikal in Wechselbeziehungen stehen und wodurch die Ganzheitlichkeit und Integration des Konzeptes entsteht (Bleicher 1992; Schwaninger 1994; Seghezzi 1996).

Obgleich diese Führungsebenen durch logisch voneinander abgrenzbare Aufgabenfelder gekennzeichnet sind, existieren sie nicht unabhängig voneinander, sondern bedingen und durchdringen sich gegenseitig. Die normativen, strategischen und operativen Aufgaben sind nicht auf unterschiedlichen hierarchischen Ebenen des Managements verankert, sondern eine Führungskraft sollte zugleich normative und strategischen Aufgaben haben (Thielen 1993, S. 132).

Normatives Management: Das normative Management beschäftigt sich mit generellen Zielen, Prinzipien, Normen und Regeln des Unternehmens. Das Ziel jedes normativen Managements besteht darin, die Lebens- und Entwicklungsfähigkeit des Unternehmens in einer sich ständig verändernden Umwelt sicherzustellen. Die generellen Ziele des Handelns werden dabei in der Unternehmenspolitik festgelegt. Die auf der normativen Ebene entwickelten unternehmenspolitischen Festlegungen als das 'Was' des unternehmerischen Handelns dienen als Vorgaben für die nachgelagerten Managementfunktionen (Ulrich 1978, S. 107; Bleicher 1992, 69f).

Strategisches Management: Im Mittelpunkt des strategischen Managements stehen Maßnahmen zur grundsätzlichen Auslegung von Strukturen und Systemen des Managements (Bleicher 1992, S. 68ff.). Das strategische Management befaßt sich mit der Frage des 'Wie', d.h. mit den grundsätzlichen Vorgehensweisen und Verfahrensrichtlinien zur Erreichung der unternehmenspolitischen Ziele (Ulrich 1978, S. 107).

Operatives Management: Die Umsetzung von normativen und strategischen Vorgaben in praktische Operationen erfolgt durch das operative Management (Bleicher 1992, S. 68ff.). Es hat die Aufgabe, die auf der operativen und strategischen Ebene entworfenen Konzepte und Vorgaben in konkrete, dispositive Aktivitäten umzusetzen und deren Ausführung zu kontrollieren (Ulrich 1978, S. 107).

Zusammenfassend läßt sich festhalten, daß normatives Management unternehmerische Aktivitäten begründet und strategisches Management richtungsweisend auf sie einwirkt. D.h., daß das normative und strategische Management die konzeptionelle Seite und damit die Rahmenordnung des Unternehmens bilden. Die operative Ebene ist die Durchführungsebene (Bleicher 1992, S. 68ff.).

2.2.2 Qualität und Qualitätsmanagementsysteme

2.2.2.1 Definition grundlegender Begriffe

Es gibt für verschiedene Begriffe im Bereich von Qualität und Qualitätsmanagementsystem zahlreiche Definitionen in der Literatur, die sich z.B. auf Qualität, Prozesse und Tätigkeiten beziehen. Im folgenden Text wird aufgezeigt, auf welche Begriffsdefinition sich die vorliegende Arbeit bezieht.

Qualität

Qualität ist definiert als „die Gesamtheit von Merkmalen einer Einheit bezüglich ihrer Eignung, festgelegte und vorausgesetzte Erfordernisse zu erfüllen" (DIN EN ISO 8402 1995, S. 9). Eine Einheit kann z.B.

- eine Tätigkeit oder ein Prozeß,
- ein Produkt,
- eine Organisation, ein System oder eine Person oder
- irgendeine Kombination daraus

sein (DIN EN ISO 8402 1995, S. 6).

Das bedeutet für die vorliegende Arbeit, daß sich das Qualitätsverständnis auf Produkte, Prozesse bzw. Tätigkeiten, eine Organisation oder ein System und auf die Qualität der Arbeitsbedingungen von Beschäftigten bezieht.

Prozeß

Ein Prozeß ist ein „Satz von in Wechselbeziehungen stehenden Mitteln und Tätigkeiten, die Eingaben in Ergebnisse umwandeln." Dabei können laut DIN EN ISO 8402 zu den Mitteln Personal, Einrichtungen, Anlagen, Technologie und Methoden gehören (DIN EN ISO 8402 1995, S. 6). In der vorliegenden Arbeit wird der arbeitende Menschen nicht mit Mitteln gleichgesetzt. Es wird der arbeitswissenschaftlichen Vorstellung von einem Arbeitssystem (nach Martin 1994, S. 32ff.) mit den vier Elementen Arbeitspersonen, -objekten, -mitteln und

-umgebung entsprochen, welche Eingaben durch Prozesse in Ausgaben verwandeln und der arbeitende Mensch wird als ein lebendes Systemelement angesehen. Das bedeutet, daß er den Prozeß plant, lenkt, durchführt, überprüft und freigibt.

Die Definition der DGQ (1995, S. 17) wird diesem Verständnis eher gerecht. Dabei ist ein Prozeß eine „Gesamtheit von in Wechselbeziehung stehenden Abläufen, Vorgängen und Tätigkeiten durch welche Werkstoffe, Energien und Informationen transportiert oder umgeformt werden."

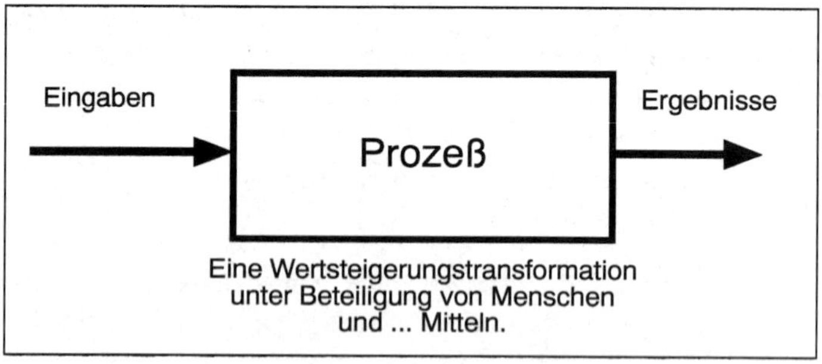

Bild 2.7: Konzept eines Prozesses (DIN EN ISO 9000-1 1994, S. 16)

Ergebnis von Prozessen und Tätigkeiten

Ein Produkt ist ein Ergebnis von Prozessen oder Tätigkeiten (DIN EN ISO 8402 1995, S. 7). Dabei kann ein Produkt

- eine Dienstleistung, Hardware, verfahrenstechnische Produkte, Informationen, Software oder Kombinationen daraus einschließen,
- materiell (z.B. Material, Rohstoffe, Halbfertigerzeugnisse und Güter) oder immateriell (z.B. Beratungs-, Betreuungs- oder Vermittlungsleistungen) oder eine Kombination daraus sein und
- beabsichtigt (z.B. ein Angebotsprodukt für den Kunden) oder unbeabsichtigt (z.B. Schadstoffe oder unerwünschte Effekte) sein.

Kunde und Lieferant

Der Lieferant ist die Organisation, die dem Kunden ein Produkt bereitstellt. Der Kunde ist Empfänger eines vom Lieferanten bereitgestellten Produktes (DIN EN ISO 8402 1995, S. 8). Es wird angemerkt,

- der „Lieferant kann in Beziehung zur Organisation entweder extern oder intern sein" (DIN EN ISO 8402 1995, S. 8) und
- der „Kunde kann in Beziehung zur Organisation entweder extern oder intern sein" (DIN EN ISO 8402 1995, S. 8).

Das bedeutet für die vorliegende Arbeit, daß der *externe* Kunde des Unternehmens z.B. der Endverbraucher, Anwender, Nutznießer oder Auftraggeber und der externe Lieferant des Unternehmens z.B. der Hersteller, Verteiler, Importeur oder eine Dienstleistungsorganisation ist (DIN EN ISO 8402 1995, S. 8). Das Unternehmen ist gleichzeitig externer Kunde für andere Unternehmen, z.B. bei Beschaffungen oder bei der Vergabe von Aufträgen. Mit dem *internen* Kunden bzw. Lieferanten ist der oder die Beschäftigte gemeint.

Die Definition von Qualitätsforderungen bezieht sich auf die „Formulierung von Erfordernissen oder deren Umsetzung in ... quantitative oder qualitative Forderungen an die Merkmale einer Einheit zur Ermöglichung ihrer Realisierung oder Prüfung" (DIN EN ISO 8402 1995, S. 11). Dabei ist es „entscheidend, daß die Qualitätsforderung die festgelegten und vorausgesetzten Erfordernisse des Kunden voll widerspiegelt" (DIN EN ISO 8402 1995, S. 11).

In der vorliegenden Arbeit wird diese Definition von Qualitätsforderungen und die Beziehung zwischen Kunden und Lieferanten so modifiziert, daß bei der Konzeption und Umsetzung des flexiblen Qualitätsmanagementsystems die Qualitätsforderungen des externen Kunden des Unternehmens und der internen Kunden der Organisation, der Beschäftigten, berücksichtigt werden. Es erfolgt die Gestaltung einer umfassenden Beziehung zwischen Kunden und Lieferanten, die den Anforderungen der Beschäftigten, z.B. an Kooperation und Kommunikation gerecht wird.

Prozeßkette und Kunden-Lieferanten-Beziehung

Unter einer Prozeßkette wird „die Summe von Prozessen verstanden, die durch ihr Zusammenwirken gemeinsame Zwecke bestimmen bzw. gemeinsame Ergebnisse erreichen" (Richter 1990, S. 35). Dabei sind die Prozesse innerhalb der Prozeßkette durch Informations- und/oder Materialflußbeziehungen verbunden. Dabei handelt es sich um „eine in sich logisch geschlossene Folge von Einzelprozessen, die in ihrer Gesamtheit auf ein definiertes Ergebnis abzielen und in der Summe einen vollständigen Gesamtprozeß abbilden" (Spänle 1991, S. 54).

Die Verkettung der einzelnen Prozesse im Unternehmen wird im folgenden durch die Kunden-Lieferanten-Beziehung beschrieben. Der vorausgehende Prozeß wird als interner Lieferant und der nachfolgende Prozeß als interner Kunde bezeichnet (siehe Bild 2.8).

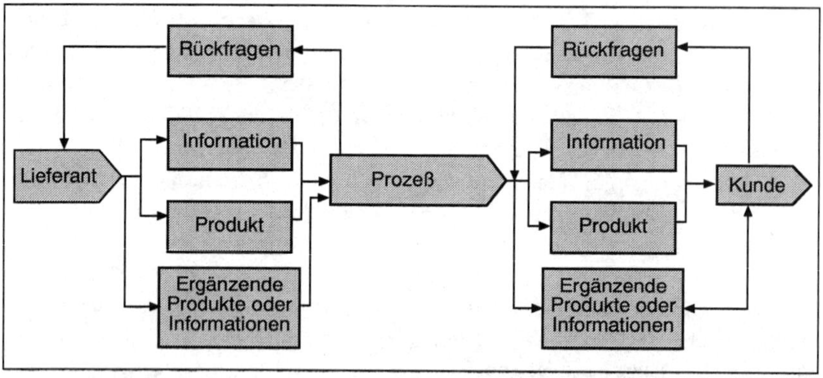

Bild 2.8: Prozeß und interne Kunden-Lieferanten-Beziehung

Für jeden Prozeß müssen verantwortliche Prozeßeigner und Prozeßdurchführende definiert werden. Diese prüfen das Prozeßergebnis, welches in Form von Produkten und Informationen an sie geliefert wurde und stellen durch Rückfragen fest, was fehlt. Die Antworten auf die Rückfragen kommen in Form von Ergänzungen vom internen Lieferanten. Der Prozeßeigner plant und lenkt allein oder zusammen mit den Durchführenden den Prozeß und gibt das Ergebnis in Form eines Produktes und von Informationen an den internen Kunden weiter. Gegebenenfalls kommen vom internen Kunden ebenfalls Rückfragen, auf die mit ergänzenden Produkten oder Informationen reagiert werden muß.

Für die Konzeption und Umsetzung des flexiblen Qualitätsmanagementsystems ist es von Bedeutung, daß die Verantwortlichkeiten, Zuständigkeiten und Handlungsspielräume der Prozeßeigner und Prozeßdurchführenden klar definiert werden und sie durch die Beteiligung an der Gestaltung der internen Kunden-Lieferanten-Beziehung ihr vorhandenes Wissen und ihre Erfahrungen einbringen und erweitern können.

Qualitätsmanagement und Qualitätsmanagementsystem

Qualitätsmanagement sind "alle Tätigkeiten des Gesamtmanagements, die im Rahmen des QM-Systems die Qualitätspolitik, Ziele und Verantwortungen festlegen sowie diese durch Mittel wie Qualitätsplanung, Qualitätslenkung, Qualitätssicherung und Qualitätsverbesserung verwirklichen" (DIN EN ISO 8402 1995, S. 15). Dabei ist „Qualitätsmanagement die Verantwortung aller Ausführungsebenen, muß jedoch von der obersten Ebene angeführt werden. Ihre Verwirklichung bezieht alle Mitglieder der Organisation ein" (DIN EN ISO 8402 1995, S. 15).

Die Qualitätspolitik legt die umfassenden Absichten und Zielsetzungen einer Organisation zur Qualität dar. Sie bildet ein Element der Unternehmenspolitik und ist durch die oberste Leitung genehmigt (DIN EN ISO 8402 1995, S. 15).

Das Qualitätsmanagementsystem stellt die zur Verwirklichung des Qualitätsmanagements festgelegte Organisationsstruktur, Verfahren, Prozesse und Mittel dar (DGQ 1995, S. 31). Es schafft die Rahmenbedingungen für die Sicherstellung, Förderung und ständige Verbesserung der Qualität von Produkten und den dazugehörigen Prozeßabläufen. Dabei ist es notwendig, Aufgaben und Kompetenzbereiche der einzelnen Mitarbeiter in einem Unternehmen zu definieren (Pfeifer 1993, S. 343ff).

Die Qualitätsplanung umfaßt Tätigkeiten, welche die Ziele und die Qualitätsforderungen sowie die Forderungen für die Anwendung der Elemente des QM-Systems festlegen (DIN EN ISO 8402 1995, S. 16). Die Qualitätslenkung stellt Arbeitstechniken und Tätigkeiten dar, die zur Erfüllung von Qualitätsforderungen angewendet werden (DIN EN ISO 8402 1995, S. 16). Die Qualitätssicherung bzw. QM-Darlegung umfaßt alle geplanten und systematischen Tätigkeiten innerhalb des QM-Systems, die dargelegt werden, um ausreichendes Vertrauen in die erfüllten Qualitätsforderungen einer Einheit zu schaffen (DIN EN ISO 8402 1995, S. 16). Eine Qualitätsverbesserung stellen die überall in der Organisation ergriffenen Maßnahmen zur Erhöhung der Effektivität und Effizienz von Tätigkeiten und Prozessen dar, um zusätzlichen Nutzen sowohl für die Organisation als auch für den Kunden zu erzielen. Im Verständnis der vorliegenden Arbeit sind damit wiederum der externe Kunde des Unternehmens und der interne Kunden, d.h. der oder die Beschäftigte, gemeint.

2.2.2.2 Integriertes Qualitätsmanagementsystem

Die Qualität von Produkt und Prozeß stellt eine Managementaufgabe dar, für die alle Unternehmensbereiche und alle Phasen des Produktentstehungsprozesses in ein integriertes Qualitätsmanagement eingebunden werden können. Dies geschieht auf der Grundlage des St. Galler Managementkonzeptes, da dieses Konzept ein auch für kleine und mittlere Unternehmen geeignetes umfassendes Managementkonzept ist. Dabei erfolgt (nach Seghezzi 1996, S. 51) die Integration der einzelnen Managementaufgaben in die einzelnen Führungsebenen, die organisatorischen Strukturen, die Aktivitäten und das Verhalten der Führungskräfte und Beschäftigten.

Bei der Definition der Aufgaben für die Managementebenen wird von Seghezzi (1996, S. 129) festgestellt, daß in der Praxis die strategische und normative Ebene meist zusammen betrachtet werden. Deshalb werden die Aufgaben für die normative und strategische Ebene zu den drei Säulen des St. Galler Management Konzeptes, nämlich die Säule der Aktivitäten, die Säule der Strukturen und die Säule des Verhaltens, zusammengefaßt (Seghezzi 1996, S. 129). Es ergibt sich die auch in Bild 2.9 dargestellte Dreiteilung (Seghezzi 1996, S. 129):

- Strukturen (Qualitätsverfassung, QM-Systeme, QM-Strukturen und Qualitätssicherung),
- Aktivitäten (Qualitätspolitik, Quality Policy Deployment, Qualitätsstrategie, Qualitätsplanung und Qualitätslenkung),
- Verhalten (Qualitätskultur, qualitätsbezogene Verhaltensentwicklung und Qualitätsverbesserung).

In der Ebene des normativen Managements werden die Qualitätsgrundsätze des Unternehmens benannt, die Qualitätsaktivitäten dargelegt und generelle Ziele, Prinzipien, Normen und Regeln beschrieben. Die Qualitätspolitik dient dabei zur Ausrichtung der Aktivitäten entsprechend der Ziele. Ein weiterer wichtiger Bestandteil des normativen Managements ist die Qualitätskultur, die von allen Führungskräften und Beschäftigten umgesetzt wird. Sie beeinflußt das Führungsverhalten, das Qualitätsbewußtsein, das Selbstverständnis der Beschäftigten und die Bereitschaft zur Übernahme von Verantwortung (Seghezzi 1996, S. 133ff.).

In der Ebene des strategischen Managements werden die Handlungen des Unternehmens auf die normativen Ziele ausgerichtet. Die Verbindung zur normativen Ebene erfolgt mit dem Modul Quality Policy Deployment, d.h. mit der Umsetzung der Qualitätspolitik in Strategien und Planungen und in quantitative Vorgaben zur Verbesserung von Prozessen und Produkten. In dieser Ebene werden die Teilsysteme des gesamten Führungssystems, wie z.B. das Qualitätsmanagementsystem, angeordnet und miteinander in Einklang gebracht. Schwierig ist es, wenn in vielen Unternehmen das Qualitätsmanagementsystem einzeln betrachtet wird und sich – trotz enger Wechselbeziehungen zu den anderen Teilsystemen – nicht in das Gesamtsystem einfügt (Seghezzi 1996, S. 131ff.).

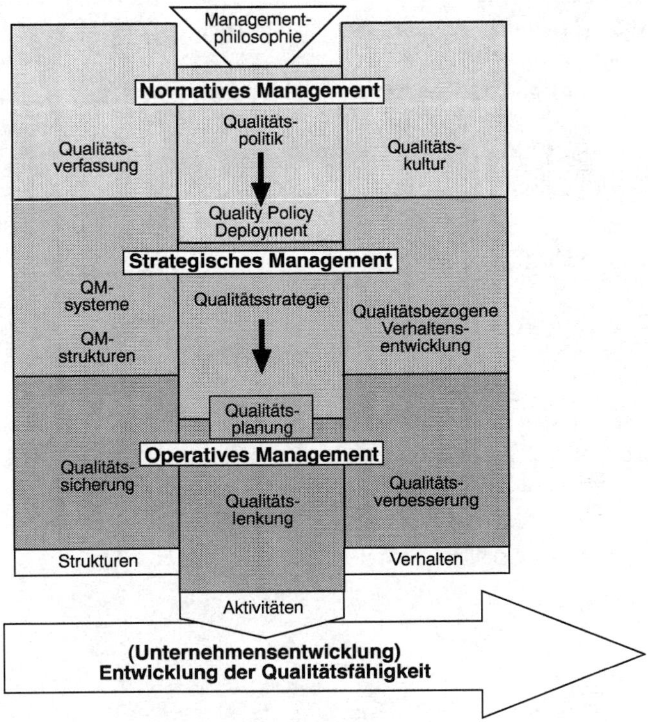

Bild 2.9: Ganzheitlicher Integrationsrahmen für das integrierte Qualitätsmanagement (Seghezzi 1996, S. 50)

Gegenüber dem St. Galler-Konzept wird im integrierten Qualitätsmanagement beim Übergang von der strategischen Ebene in den operativen Bereich durch die Einführung des Moduls 'Qualitätsplanung' eine Erweiterung vorgenommen. Dieser hauptsächlich operative Bereich stellt damit die Brücke zwischen strategischer und operativer Ebene her. Das operative Management ist auf Prozesse ausgerichtet, denn gerade bezüglich Qualität ist der Einsatz des Prozeßmanagements von besonderer Bedeutung. Auf operativer Ebene lassen sich (nach Seghezzi 1994, S. 17) vier Aufgaben unterscheiden, bei denen es sich um Querschnittsaufgaben handelt, die sich auf alle Unternehmensbereiche sowie alle Prozesse verteilen:

- die Qualitätsplanung hat den Zweck, Bedürfnisse zu ermitteln und in Produkte und Prozesse umzusetzen,
- die Qualitätssicherung hat die Aufgabe, die Qualitätsrisiken zu ermitteln und Maßnahmen zu treffen, um sie zu vermindern bzw. zu beseitigen,
- die Qualitätslenkung sorgt dafür, daß sämtliche Prozesse einer Unternehmung so durchgeführt und beherrscht werden, daß die Spezifikationen (Anforderungen und Erfordernisse) eingehalten werden und fehlerfreie (den Kundennutzen erfüllende) Produkte entstehen,
- die Qualitätsverbesserung unternimmt Anstrengungen, die Qualität der Produkte, der Prozesse und des Unternehmens zu steigern, um dadurch die Wettbewerbsfähigkeit zu erhöhen.

Bei der Organisation des integrierten Qualitätsmanagements ist es notwendig, Schnittstellen zu überwinden und Führungsaufgaben wahrzunehmen. Die wesentlichen Aufgaben der Qualitätsführung sind (Werne, v. 1994, S. 18f.):

- aus einer unternehmerischen Vision ein Qualitätskonzept abzuleiten und zu entwickeln sowie es im Rahmen der Qualitätspolitik (die ein wesentlicher Teil der Unternehmenspolitik ist) umzusetzen,
- im Rahmen der strategischen Planung Qualitätsziele zu formulieren,
- ein umfassendes Qualitätssystem aufzubauen und zu pflegen und
- ein Qualitätsinformationssystem zu organisieren.

2.2.2.3 Aufbau von Qualitätsmanagementsystemen

Unternehmen können ihr Qualitätsmanagementsystem nach verschiedenen Normen und Richtlinien, wie z.B. die DIN EN ISO 9001/2/3, aufbauen oder umfassendere Qualitätsmanagementsysteme, wie z.B. auf der Grundlage des Total Quality Ansatzes oder von Qualitätspreisen, anstreben.

Normenreihe DIN EN ISO 9000ff.

Die international gültige Normenreihe zu Qualitätsmanagementsystemen DIN EN ISO 9000ff., auch als ISO 9000-Familie bezeichnet, stellt die Grundlage für ein normenkonformes Qualitätsmanagement dar. Zur ISO 9000-Familie gehören die Normen ISO 9000 bis 9004, ISO 10001 bis 10014 inklusive aller Teile und ISO 8402 (DIN EN ISO 9000-1 1994, S. 10). Den Zusammenhang der wichtigsten Normen stellt Bild 2.10 dar.

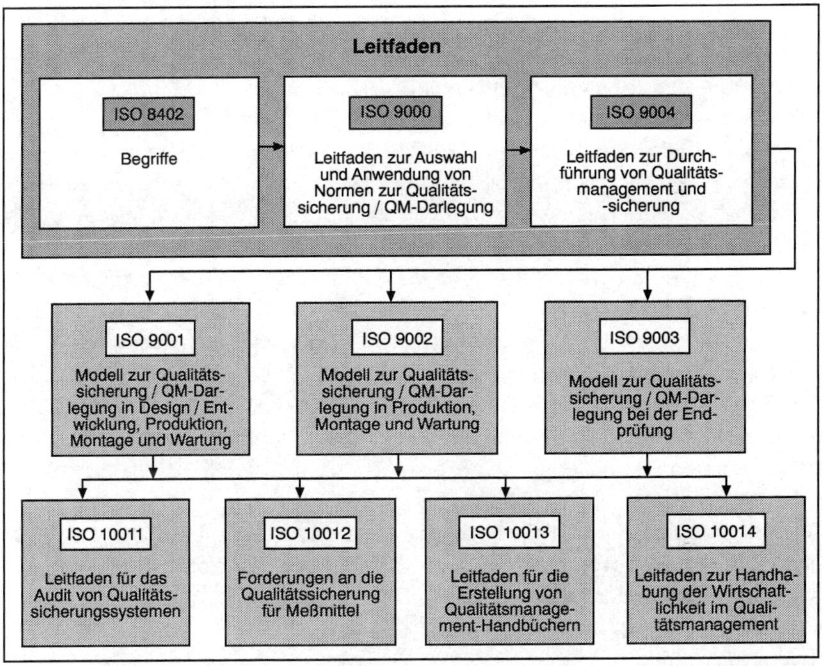

Bild 2.10: Zusammenhang der ISO 9000-Familie (in Anl. an Gumpp & Wallisch 1996, S. 50)

In den ISO-Normen 9001 bis 9003 wird der Darlegungsumfang für Qualitätsmanagementsysteme aufgezeigt:

- Die DIN EN ISO 9001 enthält 20 Qualitätsmanagement-Elemente und ist die umfassendste der drei Nachweis-Stufen. Sie wird in der Industrie am weitaus häufigsten angewandt und ist für Unternehmen geeignet, die Produkte entwickeln, herstellen, montieren und warten.

- Die DIN EN ISO 9002 stellt ein Qualitätsmanagement-Darlegungsmodell dar, das 19 Forderungen an Qualitätsmanagement-Elemente enthält. Sie umfaßt Forderungen, die auf Industriezweige anwendbar sind, welche sich mit Produktion, Montage und Wartung befassen. Es werden keine Forderungen bezüglich des QM-Elementes Designlenkung formuliert.
- Die DIN EN ISO 9003 stellt ein Qualitätsmanagement-Darlegungsmodell dar, das 16 Qualitätsmanagement-Elemente enthält. Sie bezieht sich auf die Anwendung von Qualitätsmanagement-Elementen für Endprüfungen. Die Norm ist ein Qualitätsmanagement-Darlegungsmodell, das für Unternehmen und Industriezweige empfohlen wird, die keine Produktveredelungsverfahren einsetzen und ein Produkt nur auf der Basis einer Endprüfung akzeptieren, z.B. Handelsunternehmen.

Die ISO 9000-Familie beschreibt, welche Bestandteile Qualitätsmanagementsysteme enthalten sollen. Diese Normen geben nicht vor, wie Ziele zu erreichen sind, sondern überlassen die Auswahl der Leitung der Organisation (DIN EN ISO 9000-1 1994, S. 6). Die Organisation sollte zur Erreichung ihrer Ziele sicherstellen, daß die technischen, verwaltungsseitigen und menschlichen Faktoren, welche die Qualität ihrer Produkte beeinflussen, beherrscht werden, gleichgültig, ob es sich um Hardware, Software, verfahrenstechnische Produkte oder Dienstleistungen handelt (DIN EN ISO 9000-1 1994, S. 26; DIN EN ISO 9004-1 1994). Im Leitfaden zur Auswahl und Anwendung der ISO 9000-Familie wird festgestellt, daß in den Normen zum Qualitätsmanagement keine Forderungen an Produkte festgelegt sind (DIN EN ISO 9000-1 1994, S. 1).

Bei der Definition der qualitätsbezogenen Ziele und Verantwortlichkeiten geht die 9000-Familie davon aus, daß jede Organisation als Lieferant fünf prinzipielle Interessenpartner hat:
- ihre Kunden (z.B. Produkte, Dienstleistungen),
- ihre Beschäftigten (z.B. Gesundheit und Sicherheit am Arbeitsplatz),
- ihre Eigentümer (z.B. Gewinne),
- ihre Unterlieferanten (z.B. dauerhafte Lieferverträge) und
- die Gesellschaft (z.B. Umweltschutz, Sicherheit).

Der Lieferant sollte die Erwartungen und Erfordernisse (siehe Bild 2.11) aller seiner Interessenspartner erfüllen (DIN EN ISO 9000-1 1994, S. 10f.).

Interessenspartner des Lieferanten	Typische Erwartungen und Erfordernisse
Kunden	Zufriedenstellende Produktqualität
Beschäftigte	Zufriedenheit mit Karriere/Arbeit
Eigentümer	Ergebnis des Kapitaleinsatzes
Unterlieferanten	Andauernde Geschäftsverbindung
Gesellschaft	Verantwortungsvolles Handeln

Bild 2.11: Interessenspartner und typische Erwartungen und Erfordernisse (DIN EN ISO 9000-1 1994, S. 10)

Die Normen der ISO 9000-Familie zeigen einen Weg zur Schaffung von Vertrauen in die Fähigkeit eines Lieferanten auf (DIN EN ISO 9004-1 1994, S. 5). Dabei ist auf der einen Seite das Vertrauen in die eigene Leistung durch die Beschäftigten selbst und auf der anderen Seite das Vertrauen der Kunden in die Unternehmensleistung gemeint. In der DIN EN ISO 9000-1 wird dazu geschrieben: „Eine Organisation sollte ... ihrer internen Leitung und anderen Mitarbeitern Vertrauen verschaffen, daß die Qualitätsforderungen erfüllt und diese Erfüllung aufrechterhalten wird, und daß Qualitätsverbesserung stattfindet“ (DIN EN ISO 9000-1 1994, S. 10) und „Eine Organisation sollte ... dem Kunden und anderen Interessenspartnern Vertrauen verschaffen, daß beim gelieferten Produkt die Qualitätsforderungen erfüllt werden“ (DIN EN ISO 9000-1 1994, S. 10). Diese Forderungen an die QM-Darlegung ergänzen die technischen Forderungen an das Produkt (DIN EN ISO 9000-1 1994, S. 12).

Zum Thema Dokumentation beschreibt die Normenreihe, daß die Leitung für alle Produkte und Prozesse sicherstellen sollte, daß dokumentierte Qualitätsmanagementpläne erarbeitet und aufrechterhalten werden. Diese Pläne sollten

a) die zu erreichenden Qualitätsziele,
b) diejenigen Schritte im Prozeß, welche die Ausführungspraxis der Organisation ausmachen,
c) die spezielle Zuordnung der Verantwortungen, Befugnisse und Mittel während der verschiedenen Phasen des Projektes sowie
d) eine Methode zur Messung des Erreichens der Qualitätsziele

festlegen (DIN EN ISO 9004-1 1994, S. 17).

Die für die Dokumentation wichtigen Begriffe sind folgendermaßen (nach DIN EN ISO 8402 1995, S. 19, 6, 29) definiert:

- Qualitätsmanagement-Handbuch: Dokument, in dem die Qualitätspolitik festgelegt und das Qualitätsmanagementsystem einer Organisation beschrieben ist.
- Verfahren: Festgelegte Art und Weise, eine Tätigkeit auszuführen.
- Verfahrensanweisung: Benennung eines dokumentierten Verfahrens.
- Qualitätsmanagement-Plan: Dokument, in dem die spezifischen qualitätsbezogenen Arbeitsweisen und Hilfsmittel sowie der Ablauf der Tätigkeiten im Hinblick auf ein einzelnes Produkt, ein einzelnes Projekt oder einen einzelnen Vertrag dargelegt sind.

Ziel beim Aufbau der Dokumentation des Qualitätsmanagementsystems ist es, daß diese für das Unternehmen zweckmäßig ist, ohne daß dadurch eine hinderliche Bürokratie entsteht. Einerseits müssen die Forderungen der DIN EN ISO 9001, 9002 oder 9003 an die Dokumentation erfüllt werden, wenn das Unternehmen die Zertifizierung anstrebt, andererseits müssen organisatorische Freiräume für die Beschäftigten geschaffen werden, die durch die Dokumentation nicht unnötig eingeschränkt werden dürfen. „Die Dokumentation sollte auf das sachdienliche Maß beschränkt werden" (DIN EN ISO 9004-1 1994, S. 16). Daraus folgt, daß Aufbau und Umfang der Dokumentation an die spezifischen Voraussetzungen eines jeden Unternehmens angepaßt werden sollten.

Ein Unternehmen kann aus der Dokumentation seines Qualitätsmanagementsystems folgende Nutzen ziehen:

- Transparente Darstellung der qualitätsrelevanten Prozesse im Unternehmen für die eigenen Mitarbeiter,
- Erleichterung der Einarbeitung neuer Mitarbeiter durch Verwendung als Schulungsunterlage,
- Erzeugung von Vertrauen in die Qualitätsfähigkeit des Unternehmens gegenüber Kunden,
- Erfüllung von Nachweispflichten, die sich z.B. aus der Produkthaftung ergeben,
- Erleichterung der Überprüfung des Qualitätsmanagementsystems im Rahmen eines internen Reviews oder Audits, durch Kunden oder neutrale Institutionen.

Total Quality Managament – Ansatz

Das derzeitig umfangreichste Qualitätsmanagementkonzept stellt das Total Quality Management (TQM) dar. TQM bezeichnet einen vom Management ausgehenden Prozeß, der die gesamte Unternehmensorganisation betrifft und dessen Ziel eine permanente Qualitätsverbesserung und Kundenzufriedenheit ist. Der TQM-Ansatz verwendet eine ganzheitliche Betrachtungsweise bezüglich des Qualitätsmanagements. Dieser Ansatz geht davon aus, daß ein wirksames und effizientes Qualitätsmanagementsystem nur durch die Einbeziehung der Unternehmensführung, aller qualitätsfördernden Funktionsbereiche und eines einheitlichen Qualitätsverständnisses bei jedem Mitarbeiter zu erreichen ist (Frehr 1994; Wonigeit 1994).

„TQM hat damit zum Gegenstand, alle für den Kunden wesentlichen Anforderungen bezogen auf die angebotene Leistungsqualität des Marktangebotes des Unternehmens und die Qualität in der Kommunikation mit dem Kunden zu erfüllen. Voraussetzung hierfür ist eine Führungs- und Steuerqualität im Unternehmen. Die Qualität ersten Grades liefert zumindest einen Teil des Grundnutzens und ist somit 'Pflicht'. Die Qualität zweiten Grades schafft einen erheblichen Zusatznutzen und wird somit zur 'Kür' des Unternehmens" (Töpfer 1992, S. 13). Qualitätsmanagement wird damit zu einer Führungsaufgabe für das gesamte Unternehmen.

TQM ist in der DIN ISO 8402 definiert als „eine Führungsmethode einer Organisation, bei welcher Qualität in den Mittelpunkt gestellt wird, welche auf der Mitwirkung aller Mitarbeiter beruht und welche auf langfristigen Erfolg durch Zufriedenstellung der Arbeitnehmer und durch Nutzen für die Mitglieder der Organisation und für die Gesellschaft zielt" (DIN EN ISO 8402 1995, S. 18).

Entscheidender Gedanke des TQM ist die Ausweitung des Qualitätsbegriffes, wie er z.B. in der DIN EN ISO 9001 verstanden wird, auf die Managementsteuerung des gesamten Unternehmens. Außerdem beinhaltet die ISO 9000-Familie nicht die starke Mitarbeiterorientierung, die externe und interne Orientierung an den Anforderungen des Kunden und den Gedanken des kontinuierlichen Verbesserungsprozesses bezogen auf das gesamten Unternehmen. Drei wesentliche Ansätze von TQM sind (nach Metzger & Gründler 1994, S. 36):

- Der Qualitätsbegriff beschränkt sich nicht nur auf das zu fertigende Produkt, sondern schließt auch die betrieblichen Abläufe mit ein. Der gesamte Produktzyklus ist Teil eines Qualitätsprozesses. Die Qualität ist also ganzheitlich zu betrachten.

- Der Mitarbeiter steht im Mittelpunkt aller Betrachtungen, d.h. neben die technische Komponente tritt eine soziale.
- Qualität verlangt eine Kommunikation entlang des gesamten Produktentstehungs- und Vertriebsprozesses, d.h. entlang der gesamten Prozeßkette.
- Der Kunde ist der Maßstab der zu erbringenden Leistung, d.h. die Kunden-Lieferanten-Beziehung wird wichtiger und tritt weiter in den Vordergrund.

Qualitätspreise in den USA und Europa als Möglichkeit zur Umsetzung von Total Quality Management

Die Umsetzung des TQM-Gedankens kann mit Hilfe von Qualitätspreis-Modellen erfolgen. Hierzu zählen der Malcolm Baldrige National Quality Award (MBNQA) in den USA und der European Quality Award (EQA) in Europa. Die Qualitätspreise sollen einen Beitrag zur Verbreitung des Qualitätsgedankens und den dazu gehörigen Qualitätskonzepten als Führungsstrategie leisten. Weiterhin gibt es ebenfalls nationale Auszeichnungen wie der Bayerische Qualitätspreis, der erstmalig 1993 vergeben wurde (Gumpp & Wallisch 1996; Kamiske & Brauer 1993; Stauss 1994).

Das Modell des 1992 erstmals verliehenen European Quality Award ist in neun Kategorien unterteilt. Fünf Kategorien beziehen sich auf das Führungsverhalten und die Potentiale (Enablers), vier Kategorien auf die Ergebnisse (Results) des Unternehmens. Damit wird auf der einen Seite das Potential einer Organisation zur Realisierung von Total Quality Management bewertet, auf der anderen Seite stehen die Ergebnisse, die damit erzielt wurden. Die maximal erreichbare Punktzahl beträgt 1000 Punkte, den einzelnen Kategorien wurden durch die Vergabe von Gewichtungen unterschiedliche Wertigkeiten zugewiesen. Kategorien und Gewichtung sind in Bild 2.12 dargestellt.

Bei der Gegenüberstellung des Malcom Baldrige Award (MBNQA) mit dem European Quality Award (EQA) fällt auf, daß neben einer betonten Ergebnisorientierung das europäische Qualitätsmodell gegenüber dem MBNQA einen deutlichen Schwerpunkt bei den Mitarbeitern setzt und Auswirkungen auf die Gesellschaft berücksichtigt, die der amerikanische Qualitätspreis nicht enthält. In beiden Awards wird dagegen gleichermaßen die zentrale Rolle der Unternehmensleitung als Initiator und Förderer umfassender Qualitätsmanagementkonzepte deutlich (Zink 1995b, S. 133).

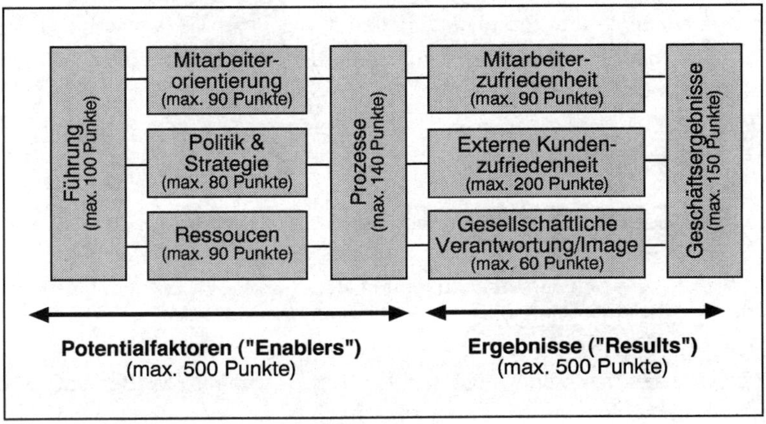

Bild 2.12: European Quality Award (EFQM 1997, S. 6)

Ein Vergleich der Anforderungen des EQA und der DIN EN ISO 9001 (von Zink 1995b, S. 133) zeigt, daß die Anforderungen des EQA wesentlich höher sind. In den Bereichen Ressourcen, Kundenzufriedenheit, Mitarbeiterzufriedenheit, Gesellschaftliche Verantwortung/Image und Geschäftsergebnisse sind keine Forderungen in der DIN EN ISO 9001 vorhanden. Wenn man die Anforderungen des EQA mit 100% bewertet, zeigt sich, daß die Forderungen der ISO-Familie bei den Bereichen Leitung, Unternehmensstrategie und Mitarbeiterorientierung unter 40% der Forderungen des EQA ausmachen. Lediglich im Bereich Prozesse ist der Anteil der Forderungen der ISO 9001 und des EQA nahezu identisch.

Die Untersuchung der beiden derzeit am meisten diskutierten internationalen Umsetzungskonzepte für TQM zeigt, daß in beiden Fällen Mitarbeiterzufriedenheit als wesentliche Bedingung für Kundenzufriedenheit angesehen wird. Dabei wird Arbeitszufriedenheit als ein wichtiges Kennzeichen für die Realisierung der Qualität der Arbeitsbedingungen angesehen, was einen wichtigen Fortschritt z.B. gegenüber dem Konzept der ISO 9000-Familie darstellt. Aspekte der Persönlichkeitsförderung ergeben sich im Rahmen dieser umfassenden Qualitätsmanagementkonzepte (nach Zink 1995b, S. 136) z.B. durch

- das Führen durch Ziele in Verbindung mit einer Dezentralisierung von Entscheidungskompetenz,
- die Bereicherung der Arbeit durch die Integration indirekter Tätigkeiten wie Instandhaltungs- und Prüfungsaufgaben sowie Prozeßverantwortung,
- die Möglichkeit der Mitwirkung in Teams und damit Förderung von Fach-, Methoden- und Sozialkompetenz,
- die Einbindung der Mitarbeiter in Verbesserungsprojekte als Möglichkeiten der Selbstverwirklichung.

In den umfassenden Qualitätsmanagementkonzepten wird (nach Ulich 1995, S. 141) eine Entwicklung erkennbar, die über die der Normenreihe ISO 9000 hinausweist. Da einige Untersuchungen in letzter Zeit (z.B. Bürgi 1995; Francke & Wilmes 1996a) belegen, daß sich Unternehmen verstärkt an TQM-Modellen orientieren, ist es mit dieser Orientierung eher möglich, bei der Konzeption und Umsetzung des flexiblen Qualitätsmanagementsystems die Bedeutung der menschengerechten Arbeitsgestaltung durch Mitarbeiterzufriedenheit umzusetzen.

2.2.3 Qualitätsmanagement durch Prozeßmanagement

2.2.3.1 Prozeßmanagement

Ein flexibles Qualitätsmanagement kann nicht nur durch eine ergebnisorientierte Qualitätssicherung betrieben werden, sondern muß präventiv arbeiten. Um dies leisten zu können, ist die Betrachtung und Gestaltung von Prozessen wichtig. Sie schafft die Voraussetzungen für die Bildung von Kunden-Lieferanten-Beziehungen, extern wie intern, für die Klärung und Umsetzung der Qualitätsforderungen sowie für frühzeitige Eingriffsmöglichkeiten zur Sicherung der Produktqualität (Zink 1995a, S. 47f.). Dies kann mit Hilfe eines Prozeßmanagements erreicht werden.

Das Prozeßmanagement hat die Aufgabe, sicherzustellen, daß das Prozeßergebnis in der angestrebten Produkt- und Prozeßqualität unter Berücksichtigung der Qualität der Arbeitsbedingungen der Beschäftigten erreicht wird. Das Prozeßmanagement zielt dabei auf die organisatorische Entwicklung des Unternehmens ab. Neben der Schaffung von Prozeßdenken, Prozeßorganisation und Prozeßmanagement umfaßt es ständiges Prozeßcontrolling, d.h. eine gesteuerte kontinuierliche Prozeßverbesserung und – wenn nötig – eine Prozeßerneuerung (Gaitanides, Scholz, Vrohlings & Raster 1994, S. 12f.).

Der Grundgedanke des Prozeßmanagements ist es, daß jede Art von Entwicklung, Produktion, Kundendienst usw. in Prozesse untergliedert werden kann, die entweder parallel oder nacheinander ablaufen können. Das kann dazu führen, daß herkömmliche Organisationsstrukturen wie Abteilungen und Bereiche und damit traditionell gewachsene Grenzen aufgelöst werden, da nicht mehr abteilungsweise geleitet wird, sondern Prozesse überprüft, gelenkt und verbessert werden (Petrick & Eggert 1995, S. 57).

Eine Prozeßorientierung kann und sollte es ermöglichen, daß Kompetenzen, Verantwortung und Aufgaben so zugewiesen werden, daß Selbstregulation und Selbstprüfung der Beschäftigten erfolgreich eingesetzt werden können (Gaitanides et al. 1994, S. 3).

2.2.3.2 Prozesse der Auftragsbearbeitung

Prozeßidentifikation

Die Identifikation von Prozessen im Unternehmen ist eine prozeßorientierte Interpretation des Unternehmens. Dabei verfügen alle Unternehmen über die gleichen 'Prozeßhülsen', die jeweils unternehmens- und branchenspezifisch präzisiert werden können, z.B. Auftragsabwicklung oder Personalbereitstellung. Prozesse werden idealtypisch definiert und können gleichartig in jedem Unternehmen oder zumindest branchenweit wiedergefunden werden (Sommerlatte & Wedekind 1990). Die Gemeinsamkeiten beschränken sich allerdings auf das Prozeßsystem selbst bzw. auf die höchste Aggregationsebene der Prozesse (Gaitanides et al. 1994, S. 6).

Bei Weiss (1995, S. 24ff.) sind Vorstellungen zur Prozeßidentifikation der Leistungsprozesse beschrieben. Die Leistungserbringung im Unternehmen läßt sich demnach in drei Bereiche unterteilen:

- in die Arbeit an der eigentlichen Leistungserstellung aus der Sicht des externen Kunden (hier Hauptprozesse),
- in die unterstützenden Tätigkeiten (hier Serviceprozesse) und
- in die Führungs- und Entscheidungsaufgaben (hier Managementprozesse).

Hauptprozeß: Der Hauptprozeß umfaßt Abläufe, die zur eigentlichen Leistungserstellung im Unternehmen aus Sicht des externen Kunden führen, also den Weg der Produkte und Leistungen in ihrem Entstehungsprozeß bis hin zum externen Kunden. Dabei wird mit dem Begriff Hauptprozeß „verdeutlicht, daß er für die [...] Produktion des Outputs von primärer Bedeutung ist" (Rieckmann 1982, S. 78). Dies gilt dabei für Sachleistungen ebenso wie für Dienstleistungen.

Serviceprozeß: Unter Serviceprozessen werden Tätigkeiten und Maßnahmen verstanden, welche die eigentliche Leistungserstellung im Unternehmen und die Führung unterstützen. Dazu gehören Aufgaben, wie Produktspezifikation, Kalkulation, EDV usw. (Weiss 1995, S. 27f.).

Managementprozeß: Managementprozesse fassen Handlungen einer Organisation zusammen, welche das Unternehmen steuern und lenken, also z.B. das Arbeiten an Konzepten (Personalwesen, Controlling, Produktionsprogrammplanung), die Mitarbeiterführung, die Vertretung des Unternehmens nach außen sowie die Entwicklung von Unternehmensstrategien für die Zukunft (Weiss 1995, S. 27f.).

Die Management- und Serviceprozesse schaffen die Rahmenbedingungen und die Voraussetzungen für den eigentlichen Leistungsprozeß, den Hauptprozeß. Der Nutzen für den Kunden eines Unternehmens entsteht vor allem in diesen Hauptprozessen, da hier die Leistungen erbracht werden, für welche die Kunden ihre Gegenleistungen erbringen (Weiss 1995, S. 27f.).

Definition von Leistungsprozessen in KMU

Bei der Prozeßidentifikation für kleine und mittlere Unternehmen stand im Vordergrund, daß die vorgenommene Definition von Leistungsprozessen eine größtmögliche Annäherung an die Gegebenheiten in den KMU darstellt und die Umsetzung für die KMU selbst praktikabel ist. Es wurde bei den durchgeführten empirischen Untersuchungen festgestellt, daß sich die folgende Definition für Haupt-, Service- und Managementprozesse bei den untersuchten Unternehmen als günstig erwiesen hat. Im Anhang A ist die Prozeßsystematik aller Haupt-, Serviceprozesse und Tätigkeiten im Überblick dargestellt. Folgende Prozesse (siehe Bild 2.13) werden als Hauptprozesse für kleine und mittlere Unternehmen definiert:

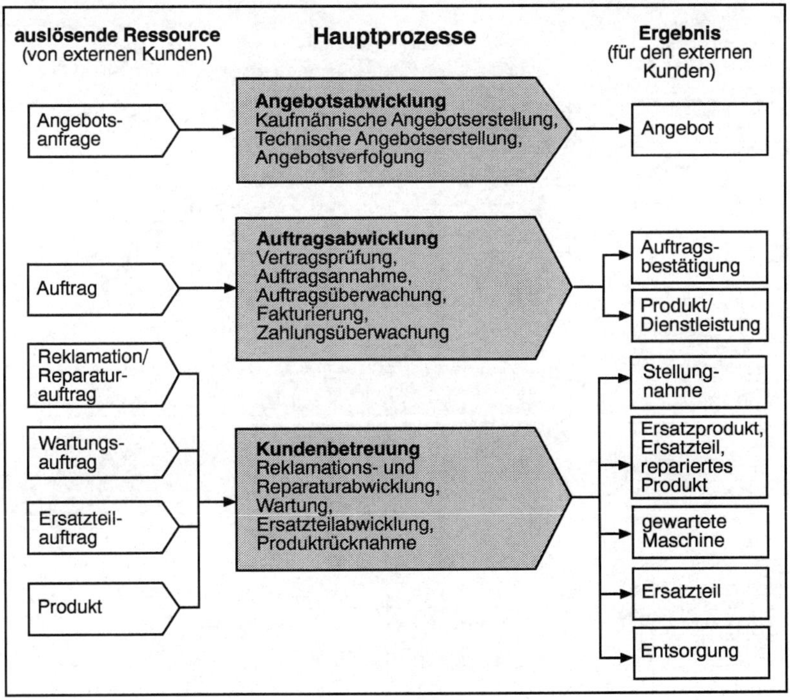

Bild 2.13: Hauptprozesse

Ein Beispiel für einen Hauptprozeß stellt die Angebotsabwicklung dar. Auf Grund einer Kundenanfrage, z.B. für eine Variante eines Standardproduktes, erstellt das Unternehmen ein Angebot, das im wesentlichen aus der kaufmännischen Angebotserstellung, der technischen Angebotserstellung und der Angebotsverfolgung besteht. Wenn der Kunde das Angebot akzeptiert, kommt es zu einer Bestellung (Auftrag), die im Rahmen des Hauptprozesses Auftragsabwicklung bearbeitet wird.

Damit die Hauptprozesse ihre Aufgabe erfüllen und das angestrebte Ergebnis erstellen können, sind i.d.R. Ressourcen anderer Prozesse – der Serviceprozesse (siehe Bild 2.14) – notwendig.

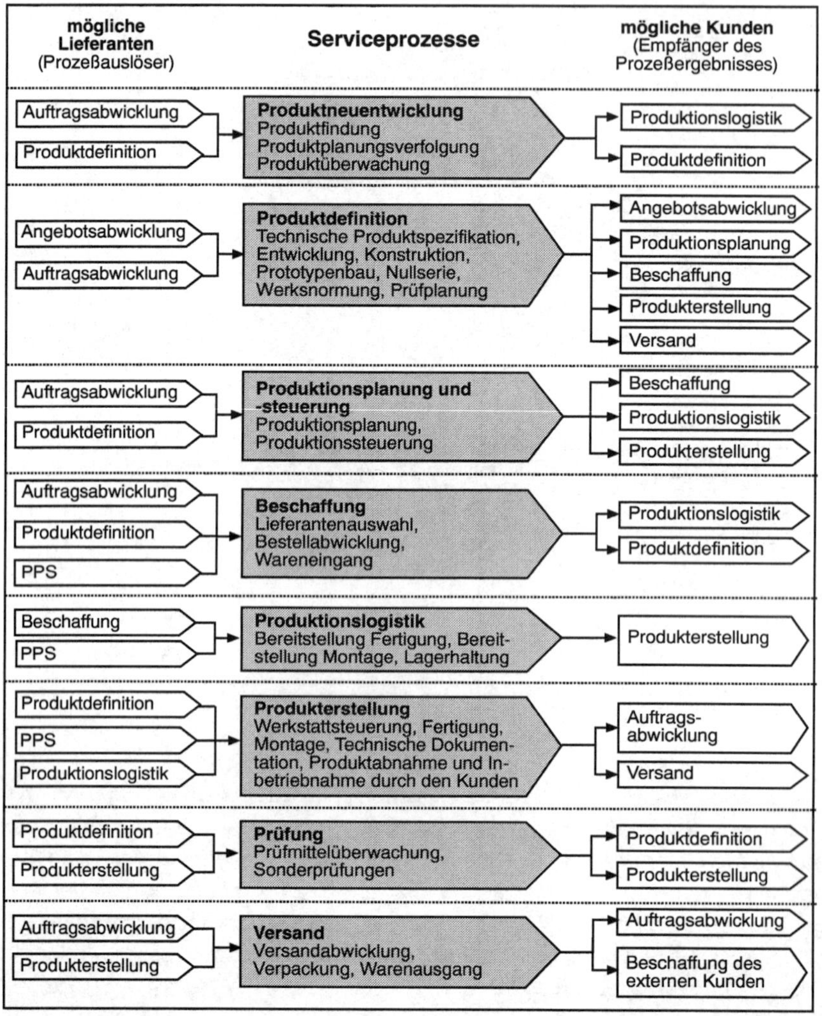

Bild 2.14: Serviceprozesse

Die Serviceprozesse werden vom Hauptprozeß ausgelöst und liefern ihr Prozeßergebnis an diesen. Diese Serviceprozesse können ihrerseits weitere Serviceprozesse auslösen, die ihr Ergebnis weiter verarbeiten oder Ressourcen bereitstellen.

Ein Beispiel für einen Serviceprozeß ist der Prozeß Beschaffung. Die Aufgaben dieses Prozesses bestehen in der Versorgung des Unternehmens mit Roh-, Hilfs- und Betriebsstoffen. Die Beschaffung arbeitet dabei vor allem mit Vorgaben aus dem Prozeß Produktionsplanung und -steuerung. Die Daten aus der Zeit- und Materialwirtschaft stellen dabei die Grundlage für die Tätigkeiten der Lieferantenauswahl und -bewertung, der Bedarfsermittlung und Bestellabwicklung dar.

Managementprozesse

Managementaufgaben, die über das operative Management hinausgehen, wie die Definition und Planung von strukturierten Prozessen, das Herstellen entsprechender Rahmenbedingungen und das Prüfen und Optimieren von Prozessen und Rahmenbedingungen werden von den in Bild 2.15 dargestellten Managementprozessen wahrgenommen. Managementprozesse fassen Tätigkeiten einer Organisation zusammen, welche das Unternehmen steuern und lenken, wie z.B. das Arbeiten an Konzepten (Personalwesen, Controlling, Produktionsprogrammplanung), die Mitarbeiterführung, die Vertretung des Unternehmens nach außen sowie die Entwicklung von Unternehmensstrategien für die Zukunft (Weiss 1995, S. 27f.).

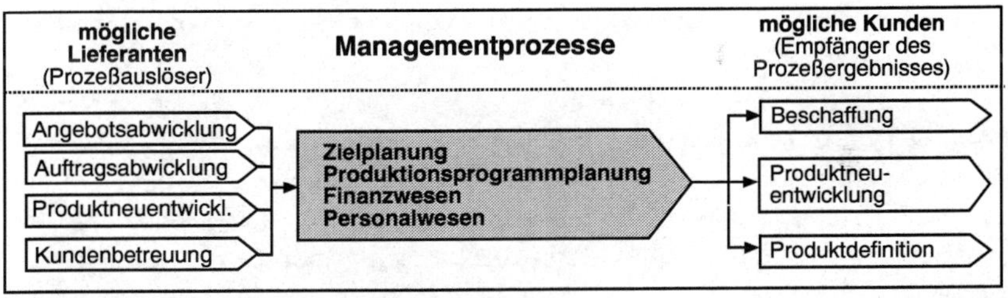

Bild 2.15: Managementprozesse

Der Schwerpunkt der durchzuführenden empirischen Untersuchungen in den zehn kleinen und mittleren Unternehmen liegt in der Analyse der Bearbeitung von kundenspezifischen Aufträgen zur Herstellung von komplexen Standardartikeln, kundenspezifischen Varianten und der Entwicklung neuer Produkte. Aus diesem Grund werden im weiteren Verlauf die für die Bedürfnisse der KMU definierten Hauptprozesse Angebotsabwicklung, Auftragsabwicklung und Kundenbetreuung, die Serviceprozesse Produktdefinition, Produktionsplanung und

-steuerung, Beschaffung, Produktionslogistik, Produkterstellung, Prüfung und Versand sowie der unterstützende Prozeß Produktneuentwicklung betrachtet. Eine detaillierte Erläuterung der einzelnen Prozesse befindet sich in Anhang B.

2.2.3.3 Möglichkeit zur Beurteilung der Prozeßqualität

Ziel der Beurteilung der Prozeßqualität ist die Analyse der in den Unternehmen vorhandenen Prozesse und die Möglichkeit deren Beurteilung anhand von Kriterien. Die Beurteilung der Prozeßqualität kann mit den folgenden Kriterien Prozeßeffektivität, -flexibilität und -effizienz erfolgen (Eversheim 1995, S. 46ff.; Krummenacher 1993, S.50ff.; Fromm 1992, S. 7ff.).

Prozeßeffektivität: Als Prozeßeffektivität wird der Grad der Übereinstimmung der Anforderungen der internen oder externen Kunden zum Prozeßergebnis bezeichnet. Mögliche Indikatoren, an denen die Effektivität von Prozessen erkannt werden kann, sind die Anzahl der Reklamationen interner und externer Kunden, die Höhe der Garantiekosten oder der Umfang der Nacharbeit bzw. des Ausschusses (Krummenacher 1993, S. 50ff.). Die Effektivität von Prozessen läßt sich z.B. steigern, indem zunächst deren Wertschöpfung bestimmt wird. Unter besonderer Betrachtung der wertschöpfenden Tätigkeiten lassen sich Prozesse dann dahingehend vereinfachen, daß die nicht zur Wertschöpfung beitragenden Aktivitäten aus dem Prozeß entfernt werden (Eversheim 1995, S. 47).

Prozeßeffizienz: Prozeßeffizienz oder -produktivität bezeichnet den wirtschaftlichen Aufwand, mit dem die Qualität des Prozeßergebnisses erreicht werden kann. Ein Prozeß ist als effizient einzustufen, wenn die aufgewendeten Ressourcen im Einklang mit den für den Prozeß notwendigen Ressourcen stehen. Mögliche Indikatoren für die Prozeßeffizienz können die Prozeßdurchlaufzeit, die Menge der zusätzlich zum geplanten Ressourcenaufwand benötigten Ressourcen (Arbeit, Kapital), um die gewünschte Prozeßqualität sicherzustellen (der Ressourcenaufwand ergibt sich aus langfristigen Planungen), die Zeiten für nicht wertschöpfende Aktivitäten (Warte-, Transport- und Liegezeiten) oder die Kosten der nicht wertschöpfenden Aktivitäten als Anteil an den Prozeßkosten sein (Krummenacher 1993, S. 50ff.). Prozeßeffizienz läßt sich z.B. durch die Vermeidung von Doppelarbeit steigern. Des weiteren tragen standardisierte und gegebenenfalls automatisierte Abläufe zur Reduzierung des Aufwandes bei. Auch eine Eliminierung unnötiger Bürokratie trägt zu verkürzten Durchlaufzeiten und minimiertem Aufwand bei (Eversheim 1995, S. 47).

Eine Verbesserung von Effektivität und Effizienz darf jedoch nicht zu unflexiblen Prozeßabläufen führen.

Prozeßflexibilität: Die Flexibilität eines Prozesses muß so gestaltet werden, daß auf Veränderung der Prozeßumgebung schnell reagiert werden kann, ohne daß das Prozeßergebnis verschlechtert wird (Fromm 1992, S. 7ff.). Prozeßflexibilität liegt vor, wenn der Prozeß so strukturiert und organisiert ist, daß der Prozeßeigner schnell reagieren kann, ohne die Prozeßorganisation sofort grundlegend ändern zu müssen. Mögliche Indikatoren für die Flexibilität eines Prozesses sind die durchschnittliche Zeit, bis ein Sonderwunsch eines Kunden in Abweichung zum Standardablauf befriedigt werden kann, oder der Anteil der abgewiesenen Sonderwünsche am Auftragsvolumen. Bei der Prüfung der Prozeßflexibilität muß u.a. berücksichtigt werden, ob der Prozeßeigner über ausreichende Kompetenzen (Entscheidungsbefugnis sowie Methoden-, Fach- und Sozialkompetenz) verfügt, um bei Änderungen oder Störungen einschreiten zu können und dafür auch ausreichende organisatorische Regelungen für den Prozeß zur Verfügung stehen, die dieses Einschreiten unterstützen (Krummenacher 1993, S. 50ff.). Die Flexibilität des Produktentstehungsprozesses läßt sich z.B. dadurch steigern, indem die wichtigsten Alternativabläufe schon zu Beginn mitgeplant und z.B. als alternative Lösungswege nachvollziehbar dokumentiert werden. Dies ist insbesondere bei der Planung von kritischen Prozessen notwendig, deren Ergebnisse wichtig für den Gesamterfolg sind (Eversheim 1995, S. 48).

Qualität der Beziehungen zu anderen Prozessen

Zusätzlich zu den in der o.g. Literatur definierten Prozeßkriterien der Prozeßqualität wurde das Kriterium Qualität der Beziehungen zu anderen Prozessen eingeführt, um bei der Beurteilung der Prozesse die Beziehungen zwischen den Prozessen betrachten zu können. Dabei wird die Qualität der Prozeßbeziehungen gemessen an der Zufriedenheit oder Unzufriedenheit in der internen Kunden-Lieferanten-Beziehung. Das bedeutet u.a. Zufriedenheit oder Unzufriedenheit mit dem Informationsaustausch an den Schnittstellen oder den Kommunikations- und Kooperationsbeziehungen.

Die genannten Prozeßkriterien sind von Bedeutung, um die in den zu untersuchenden KMU vorhandenen Prozesse zu analysieren. Ziel der Analyse ist dabei, herauszufinden, welche Prozesse in Bezug auf die Beibehaltung der vorhandenen betrieblichen Flexibilität und eine notwendige Flexibilisierung von besonderer Bedeutung sind. Es ist sinnvoll, anhand dieser Prozesse das flexible Qualitätsmanagementsystem zu konzipieren und umzusetzen.

2.2.4 Aspekte der Wirtschaftlichkeit von Qualitätsmanagementsystemen in KMU

Die DIN EN ISO 9004 fordert von den Unternehmen, Produkte anzubieten, die neben der Erfüllung der festgelegten Erfordernisse, der Erwartungen der Kunden, der einschlägigen Normen und Spezifikationen sowie der gesetzlichen Forderungen auch einen konkurrenzfähigen Preis und – unter Berücksichtigung der Kosten zur Produktion – einen Gewinn ermöglichen sollen (DIN EN ISO 9004-1 1994, S. 7). Diese Forderung hat einen Einfluß auf die Aktivitäten der Unternehmen einerseits hinsichtlich der Preisgestaltung und andererseits hinsichtlich der internen Kosten zur Produktion des Produktes. Diese internen Kosten werden im folgenden Abschnitt einerseits für den Aufbau eines Qualitätsmanagementsystems und für die Zertifizierung betrachtet, andererseits werden die Kosten bei der Durchführung der Haupt-, Service- und Managementprozesse durch Prozeßkostenrechnung ermittelt und Wege zur Aufdekkung von Verbesserungspotentialen aufgezeigt.

In einer von Juni 1996 bis Januar 1997 durchgeführten empirischen Untersuchung bei 615 Unternehmen wurde das Verhältnis von Nutzen und Aufwand beim Aufbau eines Qualitätsmanagementsystems und dessen Zertifizierung ermittelt (Arlt & Bachthaler 1997, S. 410ff.). Da sich der gesamte Aufwand für ein Zertifizierungsprojekt schwer quantifizieren läßt, wurde die Einteilung in verschiedene Kostenbereiche vorgenommen.

Danach setzen sich die betrieblichen Gesamtkosten des Zertifizierungsprojektes (Gk_{zert}) aus der Summe der

- Abnahmekosten (AK), z.B. Kosten für Projektvorbereitung, Voraudit, Unterlagenprüfung und -beurteilung, Zertifizierungsaudit und Berichterstellung, Jahresgebühr für Zertifikat, Überwachungs- sowie Wiederholungsaudit,
- externen Beratungskosten (BK), z.B. Kosten für Informationsgepräche, Beratungsunterstützung, Projektierung oder Umsetzungsunterstützung und

- internen Umsetzungskosten (IUK), z.B. Qualitätsmanagementbeauftragter (QMB), Arbeitsplatz für QMB, Schulung, Handbucherstellung mit Verfahrens-, Arbeits- und Prüfanweisungen, Investitionen für Hard- und Software, Prüfmittel

zusammen.

Es ergibt sich:

$$Gk_{zert} = AK + BK + IUK \quad (1)$$

Die Gesamtkosten (Gk_{zert}) können aufgrund der betriebsspezifischen Situation und des vorhandenen Unternehmenspotentials sehr unterschiedlich ausfallen. Die Auswertung der o.g. Untersuchung zeigte eine uneinheitliche Kostensituation und unterschiedliche Spannweiten für die einzelnen Kostenbereiche (siehe Bild 2.16).

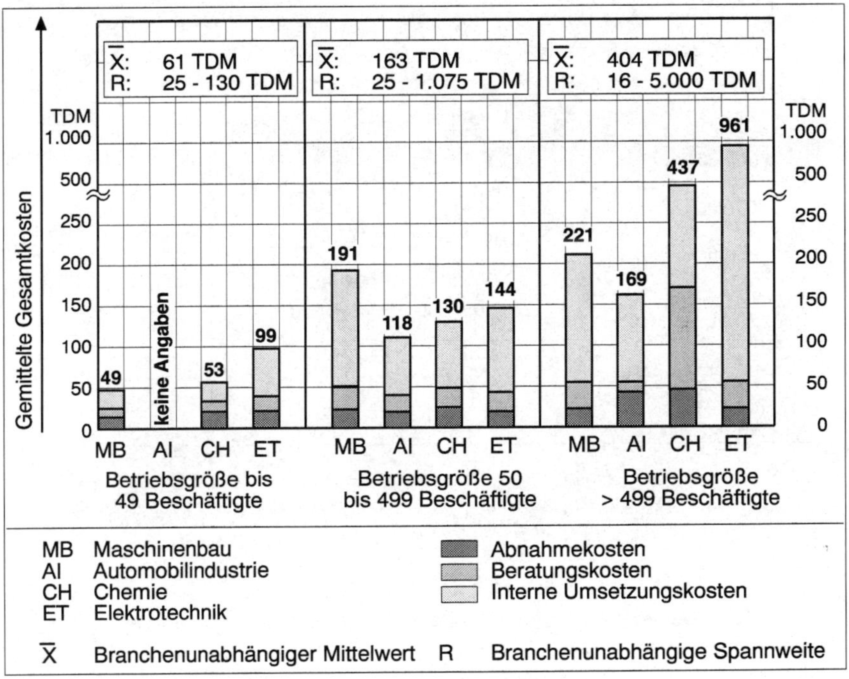

Bild 2.16: Interne Umsetzungs- und Beratungskosten (n=154) (Arlt & Bachthaler 1997, S. 411)

Die Gesamtkosten liegen im Bereich 16.000 bis 5.000.000 DM. Dabei haben die internen Umsetzungskosten (IUK) und die Beratungskosten (BK) branchen- und betriebsgrößenunabhängig den stärksten Einfluß auf die Gesamtkosten. Die Untersuchung zeigt, daß die branchenunabhängigen Mittelwerte und Spannweiten der Gesamtkosten über die Betriebsgröße stark zunehmen. Bei den Großbetrieben der chemischen Industrie und Elektrotechnik läßt sich der sehr hohe Anteil der internen Umsetzungskosten u.a. mit aufwendigen Schulungsprogrammen begründen. Der sehr hohe Anteil der Beratungskosten bei der chemischen Industrie ist auf überdurchschnittlich intensive Beratung zurückzuführen (Arlt & Bachthaler 1997, S. 411.).

Für die in der o.g. Untersuchung analysierten Unternehmen ergeben sich die in Bild 2.17 dargestellten Werte für Zertifizierungskosten und Zertifizierungsdauer. Dabei verhalten sich die Zertifizierungskosten pro Mitarbeiter über die Betriebsgröße tendenziell rückläufig. Kleine Unternehmen bis 49 Beschäftigte sind dabei anteilmäßig besonders stark betroffen. Bei Unternehmen mit 50 bis 499 Beschäftigten ist der Anteil der Zertifizierungskosten pro Mitarbeiter ebenfalls relativ hoch.

	bis 49 Beschäftigte				**50 bis 499 Beschäftigte**				**> 499 Beschäftigte**			
Zertifizierungskosten je Beschäftigte/r	3 000 DM				1 000 DM				300 DM			
Branche	MB	AI	CH	ET	MB	AI	CH	ET	MB	AI	CH	ET
mittlere Zertifizierungsdauer (Monate)	14,0	k. A.	18,0	15,1	21,4	14,0	25,4	21,2	19,0	13,7	21,3	19,4
durchschnittliche Zertifizierungsdauer (Monate)	15,7				20,5				18,35			
mittlere Zertifizierungsdauer (Monate)	18,4											

Bild 2.17: Zertifizierungskosten und Zertifizierungsdauer nach Unternehmensgröße und Branche (MB: Maschinenbau, AL: Automobilindustrie, CH: chemische Industrie, ET: Elektrotechnik) (nach Arlt & Bachthaler 1997, S. 412)

Auch die Dauer vom Entschluß der Geschäftsleitung bis zur Zertifizierung (Zertifizierungsdauer) hat einen großen Einfluß auf die entstehenden Kosten. Bei der Analyse der Zertifizierungsdauer zeigt sich, daß besonders Unternehmen des Maschinenbaus mit 50 bis 499 Beschäftigten mit 21,4 Monaten bis zur Zertifizierungung am längsten brauchen. Die mittlere Zertifizierungsdauer beträgt branchen- und größenklassenunabhängig 18,4 Monate. Dabei hat die Automobilindustrie unabhängig von der Betriebsgröße die kürzeste Zertifizierungsdauer mit durchschnittlich 13,85 Monaten. Als Ursache vermuten Arlt & Bachthaler (1997, S. 411) die langjährigen Erfahrungen im Umgang mit den Forderungen zur Qualitätssicherung, z.B. durch VDA-Richtlinien.

In der Gesamtbeurteilung kommen die untersuchten Unternehmen zu dem Schluß, daß das Zertifizierungsprojekt eine nicht unerhebliche Investition darstellt, die sich in Verbindung mit dem Qualitätsmanagement amortisieren muß (Arlt & Bachthaler 1997, S. 412).

Qualitätskostenbetrachtung

Seit den frühen fünfziger Jahren existiert in der Literatur[1] eine kontroverse Diskussion zu den Themen Kosten zur Sicherung der Produkt- und Prozeßqualität und Kosteneinsparungen aufgrund der Qualitätsmaßnahmen. Zunächst wurden allein die Ausgaben für Maßnahmen der Qualitätssicherung sowie für Fehler und Prüfaufwand mit dem Ziel, die Qualitätssicherung wirtschaftlich optimal zu gestalten, betrachtet. Die vorgenommene Einteilung in Qualitätskostengruppen (Fehlerverhütungskosten, Prüfkosten, Fehlerkosten) und die Vorschläge zur Kostenrechnung im Qualitätswesen (Qualitätskostenrechnung) hatten eine hohe Produktqualität zum Ziel (Tomys 1995, S. 31).

„Mit der Analyse der Qualitätskosten sollen in den verschiedenen Unternehmensbereichen Ansatzpunkte zur Verbesserung der Produktqualität und Wirtschaftlichkeit gefunden werden" (Pfeifer 1993, S. 382). Im Sinne einer Gewinn- und Verlustrechnung können die Prüf- und Fehlerkosten durch ausgewählte und an die Schwachstellen angepaßte Verhütungsmaßnahmen reduziert werden (Pfeifer 1993).

Der Ansatz qualitätsbezogener Kosten (DIN EN ISO 9004-1, S. 20) „bezieht sich auf Kosten, die grob in diejenigen unterteilt werden, welche von internen Arbeitsweisen und von externen Tätigkeiten herrühren. Fehlerverhütungs- und Prüfkosten werden als Investitionen betrachtet, während Fehlerkosten als Verluste betrachtet werden". Die Qualitätskostenarten werden in die folgenden Qualitätskostengruppen eingeordnet:

[1] Campella & Cocoran 1987; Crosby 1986, 1990; DGQ 1985; Feigenbaum 1958, 1961; Hahner 1981; Juran, Gryna & Bringham 1974; Kamiske 1992; Krume 1989; Masing 1993; Pfeiffer 1993 u.a.

1) Fehlerverhütungskosten: Anstrengungen zur Fehlerverhütung,
2) Prüfkosten: Prüfung und Untersuchung zur Beurteilung, ob Qualitätsforderungen erfüllt werden,
3) Interne Fehlerkosten: Kosten, die aus der Nichterfüllung der Qualitätsforderung durch ein Produkt vor der Auslieferung resultieren,
4) Externe Fehlerkosten: Kosten, die aus der Nichterfüllung der Qualitätsforderung durch ein Produkt nach der Auslieferung resultieren.

Die kostenoptimale Qualität (siehe Bild 2.18) ist stark von den Kundenwünschen und vom Verhalten der Konkurrenten bestimmt. Aus diesem Grund ist nicht nur das wirtschaftliche sondern das marktrelevante Optimum anzustreben (Tomys 1995, S. 44).

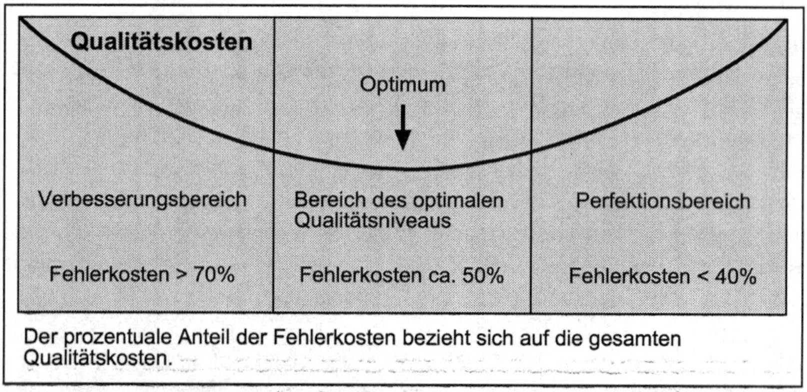

Bild 2.18: Qualitätskostenoptimum (Juran, Gryna & Bringham 1974, S. 11ff.)

Das Ziel, die Qualitätskosten in einem Informationssystem zur wirtschaftlichen Qualitätslenkung einzusetzen, wurde zwar in der Praxis verfolgt, die Qualitätskostenrechnung hat sich aber in den meisten Unternehmen nicht mit Erfolg durchgesetzt (Kamiske 1992, S. 11f.). Die Qualitätskostenrechnung wird ebenfalls nicht den Anforderungen bei der Umsetzung des Total Quality Managements als übergeordnete Unternehmensaufgabe und der damit verbundenen Lenkung der Maßnahmen des Qualitätsmanagementsystems durch die Anforderungen des Marktes gerecht. Das Total Quality Management mit einer übergreifenden Sichtweise der Qualitätskosten-Problematik verlangt nach dem Übergang von der Qualitätskostenerfassung zur Erfassung und Bewertung von Leistungen im Produktionsprozeß (Tomys 1995, S. 45ff.), z.B. durch Controlling- und Qualitätscontrollingkonzepte.

Überprüfung der Wirtschaftlichkeit durch Qualitätscontrollingkonzepte

Der Einsatz leistungsfähiger Informations-, Steuerungs- und Controllinginstrumente ist erforderlich, um bei der derzeitig steigenden Komplexität und Dynamik der Unternehmensprobleme und -entscheidungen weiterhin die unternehmerische Zielsetzung, z.B. eine befriedigende Rentabilität des eingesetzten Kapitals, zu erreichen. Ein effizientes Controlling-System als Instrument der Unternehmensführung ist eine Möglichkeit, um relativ schnell und gezielt kritischen Unternehmensentwicklungen begegnen zu können (Hopfenbeck 1996, S. 617).

Die Aufgabe des Controllings, als ein Subsystem der Unternehmensführung, erfordert die gleichzeitige Erfüllung der Funktionen Planung, Information, Analyse, Kontrolle und Steuerung. Dafür sind u.a. Methoden der Informationserfassung- und verarbeitung, ein aussagefähiges Berichtswesen, ein integriertes Planungs- und Kontrollsystem, Kostenrechnungssysteme, Kostensenkungsprogramme, Kennzahlensysteme, Erfolgsrechnungen, Wirtschaftlichkeits- und Invstitionsrechnungen und Frühwarnsysteme erforderlich (Preißler 1995, S. 65ff.). Ziel eines erfolgreichen Controllings ist die prozeßbegleitende Bereitstellung der relevanten Daten des Informationsflusses für die Steuerung der Prozesse. Dabei wird eine Reduktion der Komplexität in und zwischen Prozessen zu einem immer wichtigerem Faktor innerhalb der Wertschöpfungskette und zu einer neuen Aufgabe für das Controlling (Krecmar & Buresch 1994, S. 295).

Unter Qualitätscontrolling (Horvàth & Urban 1990) wird ein Teilsystem des Controlling verstanden, das unternehmensweit qualitätsrelevante Vorgänge koordiniert, um kundenanforderungsgerecht Qualität wirtschaftlich sicherstellen zu können. Die Aktivitäten des Qualitätsmanagements werden hierbei um wirtschaftliche Aspekte erweitert. Durch die Einbindung in eine überbetriebliche Controlling-Organisation kann das Qualitätscontrolling die Unternehmensleitung bei der gesamtbetrieblichen Koordination von Qualitätsmaßnahmen unterstützen und das Qualitätswesen in das bestehende Führungssystem integrieren. Es kann das strategische und operative Qualitätscontrolling unterschieden werden. Während sich das strategische Qualitätscontrolling auf die Sicherstellung der langfristigen Qualitätsfähigkeit und die Formulierung einer geeigneten Qualitätsstrategie konzentriert, muß das operative Qualitätscontrolling für eine möglichst wirtschaftliche Umsetzung der Qualitätsstrategie durch das Qualitätsmanagementsystem sorgen (Tomys 1995, S. 89f.).

Im Rahmen der Einführung neuer Managementkonzepte und einer zunehmenden Prozeßorientierung kommen dem Controlling und dem Qualitätscontrolling neue Rollen zu. Zum einen reduziert die mit den neuen Managementkonzepten verbundene verstärkte Delegation von Aufgaben und Verantwortung die operativen Planungs- und Kontrollaufgaben zentraler Stellen und zum anderen schaffen die flacheren, durch Teamarbeit gekennzeichneten Strukturen mehr Eigenverantwortung für die Beschäftigten und lassen direkte Kommunikationsbeziehungen zwischen den unterschiedlichen Funktionen entstehen (vgl. Müller 1996, S. 113).

Betriebliche Wirtschaftlichkeits- und Qualitätskennzahlen

Als Kennzahlen werden Zahlen verstanden, die quantitative Sachverhalte in konzentrierter Form erfassen. Die Kennzahlen können z.B. die Zielsetzung und Planung unternehmerischer Aktivitäten erleichtern, die systematische Kontrolle von Kosten, Leistungen, Entwicklungen und Ergebnissen gewährleisten oder Hilfsmittel für Schwachstellenanalysen sein (Tomys 1995, S. 93ff.). Qualitätskennzahlen können z.B. die Produktivität, die Wirtschaftlichkeit und der Wirkungsgrad von Prozessen sein.

Produktivität ist das Verhältnis aus der Outputmenge und der für ihre Erzeugung notwendigen Inputmenge (Gablers Wirtschaft-Lexikon 1988b, S. 1032). Es ergibt sich:

Produktivität = Outputmenge / Inputmenge (2)

Die Messung der Produktivität erfolgt durch Bezugnahme des Ertrages bzw. der Leistung auf eine Ertragseinheit (z.B. Anzahl der geprüften Teile pro Arbeitsstunde) oder durch das Verhältnis von Produktionswert zum Kapitaleinsatz oder zum Arbeitseinsatz (Gablers Wirtschaft-Lexikon 1988b, S. 1032). Damit lassen sich alle Bereiche der Produktion auf ihre Produktivität hin untersuchen.

Das Verhältnis von mengenmäßigem Ertrag (gemessen in Stück, kg usw.) und mengenmäßigem Einsatz von Produktionsfaktoren (gemessen in Arbeitsstunden, Betriebsmittel- und Werkstoffeinheiten) bezeichnet man als *Wirt-*

schaftlichkeit (Wöhe 1986, S. 49). Durch diese Bewertung werden unterschiedliche In- und Outputmengen vergleichbar gemacht.

Wirtschaftlichkeit = Ertrag / Aufwand
bewertete Outputmenge = Ertrag
bewertete Inputmenge = Aufwand

(3)

Die Wirtschaftlichkeit kann je nach Untersuchungsgegenstand mit drei Zielstellungen gemessen werden (nach Tomys 1995, S. 96):

- um bei Entscheidungsalternativen das wirtschaftlichste Projekt zu ermitteln,
- um die Wirtschaftlichkeit von Kalkulationsobjekten zu ermitteln oder
- um Vergleiche von Ist- und Planungsgrößen durchzuführen.

Die beiden Größen Produktivität und Wirtschaftlichkeit lassen eine Aussage über das Verhältnis der benötigten Produktionsfaktoren und den damit erzielten Leistungen zu. Eine Aussage über die Güte und Notwendigkeit der einzelnen Leistungen wird nicht getroffen. Dies kann (nach Tomys 1995, S. 96f.) durch die Aufstellung eines *Wirkungsgrades der Prozesse* als Qualitätskennzahl zur Beschreibung des Verhältnisses des erzielten Prozeßergebnisses zu den insgesamt aufgewendeten Leistungen geschehen. Der Wirkungsgrad ist das Verhältnis zwischen Nutzleistung, die der Kunde am Markt mit dem Kaufpreis bezahlt, und den aufgewendeten technischen, personellen und organisatorischen Mitteln, die (nach Tomys 1995, S. 97ff.) als Nutz-, Stütz-, Blind- und Fehlleistungen definiert werden (siehe Bild 2.19):

- *Nutzleistungen* sind geplante Leistungen der Haupt-, Service- und Managementprozesse, die den Wert des Produktes bzw. Zwischenproduktes steigern und somit die am Markt umsetzbare Leistung erhöhen. Die eingesetzten Ressourcen können durch den am Markt erzielten Preis abgedeckt werden.
- *Stützleistungen* sind Prozesse oder Tätigkeiten, die die Nutzleistung in der Wertschöpfungskette unterstützen, damit das geplante Ergebnis erreichbar wird. Stützleistungen sind geplant, tragen aber nicht direkt zur Wertschöpfung bei. Die Kosten der Stützleistungen sind meist nicht durch den am Markt erzielbaren Preis abgedeckt, sie verteuern das Produkt und schmälern den Gewinn.
- *Blindleistungen* sind in der Wertschöpfungskette nicht geplante Prozesse oder Tätigkeiten. Sie verursachen Kosten, haben aber meist keine positive

Wirkung auf den Wert des Produktes. Blindleistungen erhöhen die Herstellkosten, ohne daß eine entsprechende Wertsteigerung einen höheren Preis am Markt erzielen würde.

- *Fehlleistungen* entstehen ungeplant infolge unplanmäßig ablaufender Prozesse oder Tätigkeiten. Sie wirken überwiegend wertmindernd auf das Produkt, da sie – bei gleichzeitigem Ressourcenverbrauch – Kosten verursachen und die produzierte Gesamtleistung herabsetzen.

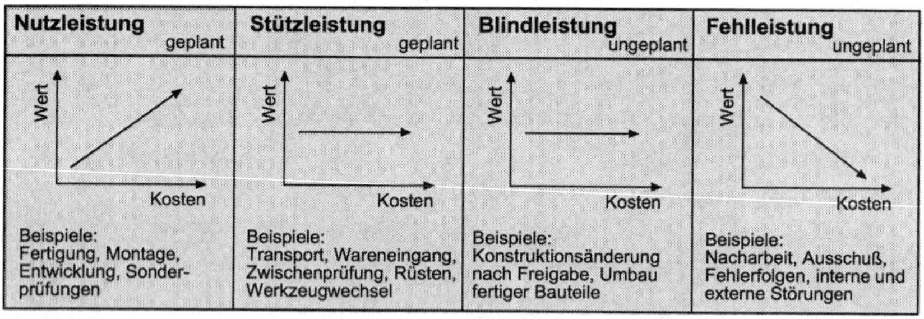

Bild 2.19: Leistungsarten der Prozesse (nach Tomys 1995, S. 72)

Bei der Identifikation von Nutz-, Stütz-, Blind- und Fehlleistungen ist zu beachten, daß eventuell erzielbare Nebeneffekte, z.B. Lerneffekte durch Konstruktionsänderungen nach der Freigabe oder durch Nacharbeit, differenziert betrachtet werden müssen. Aus diesen Nebeneffekten können sich zu einem späteren Zeitpunkt werterhöhende Leistungsbestandteile, z.B. mehr Erfahrungswissen bei den Beschäftigten, ergeben, die zusätzlich betrachtet werden müssen.

Der Wirkungsgrad der Prozesse (W_p) kann wie folgt (nach Tomys 1995, S. 98) definiert werden:

$$\textbf{Wirkungsgrad der Prozesse } (W_p) = \frac{\textbf{werterhöhende Leistung}}{\textbf{gesamte aufgewendete Leistung für die Prozesse}} \tag{4}$$

oder

$$= \frac{\textbf{Nutzleistung}}{\textbf{(Nutz- + Stütz- + Blind-+ Fehlleistung)}}$$

Der Wirkungsgrad des Prozesses kann zur Kontrollzahl des Qualitätsmanagementsystems unter dem Aspekt der Vermeidung von wertmindernden und wertneutralen Leistungen werden. Im Rahmen des Qualitätsmanagementsystems wird dadurch die Möglichkeit geschaffen, die Effizienz eingeleiteter Maßnahmen im Wertschöpfungsprozeß zu verfolgen, zeitliche Veränderungen zu erkennen und neue Zielgrößen festzulegen (Tomys 1995, S. 98f.).

Die Kennzahlen sollten idealerweise nicht einzeln betrachtet werden, sondern in ein Kennzahlensystem eingebettet werden. Die Integration des Wirkungsgrades W_p in ein Kennzahlensystem, das vom Qualitätscontrolling verwendet werden kann, setzt die gleichzeitige Anwendung weiterer Kennzahlen voraus. So können einerseits die Auswirkungen von Maßnahmen des Qualitätsmanagementsystems auf den Wirkungsgrad der Prozesse und andererseits der Zusammenhang zwischen Qualitätsmanagementsystem und dessen Kennzahlen deutlich werden. In Anhang K sind Beispiele für Wirtschafts- und Qualitätskennzahlen für die unterschiedlichen Funktionsbereiche des Unternehmens dargestellt, die in verschiedenen Zeiträumen, z.B. wöchentlich, monatlich, quartalsweise oder jährlich, ermittelt werden können und Kostenvergleiche, z.B. durch Prozeßkostenrechnung, zulassen.

Qualitätscontrolling durch Prozeßkostenrechnung

Die Prozeßkostenrechnung kann verwendet werden, um Zahlen zur Beschreibung der Leistungsarten der Prozesse zu gewinnen. Dabei werden bestimmte Unternehmensprozesse in Teilprozesse bzw. Tätigkeiten zerlegt und die Kosten dieser Teilprozesse ermittelt (Jost 1996, S. 181). Ziele der Prozeßkostenrechnung sind (nach Olshagen 1991, S. 125):

- die Erhöhung der Kostentransparenz in den einzelnen Unternehmensbereichen,
- die verursachergerechte Verrechnung von Leistungen im Rahmen der Produktkalkulation,
- eine verbesserte Gemeinkostenplanung und -kontrolle zum rationellen Ressourceneinsatz und
- die Bewertung der einzelnen Prozeßschritte.

Da durch die Bestimmung von Prozeßkostensätzen der Preis für die einmalige Durchführung eines Prozesses (oder einer Tätigkeit) festgelegt wird, kann mit Hilfe der Prozeßkostenrechnung die Bewertung der verschiedenen Leistungsarten der Prozesse vorgenommen werden. Dabei wird zunächst die Nutz- und Stützleistung geplant. Im tatsächlichen Produktionsprozeß entstehen jedoch Fehl- und Blindleistungen, die bei der Anwendung der Prozeßkostenrechnung bewertet werden können und nicht – wie teilweise üblich – in einem Gemeinkostenblock als Nacharbeit oder Ausschuß erfaßt werden (Tomys 1995, S. 109).

Mit Hilfe der Prozeßkostenrechnung ist eine Selbstkostenrechnung (Kalkulation) im Sinne einer Kostenträger-Stückrechnung – aufbauend auf die Kostenarten-, Kostenstellen- und Kostenträgerzeitrechnung – und damit die Zurechnung der Kosten auf die einzelnen Leistungen, die Ermittlung der Selbstkosten sowie die Schaffung der Grundlagen für die Kalkulation des Angebotspreises möglich. Die Selbstkostenrechnung kann im Rahmen der Prozeßkostenrechnung sowohl vor der Erstellung der Betriebsleistung (Vorkalkulation) als auch nach Abschluß der Leistungserstellung (Nachkalkulation) erfolgen (Wöhe 1986, S. 1085).

Resümee

Die Betrachtung der traditionell als Qualitätskosten bezeichneten Fehler-, Prüf- und Fehlerverhütungskosten mit dem Ziel der Minimierung der Qualitätskosten wird durch den hier vorgestellten Ansatz der Kosten-Nutzen-Relation der Prozesse (nach Tomys 1995) erweitert. Dieser Ansatz unterstützt die Funktionen des zu entwickelnden flexiblen Qualitätsmanagementsystems mit dem Ziel der Eliminierung der Fehlleistungen, Reduzierung der Blindleistungen und Optimierung der Stützleistungen zur Produktivitätssteigerung.

2.3 Betriebliche Flexibilität durch menschengerechte Arbeitsgestaltung

2.3.1 Betriebliche Flexibilität

Flexibilität ist im allgemeinen Sprachgebrauch z.B. laut Duden als "Biegsamkeit, Elastizität, Anpassungsfähigkeit" (Duden 1996, S. 284) definiert.

Die Brockhaus-Enzyklopädie (1988) Bd. 7, S. 377 unterscheidet zwischen:
1. allgemein: Biegsamkeit und Elastizität sowie
2. Psychologie: Die Fähigkeit, sich im Erleben und Verhalten wechselnden Situationen beweglich anzupassen.

Da die o.g. Begriffe verschiedene Bedeutungen haben können, wird deutlich, daß der Begriff Flexibilität für die Beschreibung unterschiedlicher Sachverhalte verwendet werden kann. Biegsam kann z.B. eine Weidengerte, ein Grashalm oder ein Körper sein. Biegsam oder elastisch kann auch Gummi oder Stahl sein. Anpassungsfähigkeit ist ebenfalls eine Eigenschaft, die auf verschiedene Bereiche zutreffen kann, z.B. ein System, eine Person, Pflanzen oder Tiere.

Flexibel bedeutet also:

biegsam	elastisch	anpassungsfähig
Änderung der geometrischen Form eines Körpers ohne daß der Stoffzusammenhalt verloren geht.	Vermögen eines Körpers nach Krafteinwirkung seine ursprüngliche geometrische Form wiederherzustellen.	Fähigkeit einer Person, eines Objektes oder Systems, seine Funktionalität auch unter sich ändernden Bedingungen beizubehalten und zu erfüllen.

Bild 2.20: Beschreibung der Eigenschaften biegsam, elastisch, anpassungsfähig

Die Analyse der Beiträge in der Literatur[1] zur Flexibilitätsbeschreibung zeigt, daß in allen untersuchten Wissenschaftsdisziplinen, wie z.B. der Ingenieurwissenschaft, der Betriebswirtschaft, der Arbeitswissenschaft und der Arbeitspsychologie keine einheitliche Vorstellung vom Begriff Flexibilität vor-

[1] Aggteleky 1990b, S. 76; Behrbohm 1985, S. 35ff.; Berkel 1978, S. 328; Bitterwolf 1992, S. 15; Bullinger 1986, S. 273; Fröhner 1991, S. 29; Grob & Haffner 1982, S. 53f.; Grochla 1980, S. 1502; Hacker 1978; Hopfmann 1989, S. 29ff.; Luczak 1993, S. 436; Maßberg 1993, S.180; Meffert 1985, 121ff.; Mitter, Galanther & Pribram 1973; Reichwald & Behrbohm 1983, S. 831ff.; Ropohl 1980; Sattes et al. 1995; Scharf 1976; Schmuck 1996; Schweizer 1990, S. 680; Volpert 1974; Warnecke 1984, S. 456; Werbik 1978

herrscht. Die Interpretationsvielfalt des Begriffes ist z.T. die Folge verschiedener Zielsetzungen und Untersuchungsperspektiven, die aber immer nur Teilaspekte des Flexibilitätsbegriffes einbeziehen. Verstärkt wird dies außerdem durch die nicht einheitliche Verwendung der Begriffe. Neben dem Begriff der Flexibilität werden auch die Begriffe Elastizität, Mobilität, Anpassungsfähigkeit, Beweglichkeit u.a.m. verwendet. Aus diesem Grund wird im folgenden Text – nach der Definition von Gestaltungsfeldern und eines Bezugsrahmens für ein Modell der betrieblichen Flexibilität – das Verständnis von betrieblicher Flexibilität definiert, von dem in dieser Arbeit ausgegangen wird.

2.3.2 Gestaltungsfelder und Bezugsrahmen eines Modells für betriebliche Flexibilität

2.3.2.2 Gestaltungsfelder der betrieblichen Flexibilität

Damit das Unternehmen über eine Anpassungsfähigkeit (im Sinne eines Flexibilitätspotentials) verfügt, sind alle Unternehmensbereiche so zu gestalten, daß sie „einander nicht widersprechen, sondern ergänzend zusammenwirken“. Pauli (1987, S. 20) betont weiter daß „... das Erlangen von Flexibilität nicht nur eine Frage von einzelnen Komponenten der Unternehmung ist, sondern [daß] dazu ein konzepthaftes Verhalten der gesamten Unternehmung erforderlich ist.“ Flexibilität darf sich also nicht auf Teilbereiche des Unternehmens beschränken, sondern muß das Unternehmen als Ganzes betreffen.

Wichtiger Aspekt bei der Betrachtung der Flexibilität des gesamten Unternehmens ist die Flexibilität des menschlichen Verhaltens des Beschäftigten. „Flexibles Verhalten kann als das Ergebnis eines effizienten Zusammenwirkens von zentralen Regulationsprozessen und Problemlöseprozessen betrachtet werden“ (Schmuck 1996, S. 54). Das bedeutet, daß die vorhandene Personeneigenschaft der Spontanflexibilität effiziente zentrale Regulationsprozesse voraussetzt und sich in der Neigung zum spontanen Verlassen von Routinen, gefolgt von einer Optimierung des Verhaltens, ausdrückt (Schmuck 1996, S. 55). Schmuck (1996) wies durch seine Untersuchungen zur Flexibilität menschlichen Verhaltens nach, daß ein „bedeutsamer Zusammenhang zwischen Spontanflexibilität und der Leistung beim Bearbeiten von dynamischen Systemen aufgezeigt werden konnte“ (Schmuck 1996, S. 191). Mit dieser Erkenntnis können „gezielt hemmende und begünstigende Bedingungen für flexibles Verhalten“ identifiziert werden, „was wiederum Voraussetzung für die Diskussion möglicherweise notwendiger Veränderungen darstellt“ (Schmuck

1996, S. 197). Diese Veränderungen können z.B. innerhalb des gesamten Bildungssystems oder bei der Weiterqualifizierung von Beschäftigten im Unternehmen oder außerhalb des Unternehmens notwendig sein.

Für die Konzeption eines flexiblen Qualitätsmanagementsystems ist deshalb die Entwicklung eines umfassenden Modells der betrieblichen Flexibilität – unter Berücksichtigung der Flexibilität der Beschäftigten – von besonderer Bedeutung, um die wichtigsten Bereiche des Unternehmens (hier Gestaltungsfelder) umfassend zu gestalten. Dabei muß die Flexibilität in der normativen und strategischen Ebene des Management geplant und auf der operativen Ebene des Managements umgesetzt werden.

Die Auslöser der Flexibilität sind bei allen Gestaltungsfeldern gleichartig, sie sind externen oder internen Ursprungs und können z.B. die

- Veränderung der Konkurrenzsituation (z.B. sprunghafte Veränderung der Nachfrage durch Konkurrenzprodukte, kürzere Produktentwicklungszeiten und geringere Produktionskosten beim Konkurrenten),
- Veränderung der Kundenforderungen (z.B. Änderungen während der Auftragsbearbeitung, vom Kunden gewünschte Fertigung von Varianten und Sonderprodukten),
- Veränderungen auf dem Beschaffungsmarkt (z.B. Abweichungen von Lieferzeiten, Ausfall von Lieferungen, Qualitätsmängel),
- Änderungen der rechtlichen Rahmenbedingungen (z.B. Produkthaftung),
- Veränderungen bei den Betriebsmitteln (z.B. Beseitigung von Störungen, Reaktion auf den Ausfall von Maschinen) und
- Veränderungen durch die Organisationsmitglieder (z.B. Krankheit und Fluktuation, Ausgleich von Arbeitsausfällen)

sein. Dabei bestehen zwischen allen Auslösern der Flexibilität auch untereinander Wechselwirkungen bzw. Abhängigkeiten, z.B. kann die sprunghafte Veränderung der Nachfrage sowohl durch eine veränderte Konkurrenzsituation als auch durch eine Veränderung der Kundenforderungen ausgelöst werden.

Im folgenden Text werden die definierten betrieblichen Gestaltungsfelder

- Flexibilität der Unternehmensorganisation (1),
- Flexibilität als Eigenschaft der Produktionsorganisation (2),
- Flexibilität als Eigenschaft der Personalorganisation (3),
- Flexibilität als Eigenschaft der Arbeitsorganisation (4),
- Flexibilität der Beschäftigten bei Veränderungen der Arbeitsaufgaben (5),
- Flexibilität der Beschäftigten bei Veränderungen der Arbeitszeit (6),
- Flexibilität als Eigenschaft der funktionalen Einheiten (7)

und die Maßnahmen zur Flexibilisierung in den einzelnen Feldern dargestellt, die aus der o.g. Literatur abgeleitet wurden. Dabei sind die Zuordnungen der einzelnen Maßnahmen zu den jeweiligen Gestaltungsfeldern nicht immer eindeutig möglich. Die Erfahrungen aus den kleinen und mittleren Unternehmen haben aber gezeigt, daß die Systematisierung der Gestaltungsfelder und die Zuordnung der Maßnahmen weitestgehend der Situation in den KMU entsprechen und damit den Bedürfnissen der KMU gerecht werden.

1. Flexibilität der Unternehmensorganisation

Die Unternehmensorganisation ist die Organisation und die damit verbundene Struktur eines Unternehmens, um die verschiedenartigen Ziele (z.B. Gewinn, Umsatz, Macht, Arbeitszufriedenheit) zu erreichen (Wagner 1989, S. 13f.). Zur Unternehmensorganisation gehören die Definition von Unternehmenspolitik, -zielen und -strategien sowie die Festlegung der Aufbau- und der Ablauforganisation des Unternehmens.

Die Flexibilität der Unternehmensorganisation kann z.B. durch folgende Maßnahmen realisiert werden:

- Flexibilisierung der Unternehmensführung durch Managementtechniken (Stroebe & Stroebe 1992, S. 13ff.), wie
  - Führung durch Zielvereinbarungen (Management by Objectives),
  - Führung durch Delegation von Verantwortung und Entscheidungskompetenzen (Management by Delegation),
  - Führung nach dem Prinzip der Ausnahme (Management by Exception), wo Führungskräfte nur in Ausnahmefällen eingreifen,
  - systemorientierte Führung (Management by Systems),
- Management by walking about oder wandering around – wörtlich: Management durch Herumlaufen – betont die persönlichen Kontakte zwischen Ma-

nagement und Beschäftigten, die eine flexible Unternehmensorganisation und flexible Entscheidungen durch das „Herumlaufen" der Führungskräfte innerhalb des Unternehmens möglich machen (Hindle & Sadler 1994, S. 194),

- Flexibilisierung durch „multipersonelle Organisationseinheiten" (Wagner 1989, S. 109ff.) bzw. Strukturen, die sich aus mehreren Personen zusammensetzen und die meist temporär sind, z.B. Kollegien, Projektgruppen, Teamwork-Konzepte (Wagner 1989, S. 109ff.; Reschke, Schelle & Schnopp 1989, Band 1, S.128),
- Flexibilisierung von Organisationsmodellen (Produktmanagement und strategische Geschäftseinheiten, rechtliche Verselbstständigung von Unternehmensbereichen, mehrdimensionale Organisationsstrukturen) (Wagner 1989, S. 120ff.),
- Maßnahmen der Risikovorsorge, wie z.B. die Streuung der Unternehmensaktivitäten auf unterschiedlichen Märkten oder Risikoabwälzung auf die Marktpartner, um das Unternehmen gegenüber Umwelteinflüssen resistent zu machen (Built-in-Flexibilität) (Meffert 1985, 124),
- Sicherstellen der Unternehmensflexibilität durch Gewährleistung einer „Handlungsflexibilität" (Meffert 1985, S. 124), die darauf ausgerichtet ist, die Reaktionskapazität des Unternehmens z.B. durch vorhandene finanzielle oder kapazitive Ressourcen zu erhöhen, d.h. sie schafft Freiheitsgrade, um auch in schwierigen, nicht vorhersehbaren Situationen optimal reagieren zu können (Meffert 1985, S. 124).

2. Flexibilität der Produktionsorganisation

Unter Produktionsorganisation wird die gesamte Organisation der wirtschaftlichen, technologischen und organisatorischen Maßnahmen, die unmittelbar mit der Be- und Verarbeitung von Stoffen zusammenhängen, verstanden. Die Produktionsorganisation befaßt sich mit der Einleitung von organisatorischen Maßnahmen zur Erhöhung der Produktivität, Anpassung der Kapazitäten, Produktionsplanung und -steuerung, Erreichung der Wirtschaftlichkeit der Produktion und optimalem Einsatz bzw. anforderungsgerechter Beschaffung der Betriebsmittel (Eillinger 1988).

Eine organisatorische Maßnahme zur Erhöhung der Flexibilität der Produktionsorganisation besteht in der simultanen Aufgabenbearbeitung, d.h. der parallelen Bearbeitung von Aufgaben und Tätigkeiten, z.B. Simultanous Engineering in der Entwicklung (Eversheim, Bochtler & Laufenberg 1995, S. 2f.)

Folgende organisatorische Maßnahmen stehen (nach Aggteleky 1990b, S. 106) für die Steigerung der Flexibilität der Produktionsorganisation zur Verfügung:

- Ausrüstung der Produktion nach dem Flußprinzip (keine Priorität für hohe Auslastung der Produktionsmittel),
- Realisierung einer Komplettbearbeitung von Teilen und Baugruppen,
- Organisation von selbststeuernden Regelkreisen,
- Gewährleistung einer reaktionsfähigen Steuerung und Logistik,
- Garantieren eines freien Durchlaufes durch die Fertigung, d.h. keine Stillstände an Engpässen und
- Ausgleichen von Kapazitätsunterschieden zwischen Fertigungsabschnitten.

Weitere Möglichkeiten zur Flexibilisierung der Produktionsorganisation sind (in Anl. an Wiendahl 1989, S. 31ff.):

- Bildung von Teilefamiliengruppen zur Teilefamilienfertigung,
- Einsatz von Bearbeitungszentren,
- Bildung von flexiblen Fertigungszellen, Fertigungsinseln, Fertigungslinien oder Fertigungssystemen.

3. Flexibilität der Personalorganisation

Unter Personalorganisation wird die gesamte Organisation der personellen Ressourcen des Unternehmens verstanden, d.h. (nach Hackstein 1977) die

- Bestimmung des Personalbestandes (Planen bzw. Ermitteln des Bestandes an Personal, der qualitativ und quantitativ im Betrieb vorhanden ist),
- Bestimmung des Personalbedarfes (Planen bzw. Ermitteln des Bedarfes an Personal, der in qualitativer und quantitativer Hinsicht zur Erfüllung der betrieblichen Aufgaben erforderlich ist),
- Abstimmen der Personalkapazitäten (Feststellen einer personellen Unter- oder Überdeckung in qualitativer, quantitativer und zeitlicher Hinsicht und gegenseitiges Abgleichen bzw. Anpassen von Personalbedarf und -bestand),

- Personalbeschaffung (Beschaffen von Personal aus innerbetrieblichen und externen Bereichen zur Beseitigung einer personellen Unterdeckung in qualitativer, quantitativer und zeitlicher Hinsicht),
- Personaleinsatz (Eingliedern des Personals in den betrieblichen Leistungsprozeß an Stellen und Arbeitsplätzen),
- Personalentwicklung (Erhalten bzw. Vertiefen des Leistungsangebotes des vorhandenen Personal durch Ausbilden, Fortbilden, Weiterbilden und Umschulen),
- Personalerhaltung (Erhalten des Leistungsangebotes des Personals, z.B. durch entsprechende Personalförderung, Entlohnung, Urlaubsregelung, Altersversorgung, usw.) und
- Personalfreistellung (Freistellen von Personal durch Um- und Versetzungen, Verminderung der Arbeitszeit und partiellem Personalabbau zur Beseitigung einer personellen Überdeckung in qualitativer, quantitativer und zeitlicher Hinsicht).

Folgende organisatorische Maßnahmen stehen für die Steigerung der Flexibilität der Personalorganisation zur Verfügung:

- regelmäßige Überprüfung der benötigten Personalkapazitäten, z.B. damit keine Personalengpässe auftreten,
- kurzfristige Personalbeschaffung aus innerbetrieblichen Bereichen und aus externen Bereichen bei Unterdeckung, z.B. durch Zeitarbeitsfirmen, Saisonarbeitskräfte (Wagner 1989, S. 236),
- flexibler Personaleinsatz durch die Bestimmung verschiedener Einsatzstellen und Arbeitsplätze für Beschäftigte, die dies wünschen,
- rechtzeitige Einarbeitung neuer Beschäftigter beim Ausscheiden bewährter Beschäftigter mit viel Erfahrungswissen, damit dieses Erfahrungswissen nicht vollständig verlorengeht,
- Qualifizierung der Beschäftigten, damit sie zukünftige Aufgaben besser bewältigen können,
- Benennung von Stellvertretern,
- Organisation von Traineeprogrammen für neue Beschäftigte, um das gesamte Unternehmen kennenzulernen,
- Weiterbildung der Beschäftigten (nach Martin 1994, S. 371f.) zur Entwicklung von
  - Fachkompetenz (Kenntnisse und Fertigkeiten einer Arbeitsperson, die zur konkreten Ausführung des Fachberufes benötigt werden),

- Methodenkompetenz (Fähigkeiten, die eine Arbeitsperson in die Lage versetzt, flexibel auf neue Anforderungen sachgerecht zu reagieren, indem aus dem Wissens- und Erfahrungsbestand Analogien zu der neuen Situation gebildet und bewährte Arbeitsmethoden zu neuen Handlungsabläufen kombiniert werden) und
- Sozialkompetenz (Fähigkeiten einer Arbeitsperson, die sie zu einem sozialen Verhalten innerhalb des sozialen Gefüges 'Betrieb' befähigt, z.B. solidarisches, kooperatives, rücksichtsvolles, kommunikatives Verhalten).

4. Flexibilität der Arbeitsorganisation

Die Arbeitsorganisation umfaßt (nach Martin 1994, S. 291f., 472) die Gestaltung der Arbeitsaufgaben, die Aufgabenverteilung, die Entscheidungsstrukturen, die Kooperationsbeziehungen, die zeitlichen Abläufe, die räumliche Aufteilung im Betrieb, die Festlegung von Arbeitszeitmodellen und die Arbeitsstruktur, d.h. eine bestimmte organisatorische Kombination der Elemente eines Arbeitssystems und deren material- und informationsflußmäßige Verknüpfung.

Die folgenden Maßnahmen stehen für die Flexibilisierung der Arbeitsorganisation zur Verfügung:

- eine Stellengliederung entsprechend der Aufgaben, d.h. horizontale und vertikale Aufgabenverteilung und Entscheidungsbefugnisse sind klar geregelt, Verantwortung wird delegiert, dezentrale Organisationsstrukturen herrschen vor (vgl. Wagner 1989, S. 106ff.),
- flexible Arbeitsaufgabenverteilungen, transparente Entscheidungsstrukturen, Kooperationsbeziehungen und zeitliche Abläufe und Aufteilungen ermöglichen die Flexibilität,
- Stellenbeschreibungen definieren Ziele, Aufgaben, Funktionen sowie Verantwortlichkeiten und Kompetenzen des Stelleninhabers, z.B. um Rahmenvorgaben der Tätigkeiten zu schaffen und klare Entscheidungen zu begünstigen, eine leichte Einweisung für neue Beschäftigte zu ermöglichen und eine bessere Koordination bei Zusammenarbeit von mehreren Stellen zu realisieren (in Anl. an Wagner 1989, S. 231), z.B. bei flexibler Aufgabenbearbeitung.

Folgende Maßnahmen zur Arbeitsstrukturierung (nach Martin 1994, S. 318ff.) können für die Steigerung der Flexibilität der Arbeitsorganisation genutzt werden:

- (Teil)autonome Gruppenarbeit (autonomous groups) – Übertragung der gesamten Arbeitsaufgaben bzw. des gesamten Produktionsabschnittes an eine Gruppe, die die Arbeitsaufteilung selbst bestimmt,
- Arbeitswechsel (job rotation) – Kombination von verschiedenen Arbeitsinhalten an verschiedenen Arbeitsplätzen in festgelegter oder frei bestimmbarer Reihenfolge, um einen Belastungswechsel, der zu einem Beanspruchungsausgleich führen kann, zu erreichen,
- Arbeitsbereicherung (job enrichement) – Kombination von Tätigkeitselementen unterschiedlicher Anforderungen an einem Arbeitsplatz, z.B. ausführende und kontrollierende Tätigkeitselemente, um ganzheitliche Arbeitsvollzüge zu bilden.

Eine Arbeitsstrukturierung kann (nach RKW 1976, S. 45) für die Beschäftigten durch mehr Einfluß auf die Arbeit und die Arbeitssituation, mehr Selbständigkeit in der Arbeitsausführung und individuelle Fähigkeiten sowie Fertigkeiten und dadurch besseren Einsatz der Persönlichkeit einen flexiblen Einsatz und die Motivation der Beschäftigten bewirken

5. Flexibilität der Beschäftigten bei Veränderungen der Arbeitsaufgaben

Die Flexibilität der Beschäftigten bei Veränderung der Arbeitsaufgaben bedeutet, daß die Beschäftigten so qualifiziert sind, daß sie auf neue Anforderungen durch inhaltlich veränderte oder komplexere Arbeitsaufgaben flexibel reagieren können. Dabei ist eine Veränderung der notwendigen Handlungen erforderlich, welches einen Wechsel von notwendigen Handlungsplänen oder Handlungsstrategien (Flexibilität des Handelns) und damit einen „ständigen Prozeß der wechselseitigen Anpassung der organisatorischen Forderungen an die ... Vorstellungen der Mitglieder“ (Berkel 1978, S. 328) beinhaltet. Die Flexibilität des Handelns wird notwendig, wenn neue Handlungssituationen erforderlich werden, weil neue bzw. unbekannte Situationen auftauchen, so z.B. durch den kurzfristigen Ausfall von Materiallieferungen.

Notwendige Voraussetzungen und damit Grundlagen für flexible Handlungen der Beschäftigten, die z.B. durch Qualifizierung, Aufgabenorientierung, Aufgabenerweiterung, vollständige Aufgaben und Gruppenaufgaben erreicht werden, sind (nach Bitterwolf 1992, S. 28ff.):

- Gedanklich verfügbare Handlungsalternativen: Der Handelnde wird als zielorientiert handelndes Individuum gesehen, das versucht, auf der Grundlage seiner jeweiligen Möglichkeiten seine Ziele zu verwirklichen. Damit in einer gegebenen Situation flexibles Handeln möglich ist, muß der Handelnde mindestens über zwei Handlungsalternativen verfügen, zwischen denen er wählen kann und die für eine zielorientierte Handlungsausführung geeignet sind.
- Potentieller Handlungsspielraum: Die Handlungssituation muß so viel Spielraum lassen, daß nicht nur eine, sondern mindestens zwei gedanklich verfügbare Handlungsalternativen auch realisiert werden können. Der Handlungsspielraum wird dabei als Bereich frei wählbaren Verhaltens angesehen, in dem verschiedene, vom Handelnden ausgewählte Handlungsalternativen realisiert werden können. Er ist durch äußere, nicht von der handelnden Person vorgegebene Bedingungen gestaltet, wird aber aufgrund subjektiv unterschiedlicher Wahrnehmung in seinem tatsächlichen Umfang unterschiedlich weit wahrgenommen (vgl. Hacker 1986, S 108).
- Motivation oder Motivationsstärke: Je höher die Motivation ist, flexibel zu handeln, um so eher wird eine Person bereit sein, Zeit und Energie zu investieren, um eine Änderung des Handlungsablaufes unter gegebenen Bedingungen herbeizuführen. Ist umgekehrt die Motivation für flexibles Handeln gering, so wird mit entsprechend geringer Wahrscheinlichkeit auch ein weniger geeignetes Handeln das Ergebnis sein (Bitterwolf 1992, S. 26f.).

Beschäftigte mit großem Handlungs- und Entscheidungsspielraum werden z.B. während eines unvorhergesehenen Störfalls versuchen, den weiteren Ablauf des Produktionsprozesses aufrechtzuerhalten. Ein Beschäftigter mit sehr engem Handlungsspielraum hat meist nicht die Möglichkeit, den Störfall zu beheben, so daß sich der Ausfall auf die folgenden Bearbeitungsschritte und den Fertigstellungstermin auswirken kann. Aus diesem Grund sollte bei der Gestaltung des Arbeitsinhaltes einer Aufgabe darauf geachtet werden, daß ein großer Handlungs- und Entscheidungsspielraum vorhanden ist. (nach Martin 1994, S. 299).

6. Flexibilität der Beschäftigten bei Veränderungen der Arbeitszeit

Die Flexibilität der Beschäftigten bei Veränderung der Arbeitszeit bedeutet, daß die Beschäftigten durch die Nutzung verschiedener Modelle der Arbeitszeitflexibilisierung die Möglichkeit haben, auf die Veränderung von benötigten Kapazitäten oder Arbeitsausfälle flexibel reagieren zu können. Flexible Arbeitszeiten schaffen damit die Voraussetzung für kurzfristiges Reagieren auf die Wettbewerbssituation oder Änderungen während der Aufgabenbearbeitung.

In der Praxis haben sich im Laufe des Prozesses der Flexibilisierung der Arbeitszeit eine Vielzahl unterschiedlichster Arbeitszeitmodelle gebildet, deren Inhalte die spezifischen betrieblichen Bedürfnisse widerspiegeln. Eine prinzipielle Unterscheidung ist dabei zwischen dem Ansatz der Gestaltung des Arbeitszeitvolumens und dem Ansatz der Verteilung der Arbeitszeit innerhalb eines bestimmten Bezugszeitraums möglich (Klitz & Reh 1996a, S. 51ff.). Die verschiedenen Arbeitszeitmodelle sind dabei häufig mit verschiedenen Vor- und Nachteilen für Arbeitgeber und Arbeitnehmer verbunden, z.B. die Problematik einer höheren Arbeitsbelastung und damit einer höheren Unfallhäufigkeit für den Arbeitnehmer sowie steigende Arbeitskosten aufgrund von Mehrarbeitszuschlägen und sinkende Arbeitsproduktivität je Stunde durch die Mehrbelastung für den Arbeitgeber bei Überarbeit. Je nach betrieblicher Anwendung sollten die Vor- und Nachteile durch beide Seiten, die Arbeitgeber und die Beschäftigten gegeneinander abgewogen und das geeignete bzw. gewünschte Konzept ausgewählt werden.

Eine Flexibilisierung des Arbeitszeitvolumens kann (nach Kilz & Reh 1996b, S. 34ff.) durch

- Kurzarbeit, d.h. eine vorübergehende Herabsetzung der betrieblichen Arbeitszeit bei Auftragsrückgang und der damit verbundenen geringeren Nachfrage an Arbeitskräften zur Vermeidung von Entlassungen,
- Überarbeit, d.h. Arbeitszeit, die über die normale vertraglich vereinbarte Arbeitszeit hinausgeht, um einen kurzfristig erhöhten Personalbedarf zu befriedigen ohne Neueinstellungen vornehmen zu müssen,
- Teilzeitarbeit, d.h. die Reduzierung der regelmäßigen Wochenarbeitszeit im Vergleich zu anderen vollzeitbeschäftigten Arbeitnehmern des Unternehmens,
- Vollzeitarbeit mit Reduzierungsoption zur Beschäftigungssicherung, d.h. eine Sicherung der bestehenden Arbeitsplätze durch eine lineare Reduzierung des individuellen Arbeitszeitvolumens ohne Lohnausgleich, z.B. die Reduzierung der Wochenarbeitszeit auf 30 Stunden, zur Anpassung des Arbeitszeitvolumens an den gegenwärtigen betrieblichen Bedarf, also den Auftragseingang,

- Vollzeitarbeit mit variablem Volumen, d.h. es wird für den jeweiligen Arbeitnehmer kein punktuelles Arbeitszeitvolumen vertraglich vorgegeben, sondern eine Bandbreite (z.B. 30 - 35 Wochenstunden je Kalenderwoche), innerhalb derer die Betriebspartner (Arbeitgeber, Betriebsrat) die Befugnis haben, ausgehend von den aktuellen Bedürfnissen, die optimale Stundenzahl festzulegen,
- flexible Altersgrenzen und gleitenden Übergang in den Ruhestand, d.h. daß die Ruhestandsgrenzen durch einen zeitlichen Rahmen bestimmt werden, in dem der Arbeitnehmer eigenverantwortlich bestimmen kann, wann er die erwerbswirtschaftliche Arbeit einstellen will, dabei geschieht beim gleitenden Übergang in den Ruhestand der Austritt aus dem Arbeitsleben nicht mehr abrupt und unvorbereitet, sondern gleitend, also schrittweise und der Arbeitnehmer hat die Option, seine Arbeitszeit bis zum Ausscheiden aus dem Erwerbsleben über einen längeren Zeitraum ständig zu verkürzen,
- Job Sharing (Arbeitsplatzteilung) durch
  - Job Sharing im engeren Sinne, d.h. der Arbeitnehmer hat sich aufgrund seines Arbeitsvertrages verpflichtet, den ihm zugewiesenen Arbeitsplatz in Abstimmung mit anderen – am gleichen Arbeitsplatz Beschäftigten – im Rahmen eines vorher aufgestellten Arbeitszeitplanes zu besetzen,
  - Job Pairing, d.h. die Arbeitnehmer haben sich verpflichtet, die Arbeit gemeinsam zu erledigen, sich gegenseitig – soweit erforderlich – zu informieren und die wesentlichen Entscheidungen gemeinsam zu treffen,
  - Job Splitting, d.h. die Aufteilung eines Vollzeitarbeitsplatzes in zwei voneinander unabhängige Teilzeitstellen mit feststehenden Arbeitszeiten oder flexiblen Arbeitszeitgestaltungsformen, wie z.B. Gleitzeit,
  - Split Level Sharing, d.h. die funktionale Aufteilung eines Arbeitsplatzes auf mehrere Arbeitnehmer nach bestimmten Arbeitsinhalten,

erfolgen.

Eine Flexibilisierung durch die Verteilung der Arbeitszeit innerhalb eines bestimmten Bezugszeitraums kann (nach Kilz & Reh 1996b, S. 42ff.) durch

- die traditionelle Schichtarbeit, d.h. wenn eine gleiche Arbeitsaufgabe von mindestens zwei Arbeitnehmern erfüllt wird, wobei sich die Arbeitnehmer nach einem feststehenden und für sie überschaubaren Plan ablösen, so daß der eine Arbeitnehmer arbeitet, während für den anderen eine arbeitsfreie Zeit entsteht,
- die kapazitätsorientierte variable Arbeitszeit (KAPOVAZ), d.h. dem Arbeitgeber wird aufgrund eines Einzelarbeitsvertrages das Recht eingeräumt, die

Arbeitsleistung des Arbeitnehmers entsprechend den real existierenden betrieblichen Anforderungen festzusetzen, es erfolgt damit – aufgrund des einseitigen Leitungsbestimmungsrechtes durch den Arbeitgeber – die Anpassung der Arbeitszeit an den Arbeitsanfall,

- die „amorphe“ bzw. gestaltlose oder unstrukturierte Arbeitszeit, d.h. lediglich der Umfang der vom Arbeitnehmer zu leistenden Arbeitszeit wird festgelegt, aber nicht der konkrete Zeitpunkt und Dauer der Arbeit,
- das sog. „Flexi 2-Modell“, d.h. die vertragliche Arbeitszeit kann ungleichmäßig auf die einzelnen Werktage und Arbeitswochen verteilt werden, wenn innerhalb eines tariflich festgelegten Ausgleichszeitraums ein Abgleich der tatsächlichen Arbeitszeit mit der vertraglich vereinbarten Arbeitszeit des einzelnen Beschäftigten erfolgt,
- die Freischicht, d.h. es erfolgt ein Abgleich zwischen der tatsächlich geleisteten und der vertraglich vereinbarten Arbeitszeit in Form eines entsprechenden Ausgleichs an Freizeit,
- die einfache Gleitzeitarbeit, d.h. der einzelne Beschäftigte erhält die Möglichkeit, innerhalb einer bestimmten Zeitspanne den Beginn und das Ende der täglichen Arbeitszeit frei zu wählen, wobei das tägliche Arbeitszeitvolumen konstant bleibt,
- die qualifizierte Gleitzeitarbeit, d.h. der einzelne Beschäftigte kann die Lage und die Dauer der täglichen Arbeitszeit selbst bestimmen, wobei dies täglich abgeändert werden kann und das tägliche Arbeitszeitvolumen nicht konstant sein muß,
- die selbstbestimmte Arbeitszeit bei Trennung von Betriebs- und Arbeitsstätte, d.h. der Beschäftigte verlagert seine Tätigkeit aus dem Unternehmen und kann in größerem Umfang seine Arbeitszeit völlig autonom gestalten (Linnenkohl, Kilz, Rauchenberg & Reh 1990, S. 18) z.B. die häusliche Telearbeit, das Satellitenbüro, die partielle Telearbeit,

erfolgen.

7. Flexibilität als Eigenschaft der funktionalen Einheiten

Funktionale Einheiten bzw. Betriebsmittel sind:

- technische Systeme (z.B. Werkzeuge, Maschinen, Anlagen, Aggregate und Fertigungssysteme) und
- technische Komponenten (z.B. Leuchten, Lärmschutzkapseln).

Für die Flexibilität der funktionalen Einheiten ist es wichtig, die Universalität der Betriebsmittel, d.h. die vielfältige Einsetzbarkeit zu berücksichtigen, da die vorhandenen Betriebsmittel auch für die Herstellung zukünftiger Produktgenerationen geeignet sein sollten. Zu berücksichtigen ist auch die Unempfindlichkeit einer Anlage oder eines Systems, z.B. bei häufig wechselnder Rohstoffqualität, Schwankungen in den Ver- und Entsorgungssystemen, Temperatur- oder Druckschwankungen usw. (Aggteleky 1990b, S. 76).

Die Steigerung der Flexibilität der funktionalen Einheiten kann durch den Einsatz flexibler Fertigungs- und Montagesysteme (nach Bullinger 1986, S. 273; Warnecke 1984, S. 456; Scharf 1976) und flexibler Fertigungsinseln (nach Maßberg 1993, S. 180) erfolgen. Weitere Möglichkeiten sind (in Anl. an Wiendahl 1989, S. 31ff.) die Bildung von flexiblen Fertigungszellen, Fertigungsinseln, Fertigungslinien oder Fertigungssystemen.

Maßnahmen und Ansatzpunkte für die Steigerung der Flexibilität der funktionalen Einheiten sind (nach Aggteleky 1990b, S. 106ff.)

- eine einfache Handhabung der Werkstücke,
- die unproblematische Benutzung, Überwachung bzw. Steuerung und der problemlose Werkzeugwechsel,
- ein einfaches und rasches Umstellen auf andere Erzeugnisse,
- eine leichte Umstellung der Zu- und Abführung,
- ein problemloser Anschluß an die Transportsysteme und
- die Möglichkeit der Ausrüstung mit vor- und nachgeschaltetem Puffer.

2.3.2.2 Bezugsrahmen für Flexibilität

Zur Schaffung von Transparenz über die vielfältigen Facetten der Flexibilität innerhalb des Unternehmens bietet sich der „Bezugsrahmen“ der Flexibilität nach Bitterwolf (1992, S. 17) an. Dabei wird zwischen einem objektorientierten und einem subjektorientierten Bezugsrahmen unterschieden.

Der objektorientierte Bezugsrahmen der Flexibilität bedeutet, daß der Flexibilitätsbegriff im Zusammenhang mit Größen gesehen wird, die in keinem unmittelbaren Zusammenhang mit dem arbeitenden Menschen stehen. Beispiele dafür sind 'flexible Werkstoffe', 'flexible Fertigungssysteme' oder 'flexible Maschinenzeiten'.

Der subjektorientierte Bezugsrahmen der Flexibilität bedeutet im Gegensatz dazu, daß die Flexibilität in einem wie auch immer gearteten Zusammenhang mit Personen (Subjekten) zu sehen ist. Ob es sich dabei um einzelne Personen, Personengruppen, soziale Systeme oder andere mehr oder minder abstrakte soziale Einheiten handelt, ist zweitrangig.

Der hohe Komplexitätsgrad der Zuordnungsgrößen 'Person' und 'System' erschwert eine klare Definition des Flexibilitätsbegriffes in subjektorientierter Hinsicht. Deshalb ist eine weitere Präzisierung der subjektorientierten Zuordnung notwendig. Durch die Einführung "einer Kategorie der globaleren Betrachtungen und einer Kategorie der enger gefaßten Betrachtungen" (Bitterwolf 1992, S. 18) entsteht eine Möglichkeit, die subjektorientierte Flexibilität näher zu betrachten.

Bei der allgemeineren Betrachtung ist der Bezugsrahmen im weiteren Sinne z.B. auf gesellschaftlicher, wirtschaftlicher oder politischer Ebene zu sehen (vgl. Leuenberger 1981), während der Bezugsrahmen im engeren Sinne z.B. Teile betrieblicher Organisationen, Segmente einer Verwaltungsbehörde oder aber nur eine Person in einem präzise definierten Aktionsraum betrifft (Bild 2.21).

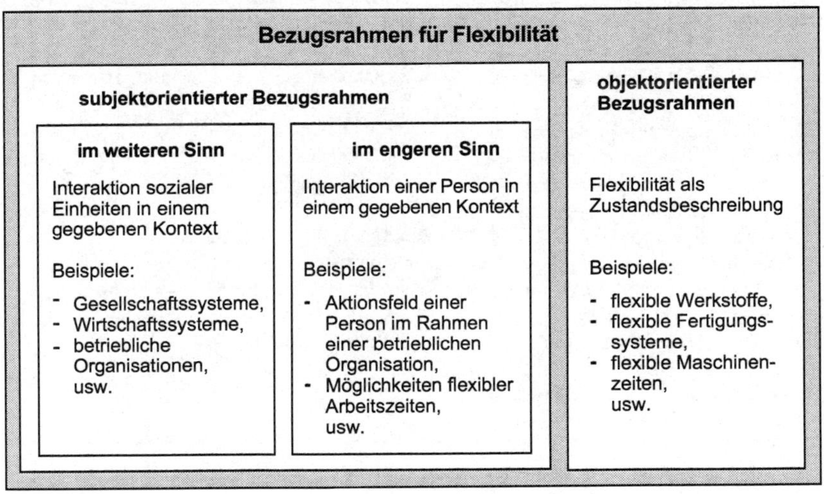

Bild 2.21: Bezugsrahmen für Flexibilität (nach Bitterwolf 1992, S. 19)

Zur Übertragung des Flexibilitätsbegriffes auf das gesamte Unternehmen werden die verschiedenen Definitionen aus den Gestaltungsfeldern der Flexibilität in den in Bild 2.21 abgebildeten subjektorientierten und objektorientierten Bezugsrahmen für Flexibilität eingeordnet. Dabei können die Auslöser der Flexibilität – wie bereits beschrieben – unternehmensinternen und -externen Ursprungs sein. Das Ergebnis ist in Bild 2.22 dargestellt. Es ergibt sich der Bezugsrahmen für Flexibilität zu einer umfassenden Definition für die betriebliche Flexibilität und deren einzelne Gestaltungsfelder.

Betriebliche Flexibilität		
subjektorientiert		**objektorientiert**
im weiteren Sinne Interaktion sozialer Einheiten in einem gegebenen Kontext	**im engeren Sinne** Interaktion einer Person in einem gegebenen Kontext	Flexibilität als Zustandsbeschreibung
Flexibilität der ... • **Unternehmensorganisation:** Fähigkeit eines Unternehmens, auf qualitative und quantitative Änderungen internen und externen Ursprungs ohne (grundlegende) Organisationsänderungen zu reagieren. • **Produktionsorganisation:** Fähigkeit der Produktion, auf Veränderungen bzgl. Produktivität, Erweiterungsfähigkeit, Wirtschaftlichkeit und wirtschaftliche Losgrößen flexibel zu reagieren. • **Personalorganisation:** Fähigkeit der gesamten Organisation der personellen Ressourcen auf Veränderungen z.B. hinsichtlich Qualifikation, Entlohnung flexibel zu reagieren. • **Arbeitsorganisation:** Fähigkeit der Arbeitsorganisation, auf veränderte Kapazitäten oder Arbeitsausfälle durch flexible Aufgabenverteilung, flexible Arbeitszeiten, transparente Entscheidungsstrukturen, Kooperationsbeziehungen und Aufgabenverteilungen zu reagieren.	**Flexibilität der Beschäftigten bei Veränderungen der ...** • **Arbeitsaufgaben:** Qualifikation der Beschäftigten, auf neue Anforderungen bei veränderten Arbeitsaufgaben, veränderter Aufgabenkomplexität sowie einem Wechsel von Handlungsplänen oder Handlungsstrategien flexibel reagieren zu können. • **Arbeitszeit**: Qualifikation der Beschäftigten, auf flexible Arbeitszeiten, veränderte Kapazitäten oder Arbeitsausfälle flexibel reagieren zu können.	**Flexibilität der ...** • **funktionalen Einheiten:** Fähigkeit der Maschinen, Aggregate, Fertigungssysteme und Betriebsmittel, auf veränderte Fertigungsaufgaben oder qualitative und quantitative Kapazitäten und Störungen flexibel zu reagieren.

Bild 2.22: Betriebliche Flexibilität und deren Gestaltungsfelder

Der Begriff der betrieblichen Flexibilität für kleine und mittlere Unternehmen, der im Rahmen dieser Arbeit verwendet wird, wird aus dem Bezugsrahmenmodell abgeleitet und wie nachfolgend dargestellt definiert.

Flexibilität ist die Fähigkeit eines Unternehmens seine Unternehmens-, Produktions-, Personal- und Arbeitsorganisation, seine funktionalen Einheiten sowie seine Prozesse in sinnvollen wirtschaftlichen Grenzen und Zeiträumen an veränderte Bedingungen anpassen zu können.

Dabei kommt es zeitnah im Rahmen der aktuellen Prozesse zu keiner Änderung der funktionalen Aufbauorganisation, Änderungen zu einem späteren Zeitpunkt sind nicht ausgeschlossen.

Voraussetzung für Flexibilität ist die Qualifikation der Beschäftigten zur Bewältigung der Anforderungen aus veränderten Arbeitsaufgaben und Arbeitszeiten.

Dabei werden unter dem Begriff "Prozesse" alle Haupt-, Service- und Managementprozesse des Unternehmens verstanden. Der Begriff "Bedingungen" bezieht sich auf die Randbedingungen der Aufgabenbearbeitung, wie Wettbewerbssituation (Markt, Kunde), Beschaffungsmarkt, Betriebsmittel und Organisationsmitglieder. Unter "Forderungen" sind alle Forderungen an die Prozesse in den internen und externen Kunden-Lieferanten-Beziehungen zu verstehen.

2.3.3 Menschengerechte Arbeit in flexiblen Qualitätsmanagementsystemen

Für die Umsetzung umfassender Qualitätsmanagementkonzepte, wie z.B. der Malcolm Baldrige National Quality Award, ist die Beachtung organisatorischer, personeller und technischer Rahmenbedingungen und die Definition von Methoden und Instrumenten für die Implementation des Konzeptes eine grundlegende Voraussetzung (Schildknecht 1992, S. 118).

Für die Konzeption des flexiblen Qualitätsmanagementsystems wird im Rahmen dieser Arbeit davon ausgegangen, daß die Gestaltung menschengerechter Arbeit für die Beschäftigten einen Einfluß auf die Qualität von Produkten und Prozessen, auf die Flexibilität der Aufgabenbearbeitung und damit die betriebliche Flexibilität hat. Das bedeutet, daß flexible Qualitätsmanagementsysteme das menschengerechte Arbeiten unterstützen müssen und erforderliche Rahmenbedingungen schaffen sollten.

2.3.3.1 Kriterien menschengerechter Arbeit

Zur Begriffsbestimmung von menschengerechter bzw. humaner Arbeit ist die Definition von Ulich geeignet. Er definiert: „Als human werden Arbeitstätigkeiten bezeichnet, die die psychophysische Gesundheit der Arbeitstätigen nicht schädigen, ihr psychosoziales Wohlbefinden nicht – oder allenfalls vorübergehend – beeinträchtigen, ihren Bedürfnissen und Qualifikationen entsprechend, individuelle bzw. kollektive Einflußnahme auf Arbeitsbedingungen und Arbeitssysteme ermöglichen und zur Entwicklung ihrer Persönlichkeit im Sinne der Entfaltung ihrer Potentiale und Förderung ihrer Kompetenzen beizutragen vermögen“ (Ulich 1992, S. 122).

Eine vergleichbare Definition ist im Gegenstandskatalog der Arbeitswissenschaft enthalten. Die arbeitswissenschaftliche Kerndefinition lautet (Luczak, Volpert, Raithel & Schwier 1987, S. 59): „Arbeitswissenschaft ist die Systematik der Analyse, Ordnung und Gestaltung der technischen, organisatorischen und sozialen Bedingungen von Arbeitsprozessen mit dem Ziel, daß die arbeitenden Menschen in produktiven und effizienten Arbeitsprozessen

- schädigungslose, ausführbare, erträgliche und beeinträchtigungsfreie Arbeitsbedingungen vorfinden,
- Standards sozialer Angemessenheit nach Arbeitsinhalt, -aufgabe und -umfang sowie Entlohnung und Kooperation erfüllt sehen,
- Handlungsspielräume entfalten, Fähigkeiten erwerben und in Kooperation mit anderen ihre Persönlichkeit erhalten und entwickeln können.“

Diese Kerndefinition macht deutlich, daß arbeitswissenschaftlich begründete Konzepte sowohl humane Arbeitsbedingungen, als auch eine Erhaltung oder Steigerung der Produktivität und Effizienz anstreben (Pfeifer 1993, S. 441).

Die in der Definition genannten Zielvorstellungen ermöglichen das Formulieren von Kriterien für eine menschengerechte Arbeit, mit denen Arbeitsbedingungen in bestehenden oder in geplanten Arbeitssystemen bewertet werden können (Luczak 1993, S. 5). Rohmert, Hacker und Ulich haben unterschiedliche Bewertungskriterien menschengerechter Arbeit formuliert. Luczak und Volpert haben sie zur vier Kriterien zusammengefaßt und um ein fünftes erweitert (Luczak et al. 1987, S. 58). Vollmer hat aufgezeigt, daß in den Bewertungssystemen der einzelnen Autoren zum Teil gleiche Begriffe mit teilweise unterschiedlicher Bedeutung verwendet werden (Vollmer 1995, S. 69). Eine Gegenüberstellung ist in Bild 2.23 dargestellt.

Kriterien der menschengerechten Arbeitsgestaltung			
bei Rohmert (1972)	bei Hacker (1978)	bei Ulich (1980)	bei Luczak et al. (1987)
1. Ausführbarkeit	1. Ausführbarkeit	– Schädigungsfreiheit	1. Schädigungslosigkeit / Erträglichkeit
2. Erträglichkeit	2. Schädigungslosigkeit	– Beeinträchtigungslosigkeit	2. Ausführbarkeit
3. Zumutbarkeit	3. Beeinträchtigungsfreiheit	– Zumutbarkeit	3. Zumutbarkeit / Beeinträchtigungsfreiheit
4. Zufriedenheit / Wohlbefinden	4. Persönlichkeitsförderlichkeit	– Persönlichkeitsförderlichkeit	4. Zufriedenheit / Persönlichkeitsförderlichkeit
			5. Sozialverträglichkeit / Beteiligung

Bild 2.23: Kriterien der menschengerechten Arbeitsgestaltung (Vollmer 1995, S. 70)

Die Erläuterung der Kriterien menschengerechter Arbeitsgestaltung orientiert sich an denen von Luczak et al., da diese Autoren die anderen Kriterien integriert und um das Kriterium Sozialverträglichkeit / Beteiligung erweitert haben.

1. Schädigungslosigkeit / Erträglichkeit: Es sind körperliche und psychische Gesundheitsschäden von den Beschäftigten aufgrund von Langzeitbelastungen abzuwenden. Eine Arbeit darf nicht zu einer körperlichen Überbeanspruchung (z.B. durch das Heben schwerer Lasten), zu gesundheitsschädigenden Belastungen (z.B. der Atemwege durch Gefahrstoffe) oder zu psychosomatischen Erkrankungen (z.B. durch hohen Zeitdruck beim Prüfen von Werkstükken) führen. Diese Gesundheitsschäden sind in den normalen Erholzeiten nicht regenerierbar und zumeist medizinisch behandlungsbedürftig (Ulich 1992, S. 120). Dieses Kriterium kann für das Qualitätsmanagement am Beispiel der Beleuchtung bei Prüftätigkeiten verdeutlicht werden. Eine unzureichende Beleuchtungssituation führt dazu, daß der Beschäftigte schlecht sieht und durch den erhöhten Konzentrationsaufwand an Kopfschmerzen leidet und langfristig Schädigungen zurückbleiben.

2. Ausführbarkeit: Die Ausführbarkeit der Arbeit bezieht sich auf die handhabungs- und körpergerechte Gestaltung von Werkzeugen und Maschinen. Die Forderung besteht darin, daß die Beschäftigten eine Tätigkeit anforderungsgerecht sowie mittel- und langfristig ohne Gesundheitsschädigungen ausführen können (Martin 1994, S. 24). Dies bezieht sich sowohl auf die Vermeidung körperlicher Zwangshaltungen, als auch auf die Behinderung der Aufgabenbearbeitung. Eine Nichtausführbarkeit ist also vorhanden, "... wenn bei der gewählten arbeitsorganisatorischen Lösung die geforderte Arbeitstätigkeit nicht dauernd forderungsgerecht erfüllt werden kann, sondern auch, wenn mit Hilfe unzulässiger Gefährdungen oder unzumutbarer Beeinträchtigungen die Erfüllung erreicht werden müßte" (Ulich 1992, S. 119f.). Für die Beschäftigten ist die Ausführbarkeit der Qualitätslenkung z.B. bei der spanenden Bearbeitung an einer gekapselten CNC-Maschine aufgrund des fehlenden Zugangs zum Arbeitsgegenstand nicht oder nur eingeschränkt gegeben.

3. Zumutbarkeit / Beeinträchtigungsfreiheit: Zumutbarkeit und Beeinträchtigungsfreiheit beziehen sich auf die Gestaltung der Arbeitsaufgaben und der Arbeitsumgebung. Diese beiden Begriffe berücksichtigen sowohl technische als auch psycho-soziale Aspekte. Eine Arbeit wird allgemein als zumutbar eingestuft, wenn sie von „der Mehrheit der Betroffenen unter den gegebenen gesellschaftlichen, technischen und organisatorischen Bedingungen gerade noch hingenommen werden kann" (Martin 1994, S. 25). Die Zumutbarkeit wird von gesellschaftlichen Normen und Werte bestimmt (Ulich 1992, S. 122). Die Beeinträchtigungsfreiheit hat das Ziel, körperliche und psychische Beeinträchtigungen zu vermeiden. Beeinträchtigungen entstehen durch geringgradige bzw. kurzfristige Fehlbeanspruchungen der Leistungsvoraussetzungen. Auf der Ebene der Arbeitsaufgaben sollte die Arbeit nicht zu Fehlbeanspruchungen führen. Hierzu gehören z.B. qualitative und quantitative Über- und Unterforderungen bzw. deren Kombination. Bleiben Beeinträchtigungen des Wohlbefindens über längere Zeit bestehen, ohne daß die Betroffenen in der Lage sind, dies zu ändern, kann es z.B. zu psychosomatischen Schädigungen kommen (aus Vollmer 1995, S. 71). Für einen Facharbeiter, der gut ausgebildet und erfahren im Umgang mit komplexer Meßtechnik zur Qualitätsprüfung ist, ist es nicht zumutbar, ausschließlich den Bearbeitungsprozeß zu überwachen. Eine wesentliche Aufgabe des flexiblen Qualitätsmanagementsystems besteht aus diesem Grund darin, eine Arbeitsgestaltung mit Verantwortlichkeiten und Zuständigkeiten, z.B. für eine flexible Auftragsabwicklung, unter Beteiligung der Beschäftigten zu definieren.

4. Zufriedenheit / Persönlichkeitsförderlichkeit: Dieser Ebene werden die Kriterien subjektive Zufriedenheit der Beschäftigten und Persönlichkeitsförderlichkeit ihrer Arbeitssituation zugeordnet. Dieser Kriterienbereich geht über die technische Gestaltung der Arbeit hinaus und betrachtet die Entfaltung und Weiterentwicklung der Persönlichkeit durch die Arbeitsinhalte (Vollmer & Engroff 1994, S. 15). Ist die Arbeit so gestaltet, daß sich der Beschäftigte bei der Ausführung der Arbeit in seiner Persönlichkeit entfalten kann und ist der Beschäftigte subjektiv mit seiner Arbeit zufrieden, dann ist dieses Bewertungskriterium erfüllt (Martin 1994, S. 25). Für das Qualitätsmanagement bedeutet dies z.B. die Zufriedenheit der Beschäftigten, die sich bei der eigenen Entwicklung von Verfahrens- und Arbeitsanweisungen herausbildet. Dadurch entsteht die Möglichkeit der Änderung und Verbesserung betrieblicher Abläufe.

5. Sozialverträglichkeit / Beteiligung: Luczak et al. ergänzten die Bewertungsebenen um dieses Kriterium. Die Beschäftigten sind mit ihren Arbeitsstellen in das soziale System Unternehmen eingebunden. Das bedeutet, daß sie innerhalb dieses Systems miteinander kommunizieren und kooperieren. Eine Arbeitsorganisation kann nach Luczak et al. als sozialverträglich eingestuft werden, wenn die Beschäftigten an der Gestaltung der Arbeit in bezug auf die kooperative Organisation der Produktion oder Dienstleistung beteiligt werden (Luczak et al. 1987, S. 58). Die beteiligungsorientierte (partizipative) Arbeitsgestaltung basiert auf dem Gedanken, daß die Beschäftigten am besten ihre Bedürfnisse und Anforderungen an ihre Arbeit kennen und in die Gestaltung mit einbringen können (Martin 1985, S. 85). Das trifft ebenfalls auf die beteiligungsorientierte Gestaltung des flexiblen Qualitätsmanagementsystems zu.

Für eine menschengerechte Gestaltung eines flexiblen Qualitätsmanagementsystems ist es nicht ausreichend, nur einzelne Kriterien zu erfüllen. Alle Kriterien müssen erfüllt werden. Die ersten beiden Kriterienbereiche Schädigungslosigkeit / Erträglichkeit und Ausführbarkeit müssen als Grundlage für die menschengerechte Arbeitsausführung sichergestellt werden. So ist z.B. die Prüfung von Werkstücken nicht erträglich möglich, wenn eine schlechte Beleuchtungssituation dieses unmöglich macht und der Werker durch das konzentrierte Sehen Kopfschmerzen bekommt. Die Ausführbarkeit der Prüfung ist nicht problemlos möglich, wenn z.B. die Gestaltung des Werkstücks und der Werkzeuge dies erschwert. Die Kriterienbereiche Zumutbarkeit/Beeinträchtigungsfreiheit, Zufriedenheit/Persönlichkeitsförderlichkeit und Sozialverträglichkeit/Beteiligung müssen durch konkrete Maßnahmen bei der Konzeption und Umsetzung des flexiblen Qualitätsmanagementsystems gestaltet werden.

2.3.3.2 Einschätzung der Arbeitssituation durch die Beschäftigten als Beurteilung der menschengerechten Arbeitsgestaltung

Die Einschätzung der Arbeitssituation durch die Beschäftigten stellt in der vorliegenden Arbeit den Beurteilungsmaßstab für die menschengerechte Arbeitsgestaltung im flexiblen Qualitätsmanagementsystem dar. Der Grund dafür ist, daß die Effektivität von Organisationen von ihrer Fähigkeit abhängt, die Faktoren ihrer Umgebung und die Organisationsstruktur mit persönlichen Merkmalen ihrer Mitglieder sowie deren sozialen Gefügen zu einer erfolgreichen Einheit zu verbinden. Dabei kann als Kriterium zur Bemessung der Effektivität das Ausmaß, in dem sie die Mitglieder befriedigt, berücksichtigt werden (Six & Kleinbeck 1989, S. 349). Damit wird die Beurteilung der Arbeitssituation der Beschäftigten eine Bedingung für die Effektivität von Organisationen. Das bedeutet in der vorliegenden Arbeit, daß die Effektivität des flexiblen Qualitätsmanagementsystems in Bezug auf das Ausmaß, in dem sie den Bedürfnissen der Beschäftigten entspricht, untersucht wird.

Für die Konzeption, Umsetzung und Evaluation des flexiblen Qualitätsmanagementsystems bedeutet dies, daß mit Hilfe der Einschätzung der Arbeitssituation durch die Beschäftigten die Evaluation des Modells der betrieblichen Flexibilität und des flexiblen Qualitätsmanagementsystems und damit eine Untersuchung der gestalteten Organisationsstrukturen im Sinne einer Beurteilung der menschengerechten Arbeitsgestaltung erfolgt.

Anforderungen an die Arbeitsgestaltung

Da die Arbeitsaufgabe bei der Konzeption und Umsetzung des flexiblen Qualitätsmanagementsystems eine große Bedeutung für die Arbeitssituation des Beschäftigten besitzt, ist es wichtig, wie die Arbeitsaufgaben konkret gestaltet sind. Ziel der Gestaltung der Arbeitsaufgaben muß dabei sein, daß die Arbeitsaufgaben zu einer Persönlichkeitsentwicklung der Beschäftigten beitragen können und zur Aufgabenerfüllung motivieren.

Bei der Gestaltung von Arbeitsaufgaben ist zu berücksichtigen, daß drei Ebenen der Ausführung von Arbeitstätigkeiten (nach Hacker 1986, S. 156ff.) existieren:

- die sensomotorische Regulationsebene (gekennzeichnet durch einfache Bewegungsabläufe und stereotype Vergleichsvorgänge, z.B. zählen von Bauteilen bei der Wareneingangsprüfung),
- die perzeptiv-begriffliche Regulationsebene (gekennzeichnet durch Handlungsentwürfe und allgemeine, bewußtseinsfähige Handlungsschemata, die flexible Varianten von Grundmustern sein können, z.B. die Abarbeitung eines Softwareprüfprogrammes zur Überprüfung der Funktionsfähigkeit bestückter Leiterplatten,
- die intellektuelle Regulationsebene (gekennzeichnet durch komplexe und bewußtseinspflichtige Analyse- und Synthesevorgänge und Pläne bzw. Strategien, z.B. die Erarbeitung von Problemlösungsstrategien innerhalb eines Qualitätszirkels).

Die Grenzen des Ebenenmodells liegen in der nur teilweisen Berücksichtigung von Motiven und Emotionen sowie bei der nicht berücksichtigten parallelen Ausführung verschiedener Handlungen mit unterschiedlichen oder sich widersprechenden Zielen (Martin 1994, S. 179).

Eine zentrale Rolle bei der Aufgabenbewältigung spielt die intellektuelle Regulationsebene (Martin 1994, S. 179). Aus diesem Grund wird bei der Konzeption und Umsetzung des flexiblen Qualitätsmanagementsystems ein besonderer Schwerpunkt auf die Gestaltung der intellektuellen Regulationsebene gelegt.

Die Motivation von Beschäftigten kann sich aus Gründen, die außerhalb der Arbeitstätigkeit (extrinsische Motivation) und in der Arbeitstätigkeit selbst (intrinsische Motivation) liegen, ergeben (Luczak 1993, S. 456). Extrinsische Motivation wird z.B. beeinflußt durch Entlohnung, Aufstieg, Status usw.. Für die Arbeitssituation, die durch die Beschäftigten wahrgenommen wird, spielt die intrinsische Motivation in bezug auf die Aufgabenbearbeitung eine wichtigere Rolle. Intrinsische Motivation kann hervorgerufen werden, „wenn es gelingt, Arbeitsinhalte und Arbeitsaufgaben so zu gestalten, daß eine Aufgabenorientierung entsteht" (Ulich 1992, S. 83). Aufgabenorientierung bezeichnet damit einen Zustand des Interesses und des Engagements der Beschäftigten, der durch bestimmte Aufgabenmerkmale hervorgerufen werden kann. Es können aus der Aufgabe heraus Anforderungen bzw. Herausforderungen entstehen, die auf die Aufgabenvollendung bzw. -bewältigung hinwirken. Die Aufgabenausführung wird dabei durch die Orientierung auf ein Ziel bzw. auf mehrere Ziele hin gewährleistet (Martin 1994; Leontjew 1979).

Bei der Zusammenfassung der Angaben von Emery & Emery (1974), Cerns (1976) und Emery & Thorsrud (1982) sind folgende Gestaltungsmerkmale von wesentlicher Bedeutung, um eine Aufgabenorientierung zu erreichen:

- Ganzheitlichkeit,
- Anforderungsvielfalt,
- Möglichkeiten zur sozialen Interaktion,
- Autonomie sowie
- Lern- und Entwicklungsmöglichkeiten.

Diese Merkmale stimmen mit denen von Hackmann & Lawler (1971) bzw. Hackman & Oldham (1976) relativ gut überein (vgl. Ulich 1992, S. 156f.). Sie werden als Gestaltungsrichtlinien bei der Konzeption und Umsetzung des flexiblen Qualitätsmanagementsystems genutzt und im folgenden in bezug auf betriebliche Problemstellungen beschrieben und diskutiert.

Ganzheitlichkeit

Eine Arbeitsteilung birgt die Gefahr in sich, daß die Beschäftigten die Integration ihrer Tätigkeiten in den Produktentstehungsprozeß nicht durchschauen und hierdurch Fehler bei der Arbeitsausführung gefördert und die Arbeitszufriedenheit vermindert wird. Wenn der Beschäftigte dagegen einen Überblick über die gesamte Aufgabenbearbeitung hat, weiß er, worauf es bei der Arbeitsausführung ankommt (Martin 1994, S. 300) und kann kritische Tätigkeiten und Qualitätsrisiken im Produktenstehungsprozeß erkennen.

Ganzheitliche Arbeitsaufgaben sind Aufgaben, die einen sinnvollen und umfassenden Aufgabenzusammenhang, mit einem erkennbaren Anfang, Verlauf und einem einsichtigen Endpunkt als Abschluß der Bearbeitung aufweisen (Ulich 1992, S. 164). Darüber hinaus sollen die Veränderungen an den Arbeitsgegenständen feststellbar sein (Spinas, Troy & Ulich 1983).

Bei einer vorhandenen Ganzheitlichkeit der übertragenen Aufgaben können die Beschäftigten die Bedeutung und den Stellenwert ihrer Tätigkeit in den Produktentstehungsprozeß einordnen. Sie können eine Rückmeldung über den Arbeitsablauf aus der jeweiligen Tätigkeit selbst erhalten. Dabei ist diese Rückmeldung für die Zielerreichung von entscheidender Bedeutung, was aber voraussetzt, daß der gesamte Bereich der Aufgabenausführung vom jeweiligen Beschäftigten beeinflußt werden kann (Martin 1994, S. 181).

Im flexiblen Qualitätsmanagementsystem sollten

- die Beschäftigten einen Überblick über die gesamte Aufgabenbearbeitung haben (z.B. durch Schulungen über vor- und nachgelagerte Tätigkeiten anderer Abteilungen),
- die Arbeitstätigkeiten einen Aufgabenzusammenhang und einen erkennbaren Anfang, Verlauf und Endpunkt aufweisen (z.B. durch die komplette Bearbeitung und Prüfung von Endprodukten und nicht nur einzelner Arbeitsgänge),
- die Beschäftigen eine Rückmeldung über den Arbeitsablauf aus der jeweiligen Tätigkeit selbst erhalten (z.B. durch Selbstprüfung nach der Produkterstellung).

Anforderungsvielfalt

Es besteht ein enger Zusammenhang zwischen der Ganzheitlichkeit und der Anforderungsvielfalt von Tätigkeiten. Eine Anforderungsvielfalt kann durch eine Integration von planenden, vorbereitenden, ausführenden und überwachenden Aufgabenbestandteilen der Beschäftigten in die Arbeitstätigkeit entstehen. Eine Anforderungsvielfalt wird durch verschiedene Anforderungen an Körperfunktionen und Sinnesorgane gefördert, die unterschiedliche Fähigkeiten, Kenntnisse und Fertigkeiten der Beschäftigten notwendig machen. Damit kann der einseitigen Beanspruchung der Beschäftigten entgegengewirkt und gleichzeitig auch die Ganzheitlichkeit der Arbeitsaufgabe unterstützt werden (Martin 1994, S. 182f.).

Eine Anforderungsvielfalt kann auch durch vollständige Arbeitsaufgaben realisiert werden, die (nach Ulich 1992, S. 164) einen Wechsel von routinierten Operationen mit Problemfindungs- und -lösungsprozessen und eine Vorbereitung, Organisation, Ausführung und Kontrolle der Tätigkeiten durch den Beschäftigten selbst beinhalten.

Das Konzept der Anforderungsvielfalt kann im Qualitätsmanagement auf den Demming-Kreis (oder PDCA-Kreis) als Konzept für die kontinuierliche Qualitätsverbesserung übertragen werden. In diesem Phasenkonzept laufen Planen (Plan), Ausführen (Do), Prüfen (Check) und Verbessern (Action) kontinuierlich nacheinander ab (aus Schildknecht 1992, S. 67). Dabei kann die Phase 'Verbessern' eine kontinuierliche Qualitätsverbesserung der einzelnen Tätigkeiten oder des gesamten Systems bewirken.

Bei der Ergänzung der vollständigen Arbeitsaufgaben um die Freigabe der Arbeitsergebnisse nach einer selbst durchgeführten Prüfung, wird die Verantwortung des Beschäftigten für seine Arbeitsergebnisse betont. Es erscheint somit sinnvoll, im flexiblen Qualitätsmanagement ganzheitliche Arbeitsaufgaben durch den Zyklus Planen-Ausführen-Prüfen-Freigeben (Mengedoht 1997, S. 62) zu kennzeichnen.

Bei der Konzeption und Umsetzung des flexiblen Qualitätsmanagementsystems sollte beachtet werden, daß

- Arbeitstätigkeiten planende, vorbereitende, ausführende und überwachende Anteile haben (z.B. daß der Bestückung von Leiterplatten die Organisation und Prüfung des Materials und des Verbrauches an Halbfertigteilen vorausgeht sowie die Vorbereitung der Bestückung und die Prüfung der Funktionsfähigkeit der Leiterplatte eingeschlossen ist),
- die Freigabe der Arbeitsergebnisse nach einer selbst durchgeführten Prüfung erfolgt (z.B. die Weitergabe der selbst geprüften Leiterplatten an den Versand),
- verschiedene Anforderungen an Körperfunktionen und Sinnesorgane beinhaltet sind und unterschiedliche Fähigkeiten, Kenntnisse und Fertigkeiten der Beschäftigten notwendig sind (z.B. einerseits die Bestückung von Leiterplatten mit einer hohen Beanspruchung der Augen und andererseits die Teilnahme der Beschäftigten an Problemlösungungsprozessen, wobei Problemlösefähigkeiten notwendig sind).

Möglichkeiten der sozialen Interaktion

Das Merkmal der sozialen Interaktion hat seine Ursache darin, daß der Mensch ein soziales Wesen ist. Aus diesem Grund sind Arbeitsaufgaben so zu gestalten, daß deren Bewältigung Kooperation und Kommunikation zwischen den Beschäftigten nahelegt und zeitweise auch voraussetzt (Martin 1994, S. 182). „Funktionierende Möglichkeiten der sozialen Interaktion vermitteln die Erfahrung sozialer Unterstützung bei der Bewältigung ihrer Aufgaben“ (Ulich 1988, S. 13). Die Schaffung von Kooperationsmöglichkeiten kann dazu beitragen, daß einer Rückbildung der sozialen Fähigkeiten entgegengewirkt werden kann und die Entwicklung von sozialer Kompetenz gefördert wird (Martin 1994, S. 183). Die Bewältigung der Kommunikation und Kooperation und die Organisation der dafür erforderlichen Strukturen dient ebenfalls dazu, eine Transparenz über die Aufgabenbearbeitung sicherzustellen (Mengedoht 1997, S. 63).

Zur erfolgreichen sozialen Interaktion müssen den Beschäftigten die für die Aufgabenbearbeitung erforderlichen Informationen bereitgestellt werden. Die Informationen müssen verfügbar sein sowie rechtzeitig und zuverlässig zwischen den Hierarchieebenen und den Funktionsbereichen fließen (Schneider 1992, S. 90).

Im flexiblen Qualitätsmanagementsystem müssen den Beschäftigten Möglichkeiten der sozialen Interaktion durch

- Kommunikation und Kooperation, d.h. zeitliche und inhaltliche Abstimmungen zwischen den Beschäftigten in der internen Kunden-Lieferanten-Beziehung muß durch die Schaffung entsprechender Strukturen erfolgreich sein (z.B. muß regelmäßig ein abteilungsübergreifender Problemlösungsprozeß organisiert werden),
- die Bereitstellung der für die Aufgabenbearbeitung erforderlichen Informationen (z.B. durch die systematische Organisation der Weitergabe von Informationen an Schnittstellen muß eine flexible Aufgabenbearbeitung sichergestellt werden) und
- eine Transparenz über die Aufgabenbearbeitung (z.B. durch abteilungsübergreifende Schulungen über den Aufbau der Produkte, den Ablauf der Aufgabenbearbeitung, die Zusammenhänge der internen Kunden-Lieferanten-Beziehung und produkt- und prozeßbezogene Qualitätsforderungen)

bereitgestellt werden.

Autonomie und Handlungsspielraum

Die Autonomie der Beschäftigten ist gekennzeichnet durch die Größe des Entscheidungsspielraums. Dabei kennzeichnet der Entscheidungsspielraum „das Ausmaß der Entscheidungskompetenz einer Person oder einer Gruppe zur Festlegung bzw. Abgrenzung von Tätigkeiten oder Aufgaben" (Ulich 1992, S. 141). Das bedeutet, daß der Entscheidungsspielraum den Entscheidungsrahmen des Beschäftigten festlegt, der dann mit den Fähigkeiten und dem Können des Beschäftigten übereinstimmen muß.

Eine selbständige Aufgabenausführung im Hinblick auf die Zielerreichung ist nur dann möglich, wenn der gesamte Bereich der Aufgabenerfüllung unter der Kontrolle des Beschäftigten steht. Damit ist eingeschlossen, „daß dem Mitarbeiter eine gewisse Selbständigkeit in bezug auf die zeitliche Einteilung seiner Arbeit und des Vorgehens im Arbeitsablauf zugestanden wird, was ihm die Entwicklung eigener Handlungsstrategien und die Verwirklichung seines 'Arbeitsstils' ermöglicht" (Spinas, Troy & Ulich 1983, S. 19). Die Gewährung eines großen Autonomierahmens verfolgt die Absicht, das Selbstwertgefühl der Beschäftigten zu stärken und die Bereitschaft zur Übernahme von Verantwortung zu erhöhen. Es wird außerdem die Erkenntnis vermittelt, nicht einfluß- und bedeutungslos zu sein (Ulich 1992, S. 42).

Von wesentlicher Bedeutung ist bei dem Merkmal der Autonomie der Aspekt der Kontrolle. Dabei soll mit wachsender Erfahrung und zunehmendem Wissen des Beschäftigten die Fremdkontrolle durch Eigenkontrolle ersetzt werden (Martin 1994, S. 182). Dabei ist es von großer Bedeutung, wie z.B. der Vorgesetzte seine Kontrollfunktion auf den Beschäftigten delegiert und die Erledigung überprüft.

Bei der Betrachtung der Anforderungen an Arbeitstätigkeiten in flexiblen Qualitätsmanagementsystemen ist der Aspekt der Flexibilität von besonderer Bedeutung. Aus diesem Grund wird das Merkmal der Autonomie um den Handlungsspielraum der Beschäftigten ergänzt. Das Ausmaß an möglicher Flexibilität bei der Ausführung von Teiltätigkeiten bzw. Teilhandlungen wird durch den Handlungsspielraum bestimmt (Ulich 1992, S. 141). Dabei ist der Handlungsspielraum durch die Summe der Freiheitsgrade, d.h. die Möglichkeiten zum unterschiedlichen aufgabenbezogenen Handeln, gekennzeichnet (Hacker 1986, S. 104). Freiheitsgrade zum aufgabenbezogenen Handeln beziehen sich auf die Verfahrenswahl, den Mitteleinsatz und die zeitliche Organisation der Aufgabenbearbeitung (Ulich 1992, S. 140f.).

Eine wesentliche Aufgabe der Unternehmensleitung besteht dabei in der Klärung der Zuständigkeiten, Befugnisse und Verantwortlichkeiten im Einklang mit den Kompetenzen, d.h. den Kenntnissen, Fertigkeiten und Erfahrungen der Beschäftigten. Diese Definition führt zur Bestimmung des Handlungsspielraums der Beschäftigten und ist für ein flexibles Qualitätsmanagementsystem erforderlich (vgl. DIN EN ISO 9001 1994). Bei der Klärung der Befugnisse sind die Kompetenzen der Beschäftigten gemeinsam mit den Beschäftigten zu hinterfragen. Wenn Befugnisse und Kompetenzen nicht übereinstimmen, müssen die Beschäftigten im Hinblick auf die Verantwortungsübernahme qualifiziert werden.

Für die Konzeption und Gestaltung des flexiblen Qualitätsmanagementsystems ist es wichtig, daß folgende Merkmale beachtet werden:

- Entscheidungen sollten an den Ort ihrer Umsetzung delegiert werden, um den Beschäftigten einen relativ großen Entscheidungsspielraum und damit eine selbständige Aufgabenausführung zu ermöglichen (z.B. sollten die Beschäftigten selbständig über die Einberufung einer Problemlösungsbesprechung entscheiden können),
- Fremdkontrolle sollte zunehmend durch Eigenkontrolle ersetzt werden (z.B. bei der Prüfung der Leiterplatten nach der Bestückung im Klimaschrank),
- Schaffung von Flexibilität durch Definition von anforderungsgerechten Handlungsspielräumen für Beschäftigte (z.B. sollten erfahrene Beschäftigte die Möglichkeit haben, die Aufgabenbearbeitung bei Störungen flexibel zu variieren und an die aktuelle Situation anzupassen),
- Zuständigkeiten, Befugnisse und Verantwortlichkeiten im Einklang mit den Kompetenzen sollten geklärt werden (z.B. die Festlegung der Verantwortung für einen gesamten Fertigungsabschnitt an eine Gruppe und nicht an einen einzelnen Beschäftigten).

Lern- und Entwicklungsmöglichkeiten

Arbeitstätigkeiten, die Lern- und Entwicklungsmöglichkeiten für Beschäftigte eröffnen, haben einen positiven Einfluß auf die Motivation der Beschäftigten. Dabei resultiert die Verwirklichung von Lern- und Entwicklungsmöglichkeiten aus der Erfüllung der zuvor genannten Merkmale. Lern- und Entwicklungsmöglichkeiten entstehen im besonderen durch problemhaltige Aufgaben, zu deren Bewältigung bestehende Kompetenzen erweitert oder neue angeeignet werden müssen. Dabei können berufliche Qualifikationen erhalten und weiterentwickelt werden (Martin 1994, S. 183).

Für die Gestaltung des flexiblen Qualitätsmanagementsystems bedeutet das,

- Arbeitstätigkeiten zu schaffen, die Lern- und Entwicklungsmöglichkeiten für Beschäftigte eröffnen (z.B. durch die Mitarbeit aller Beschäftigten bei der Problemlösung in der eigenen Abteilung oder abteilungsübergreifend),
- Lern- und Entwicklungsmöglichkeiten auch durch die Umsetzung der Forderungen der DIN EN ISO 9001 und dem Aufbau des flexiblen Qualitätsmana-

gementsystems zu schaffen sind, indem z.B. Qualifizierung und Beteiligung der Beschäftigten bei der Einführung und Weiterentwicklung des QM-Systems vorgesehen werden.

Beteiligung an der Gestaltung der Aufgabenbearbeitung

Als weiteres Merkmal ist die Mitarbeiterbeteiligung an der Gestaltung der Aufgabenbearbeitung eine wichtige Anforderung an die Arbeitsgestaltung. Die Einbeziehung von Beschäftigten in die Gestaltung der Aufgabenbearbeitung wird im Zusammenhang mit Managementkonzepten wie z.B. Total Quality Management und Lean Production diskutiert. Im Rahmen dieser Diskussionen wird ihre Einbeziehung mit den Begriffen Beteiligung, Partizipation, Mitwirkung und Teilnahme beschrieben. Ein einheitliches Begriffsverständnis ist nicht vorhanden (Lehmann 1993, S. 41.).

Pfeifer (1993) sieht die Mitarbeiterbeteiligung als ein relevantes Element umfassender Qualitätskonzepte an. Er faßt hierunter alle Maßnahmen zusammen, „die es den Mitarbeitern ermöglichen, über ihren eigentlichen Arbeitsinhalt hinaus (Linienfunktion) direkt oder indirekt an der betrieblichen Entscheidungsfindung (z.B. Formulierung von Qualitätszielen, Vorschlägen Qualitätsverbesserungsmaßnahmen, Umsetzung von Lösungsansätzen zur Qualitätsverbesserung) mitzuwirken ...“ (Pfeifer 1993, S. 459).

Die beteiligungsorientierte (partizipative) Arbeitsgestaltung basiert auf dem Gedanken, daß die Beschäftigten selbst die Anforderungen an ihre Arbeit am besten erkennen und in die Gestaltung miteinbringen können. Ihre Beteiligung ermöglicht „das Ausschöpfen kreativer Innovationspotentiale“ (Martin 1985, S. 85).

Als Vorteile der Beteiligung nennt Schneider (1992, S. 183):

- die Nutzung der Problemkenntnis und der Kreativität der Betroffenen vor Ort,
- die Vorbeugung vor Organisationswiderständen im Rahmen der betrieblichen Organisationsentwicklung und
- die Förderung der Identifikation der Beschäftigten mit den neuen, von ihnen selbst mitgestalteten Strukturen.

Wichtig ist, daß eine zu späte oder unzureichende Beteiligung negative Folgen mit sich bringen kann. Neben Akzeptanz- und Motivationsverlusten kann es zu

Widerständen kommen, die die Aufgabenbearbeitung in dem veränderten Arbeitssystem auch in wirtschaftlicher Hinsicht beeinträchtigen können (Vollmer 1995, S. 254).

Für die Konzeption und Umsetzung des flexiblen Qualitätsmanagementsystems bedeutet dies, daß

- die Beteiligung der Beschäftigten bei der Konzeption und dem Aufbau des Systems von enormer Wichtigkeit ist, da dadurch der Einsatz ihrer Kompetenzen in bezug auf ihre Arbeitsaufgaben und den Produktentstehungsprozeß gewährleistet wird und
- eine institutionalisierte Beteiligung der Beschäftigten z.B. durch Qualitätszirkel erreicht werden kann.

2.4 Potentiale für Flexibilität und menschengerechte Arbeitsgestaltung bei der Erfüllung der Forderungen der ISO 9000-Familie

Die Umsetzung der Forderungen der DIN EN ISO 9001 stellt die kleinen und mittleren Unternehmen vor das Problem, wie normenkonforme und flexible Qualitätsmanagementsysteme aufgebaut werden können, ohne dabei die Flexibilität der Aufgabenbearbeitung und die Grundsätze einer menschengerechten Arbeitsgestaltung zu vernachlässigen. In diesem Zusammenhang stellt sich die Frage, inwieweit die ISO 9000-Familie Potentiale für den Aufbau eines flexiblen Qualitätsmanagementsystems ermöglicht und wo Umsetzungsprobleme für die KMU auftreten können. Diese Frage wird im folgenden Text durch eine Analyse der ISO-Normen 9000 Teil 1 und 2, 9001, 9004 Teil 1 und 4 hinsichtlich der Potentiale und Restriktionen bei der Umsetzung beantwortet.

Prozeßorientierung

Für die Konzeption des flexiblen QM-Systems ist es wichtig, die Umsetzung des Qualitätsmanagementsystems durch Prozeßmanagement zu realisieren. In der ISO 9000-Familie wird der Bezug zwischen Qualitätsmanagement und Prozeßmanagement klar dargestellt. Es heißt, das „Qualitätsmanagement wird in der Organisation gestaltet durch Prozeßmanagement. Eine Organisation muß ihr Netzwerk von Prozessen und Schnittstellen feststellen, organisieren und handhaben“ (DIN EN ISO 9000-1 1994, S. 15f.). Es wird festgelegt, daß die Planung der Prozesse sicherstellen sollte, daß diese unter beherrschten Bedingungen in der spezifizierten Weise und Reihenfolge ablaufen. Beherrschte Bedingungen umfassen ... eine zweckmäßige Freigabe sowohl von Prozessen und Personal als auch von zugehörigen Zulieferungen, Hilfsmitteln und Umgebungsbedingungen (DIN EN ISO 9004-1 1994, S. 33). Für die Produktqualität wichtige Prozesse sollten geplant, genehmigt, überwacht und gelenkt werden (DIN EN ISO 9004-1 1994, S. 37).

In der ISO 9000-Familie wird allerdings ein an Elementen orientiertes Qualitätsmanagementsystem beschrieben. Dessen Struktur muß durch einen von den Unternehmen zu leistenden Transformationsprozeß der Aufbau- und Ablauforganisation, die in den meisten kleinen und mittleren Unternehmen prozeß- oder funktionsorientiert beschrieben wurde, an die Gegebenheiten der KMU angepaßt werden.

Flexibilität eines Qualitätsmanagementsystems für KMU

Die Frage, inwieweit die ISO 9000-Familie die Flexibilität eines Qualitätsmanagementsystems unterstützt, wird im Normentext relativ allgemein beantwortet. Es wird beschrieben, daß die ISO 9000-Familie den Anspruch hat, den erforderlichen Umfang, Inhalt sowie die Flexibilität zur Verfügung zu stellen, um laufende und entstehende Marktbedürfnisse in zeitgerechter Weise zu erfüllen (DIN EN ISO 9000-1 1994, S. 41). Konkrete Hinweise zur Umsetzung werden nicht gegeben.

Alle Teile der ISO 9000-Familie haben den Anspruch, unabhängig von spezifischen Industrie- und Wirtschaftsbereichen zu sein (DIN EN ISO 9000-1 1994, S. 6). Es soll damit ausgeschlossen werden, daß die Anwendung der Normen nur in spezifischen Bereichen möglich ist. Dadurch sind die Normen auch für den Bereich der kleinen und mittleren Unternehmen der Kleinserien- und Einzelfertigung geeignet. Merkmale kleiner und mittlerer Unternehmen finden aber aufgrund der allgemeinen Formulierungen in der ISO 9000-Familie keine spezielle Berücksichtigung.

Den Befürchtungen vieler KMU, daß die Dokumentation des QM-Handbuches und der Verfahrens- und Arbeitsanweisungen überhand nimmt, wird in der Normenfamilie entgegnet: „Die Dokumentation sollte auf das sachdienliche Maß beschränkt werden“ (DIN EN ISO 9004-1 1994, S. 16). Die Möglichkeit, die QM-Darlegung durch Hinzufügung und Streichung von QM-Elementen an die tatsächlichen Gegebenheiten anzupassen, kann – wenn sie für nötig befunden wird – erfolgen. Sie sollte zwischen den Kunden und dem Lieferanten vereinbart und im Vertrag spezifiziert werden (DIN EN ISO 9000-1 1994, S. 31). Außerdem sollte „ein angemessenes Gleichgewicht zwischen dem Ausmaß an Dokumentierung und dem Ausmaß von Fertigkeiten und Schulung angestrebt werden“ (DIN EN ISO 9000-1 1994, S. 20). Das bedeutet, daß Inhalt und Umfang der QM-Darlegung flexibel an die Bedürfnisse der Unternehmen anpaßbar sind.

Ganzheitlichkeit und Anforderungsvielfalt

Die Beschäftigten sollen die Bedeutung ihrer Tätigkeiten für die Produkt- und Prozeßqualität erkennen, um auf diese Weise einen Überblick über die Aufgabenbearbeitung und den Zusammenhang der Arbeitstätigkeiten zu bekommen. Dabei soll für den Beschäftigten ein „Verständnis der Aufgaben, deren Erfüllung von ihm erwartet wird und wie diese Aufgaben die Gesamttätigkeit unterstützen“ geschaffen werden. „Die Vorteile einer guten Arbeitsausführung ... sollen dem Personal bewußt gemacht werden, ebenso die Auswirkungen einer schlechten Arbeitsausführung auf andere, auf die Kundenzufriedenheit, auf die Arbeitskosten und das wirtschaftliche Wohlergehen der Organisation“ (DIN EN ISO 9004-1 1994, S. 49).

Das Prozeßaufsichts- und Betriebspersonal sollte bezüglich der Methoden und Fertigkeiten geschult werden, die zur Erledigung seiner Aufgaben erforderlich sind, das heißt (nach DIN EN ISO 9004-1 1994, S. 49) bezüglich

- der ordnungsgemäßen Bedienung von Instrumenten, Werkzeugen und Maschinen, die es benutzen muß,
- des Lesens und Verstehens der bereitgestellten Dokumente,
- der qualitätsbezogenen Relevanz seiner Arbeit und
- der Sicherheit am Arbeitsplatz.

Die Überprüfung der Arbeitsergebnisse und die Qualitätsverbesserung von Prozessen kann durch einen Prozeßrückblick zur Überprüfung der Leistungen erfolgen. Die Notwendigkeit der Einbeziehung der gesamten Organisation in den Prozeß der Qualitätsverbesserung wird wie folgt formuliert: „Wenn eine Organisation bezüglich Qualitätsverbesserung gut motiviert und geführt ist, wird kontinuierlich eine Anzahl von Qualitätsverbesserungsprojekten oder -tätigkeiten unterschiedlicher Komplexität unternommen und bei allen Mitgliedern der Organisation und auf allen Hierarchieebenen durchgeführt werden" (DIN EN ISO 9004-4 1994, S. 28). Der Kreislauf *„plane - tue - prüfe - handle"* wird für kontinuierliche Qualitätsverbesserung benutzt (DIN EN ISO 9004-4 1994, S. 34).

Bei der Nennung der Grundsätze der Qualitätsverbesserung (DIN EN ISO 9004-4 1994, S. 10ff.) bezieht sich die Verbesserung lediglich auf die Qualität der Produkte, Prozesse, Dienstleistungen und anderer Ergebnisse einer Organisation. Aussagen zur Verbesserung der Qualität der Arbeitsbedingungen für die Beschäftigten werden nicht getroffen.

Möglichkeiten der sozialen Interaktion

In der Normen-Familie wird festgelegt, daß die oberste Leitung des Unternehmens Rahmenbedingungen zur Bewältigung von Kooperation und Kommunikation festlegen sollte. Dabei heißt es, daß die „Qualitätspolitik des Unternehmens ... zur Organisation, ihrer anderen Politiken, den gelieferten Produkten und zu den Menschen in der Organisation passen" sollte. Die Zielsetzungen sollten anspruchsvoll und erreichbar sein. Es ist sicherzustellen, daß das Personal in der Organisation die Qualitätspolitik versteht und verwirklicht (DIN EN ISO 9000-2 1994, S. 10).

Die Entwicklung sozialer Kompetenzen kann z.B. durch
a) Ermutigen und Aufrechterhalten eines unterstützenden Führungsstils,
b) Fördern von Werten, Einstellungen und Verhaltensweisen, die Verbesserung begünstigen,
c) Festlegen klarer Ziele für Qualitätsverbesserung,
d) Ermutigen effektiver Verständigung und Teamarbeit,
e) Anerkennung von Erfolgen und Leitungen,
f) Schulung und Fortbildung für Verbesserung
(DIN EN ISO 9004-1 1994, S. 29) unterstützt werden.

Autonomie und Handlungsspielraum

Wichtig für Autonomie und Handlungsspielraum ist die Festlegung von Verantwortung und Befugnissen. „Den Mitarbeitern sollten angemessene Befugnisse eingeräumt werden, um ihnen die Wahrnehmung der ihnen zugewiesenen Verantwortungen zu erlauben. Jeder in der Organisation sollte sich für das Erreichen der Qualitätszielsetzungen und zur Erfüllung der Qualitätsforderungen an die Produkte verantwortlich fühlen" (DIN EN ISO 9000-2 1994, S. 12).

Wichtig ist auch die Festlegung eines oder mehrerer „Eigner" für einen Prozeß als verantwortliche Personen, um Schnittstellen, Verantwortlichkeiten und Befugnisse zu klären. „Für ein QM-System, das effektiv sein muß, sollten diese Prozesse und die zugehörigen Verantwortlichkeiten, Befugnisse, Verfahren und Mittel festgelegt und in einer miteinander vereinbarten Art eingesetzt werden" (DIN EN ISO 9000-1 1994, S. 15f.).

Bei der Analyse von Forderungen einzelner Elemente der QM-Darlegung wird deutlich, daß das Zuweisen von Verantwortung nicht nur auf eine einzelne Person beschränkt ist, sondern daß die Verantwortung auch einem Team zugewiesen werden kann.

- Beim Element 4 'Designlenkung' heißt das konkret, „der Lieferant sollte Verfahren für die Design- und Entwicklungsplanung festlegen und Verantwortungen zuweisen. Das Personal sollte qualifiziert sein und Zugang zu Informationen und Mitteln haben, um die Arbeit auszuführen" (DIN EN ISO 9000-2 1994, S. 20).
- Beim Element 6 'Beschaffung' bedeutet das, daß „die Verantwortlichkeiten für die Überprüfung und Genehmigung von Beschaffungsangaben ... geeigneten Personal zugewiesen werden" (DIN EN ISO 9000-2 1994, S. 36) sollten.

Es ermöglicht eine Flexibilität der Aufgabenbearbeitung, wenn die Verantwortung nicht nur auf eine Person, sondern auf ein Team zugewiesen werden kann

Lern- und Entwicklungsmöglichkeiten

Lern- und Entwicklungsmöglichkeiten für die Beschäftigten werden in der Normen-Familie hauptsächlich durch Schulungsmaßnahmen gesehen. Für die oberste Leitung sollte die Schulung „Verständnis für das QM-System und Werkzeuge und Techniken, wie sie für eine sinnvolle Beteiligung der obersten Leitung am Betreiben des Systems notwendig sind, vermitteln" (DIN EN ISO 9004-1 1994, S. 48). Das technische Personal sollte geschult werden, um „seinen Beitrag zum Erfolg des QM-System zu steigern" (DIN EN ISO 9004-1 1994, S. 48).

Weiter heißt es, „die Personalschulung in einer Organisation ist wesentlich für die Erreichung der Qualitätsziele, und zwar beide, die spezielle Schulung zur Ausführung zugewiesener Aufgaben und allgemeine Schulung zur Erhöhung des Bewußtseins bezüglich Qualität und Schaffung von Anreizen“ (DIN EN ISO 9000-2 1994, S. 66). Dabei sollte die Leitung das zur Sicherstellung der Eignung des Personals erforderliche Fach-, Erfahrungs- und Schulungsniveau festlegen (DIN EN ISO 9004-1 1994, S. 15).

Die häufig geäußerte Befürchtung der KMU, daß Verfahrensanweisungen zu detailliert gefordert werden, die Beschäftigten aber einen besseren Ausbildungsstand haben und aus diesem Grund nicht so viel dokumentiert werden muß, wird z.B.

- im Element 2 ‘QM-System’ mit der Feststellung, daß „Einzelheiten der zum QM-System gehörenden Verfahrensanweisungen von der Komplexität der Arbeit, den angewendeten Methoden sowie von den Fertigkeiten und der Schulung, die das Personal für das Mitwirken an der Ausführung der Tätigkeit benötigt“, abhängen (DIN EN ISO 9001 1994, S. 9) und
- im Element 4 ‘Designlenkung’ mit der Festlegung „Designtätigkeiten sollten in einem Detaillierungsgrad festgelegt sein, wie er nötig ist, um den Designprozeß in einer Art durchzuführen, die den Nachweis erlaubt, daß das Design den Anforderungen entspricht“ (DIN EN ISO 9000-2 1994)

widerlegt. Das bedeutet außerdem einen direkten Zusammenhang zwischen Schulung der Mitarbeiter und Umfang der Dokumentation. Je besser die Beschäftigten geschult werden, um so weniger Dokumentationsaufwand ergibt sich dadurch für die Unternehmen.

Durch umfassende Schulung und deren Nachweis ist es ebenfalls möglich, das Problem von im Element 10 ‘Prüfungen’ beschriebenen vorhandenen, aber nicht nachweisbaren Qualitätsforderungen zu bewältigen. Dazu wird in der Norm beschrieben: „... in den Verfahren des Lieferanten sollten die Verantwortlichkeiten und Befugnisse des Personals festgelegt werden, dem erlaubt ist, zugelieferte Produkte zum Gebrauch freizugeben, ohne daß die Erfüllung der festgelegten Qualitätsforderungen vorher nachgewiesen wurden“ (DIN EN ISO 9000-2 1994, S. 48).

Bei der Festlegung des Schulungsbedarfes wird davon ausgegangen, daß „die Leitung das zur Sicherstellung der Eignung des Personals erforderliche Fach-, Erfahrungs- und Schulungsniveau“ (DIN EN ISO 9004-1 1994, S. 15) festlegt. Eine Festlegung des Schulungsniveaus durch die Beschäftigten selbst ist nicht vorgesehen. Es werden ebenfalls keine Hinweise gegeben, wie „die spezielle Schulung zur Ausführung zugewiesener Aufgaben und allgemeine Schulung zur Erhöhung des Bewußtseins bezüglich Qualität und Schaffung von Anreizen“ (DIN EN ISO 9000-2 1994, S. 66) konkret erfolgen soll.

Beteiligung an der Gestaltung der Aufgabenbearbeitung

Eine Beteiligung der Beschäftigten an der Gestaltung der Aufgabenbearbeitung ist in der Normen-Familie nicht explizit beschrieben. Die Möglichkeit der Beteiligung der Beschäftigten wird eher bei der Durchführung des kontinuierlichen Verbesserungsprozesses gesehen. Es werden zahlreiche Äußerungen zum kontinuierlichen Verbesserungsprozeß als Vorgang der ständigen Weiterentwicklung des Systems und der Beschäftigten im System getätigt. Es wird beschrieben, daß der eigentliche Zweck des QM-System in der ständigen Verbesserung besteht (DIN EN ISO 9000-1 1994, S. 5). Ständiges Ziel der Leitung aller Funktionen und auf allen Hierarchieebenen einer Organisation sollte sein, Kundenzufriedenheit und kontinuierliche Qualitätsverbesserung anzustreben (DIN EN ISO 9000-1 1994, S. 27).

Die Zufriedenheit der Beschäftigten ist demnach nicht ständiges Ziel der Leitung aller Funktionen und auf allen Hierarchieebenen. Das Thema Zufriedenheit durch Anerkennung beschreibt die Norm folgendermaßen: „Der Anerkennungsprozeß fördert mit Werten, Einstellungen und Verhaltensweisen verträgliche und für eine Qualitätsverbesserung erfolgreiche Maßnahmen. Erfolgreiche Anerkennungsprozesse unterstreichen die Entwicklung und das Wachstum von Einzelnen. ... Außerdem betonen erfolgreiche Anerkennungsprozesse Gruppenleistung und -anerkennung und ermutigen zu häufiger und zwangloser Rückkopplung“ (DIN EN ISO 9004-4 1994, S. 16). Es werden keine weiteren Hinweise zur Durchführung von Anerkennungsprozessen gegeben, so daß zu vermuten ist, daß die Anerkennung der Leistungen der Beschäftigten entsprechend den Vorstellungen aus der Normen-Familie in den Unternehmen unterbleibt.

Resümee

Bei der Konzeption und dem Aufbau eines flexiblen Qualitätsmanagementsystems für kleine und mittlere Unternehmen muß die Flexibilität durch die Umsetzung der Grundlagen der menschengerechten Arbeitsgestaltung geschaffen werden. Dabei ist bei der zusammenfassenden Betrachtung der Forderungen der Normen-Familie festzustellen, daß die dort beschriebenen Forderungen den Aufbau dieses flexiblen QM-Systems nicht verhindern, sondern bis zu einem gewissen Grad unterstützen.

Für die Konzeption des flexiblen Qualitätsmanagementsystems ist in den durchzuführenden empirischen Untersuchungen noch zu klären,

- welche arbeitsorganisatorischen Rahmenbedingungen die Voraussetzung der vorhandenen Flexibilität in den KMU sind,
- wie die Prozesse der Auftragsbearbeitung in den Unternehmen beurteilt werden und für welche Haupt- und Serviceprozesse ein Bedarf an Flexibilität besteht,
- wie die in den Unternehmen vorhandene betriebliche Flexibilität in den einzelnen Gestaltungsfeldern beurteilt wird und
- wie die Arbeitssituation der Beschäftigten bezüglich Zufriedenheit und Motivation vor und nach der Einführung des flexiblen QM-Systems beurteilt werden kann.

3 Untersuchungsansatz und Ergebnisse

3.1 Untersuchungsrahmen

3.1.1 Zielsetzung der empirischen Untersuchungen und prinzipielles Vorgehen

Zielsetzung der empirischen Untersuchungen

Ziel der vorliegenden Untersuchung war die Analyse, wie sich die von außen kommenden Flexibilitätsforderungen in der betrieblichen Organisation der Auftragsabwicklung niederschlagen. Dabei sollte aufgezeigt werden, wie die Unternehmen versuchen, diesen Anforderungen gerecht zu werden.

Aus der Analyse
- der arbeitsorganisatorischen Rahmenbedingungen,
- der Prozesse der Auftragsbearbeitung,
- der in den Unternehmen vorhandenen betrieblichen Flexibilität und
- der Arbeitssituation der Beschäftigten

wurde das flexible Qualitätsmanagementsystem für kleine und mittlere Unternehmen konzipiert.

Die Analysen bestanden aus zwei Phasen. Die erste Phase stellte eine allgemeine empirische Analyse dar und umfaßte die Untersuchung von Aufgabenbearbeitungen in Form von Fallstudien. Dabei wurden in 10 Unternehmen empirische Untersuchungen durchgeführt. Untersuchungsbereiche waren:
- die Aufbau- und Ablauforganisation,
- die Kommunikations- und Kooperationsstrukturen,
- die internen Kunden-Lieferanten-Beziehungen und
- das Qualitäts- und Prozeßmanagement.

Der Untersuchungsansatz der allgemeinen empirischen Analyse ist in Kapitel 3.2 beschrieben, die Ergebnisse der ersten Untersuchungsphase sind in Kapitel 3.3 dargestellt.

In der zweiten Phase der Analyse – der Detailanalyse – wurden in einem Unternehmen Fallstudien durchgeführt, die sich auf

- die betriebliche Flexibilität des Unternehmens,
- die aktuelle Prozeßstruktur- und -organisation,
- die Analyse von vorhandenen Verbesserungspotentialen und
- Möglichkeiten zur Flexibilisierung des Qualitätsmanagementsystems und von Prozessen im Rahmen der Produktentstehung

bezogen. Der Untersuchungsansatz der Detailanalyse wird in Kapitel 3.4 beschrieben. Die Ergebnisse der Detailanalyse sind in Kapitel 3.5 dargestellt.

Auf der Grundlage der zwei Analysephasen erfolgte in einer dritten Phase die Begleitung eines Unternehmens bei der Umsetzung des konzipierten flexiblen Qualitätsmanagementsystems. Dieses wird anhand eines Fallbeispiels im Kapitel 5 beschrieben.

Prinzipielles Vorgehen

Den Untersuchungen gingen grundlegende Betrachtungen darüber voraus, welche der zahlreich zur Verfügung stehenden Untersuchungsformen und -methoden dem Untersuchungsgegenstand entsprechen und für die Bearbeitung der Fragestellung angemessen eingesetzt werden konnten. Dabei bildeten

- die Komplexität des Untersuchungsgegenstandes 'Aufgabenbearbeitung in den Unternehmen' sowie
- die Zielsetzung der Untersuchung

den Rahmen für die Auswahl und den Einsatz der Methoden.

Im Vorfeld der empirischen Untersuchungen stellte sich die Frage, ob quantitative und qualitative Daten erhoben werden sollen. In der qualitativen Forschung werden verbale bzw. nichtnumerische Daten interpretativ verarbeitet, in der quantitativen Forschung werden Meßwerte statistisch analysiert. Das Arbeiten mit quantitativen oder qualitativen Daten steht nicht im direkten Konkurenzverhältnis zueinander. Unter Abwägung der jeweiligen Vor- und Nachteile wurde entschieden, welcher Datenerhebungsmethode der Vorzug eingeräumt werden sollte.

Typisch für den quantitativen Ansatz ist die Messung bzw. Quantifizierung von Ausschnitten der Beobachtungsrealität, die in der statistischen Verarbeitung der Meßwerte mündet. Dabei werden Quantifizierungen eingeführt, um den

Grad der Übereinstimmung unterschiedlicher Deutungen zu messen (Bortz & Döring 1995, S. 271f). Als Möglichkeiten der quantitativen Datenerhebung stehen die Methoden Zählen, Urteilen, Testen, Befragen, Beobachten und physiologische Messungen zur Verfügung. Demgegenüber beschäftigt sich der qualitative Ansatz mit Verbalisierungen der Erfahrungswirklichkeit, die interpretativ ausgewertet werden (Berg 1989, S. 2, Denzin & Lincoln 1994, S. 4, Spöhring 1989, S. 98ff.). Als Möglichkeiten stehen die Methoden Befragung und Beobachtung sowie nonreaktive Verfahren zur Verfügung.

Für die *Analyse der organisatorischen Rahmenbedingungen* der Unternehmen bei der allgemeinen empirischen Untersuchung in der ersten Untersuchungsphase wurde die Möglichkeit der Erhebung quantitativer Daten durch eine standardisierte quantitative Befragung gewählt (siehe Kapitel 3.2.1). Quantitative Befragungen sind in der Regel standardisiert, fordern vom Befragten inhaltlich zugespitzte Antworten und vom Interviewer ein gleichförmiges Verhalten (Bortz & Döring 1995, S. 283f.).

Zur Erhebung qualitativer Daten ist es nicht – oder nur in sehr geringem Umfang – notwendig, den Untersuchungsvorgang zu standardisieren. Am Beispiel der geplanten Untersuchung der Aufgabenbearbeitung in den Unternehmen würde man den Beschäftigten mit einer offenen Befragung die Möglichkeit geben, individuell zu beschreiben, z.B. welche Tätigkeiten zu erledigen sind, welche Informationen oder Produkte dazu benötigt werden oder welche Entscheidungen notwendig sind. Im Ergebnis erhält man auf diese Weise ganz unterschiedliche Äußerungen, in denen nicht nur die Art der Einschätzung anklingt („alles in allem bin ich recht zufrieden"), sondern z.B. auch Begründungen genannt werden (Bortz & Döring 1995, S. 272). Aus diesen Gründen erschien dieses qualitative Material ergiebiger gegenüber einer Fragebogenuntersuchung und es erfolgte die Erarbeitung eines teilstandardisierten Interviewleitfadens, um die Zielstellung der Untersuchung – die *Analyse der Aufgabenbearbeitung* – zu erfüllen (siehe Kapitel 3.2.2).

Eine mögliche Transformation der erhobenen qualitativen in quantitative Daten wurde dabei nicht ausgeschlossen. Dies kann geschehen, indem man die vorliegenden Texte bzw. Untersuchungsergebnisse hinsichtlich einiger ausgewählter Merkmale (z.B. Verwendung bestimmter Begriffe oder bestimmte Äußerungen zu einem Sachverhalt) auszählt. Mit Hilfe von Urteilern lassen sich dabei aus Verbaldaten auch quantitative Daten erzeugen, indem die Texte in geordnete Kategorien sortiert werden. Dadurch, daß die erhobenen qualitativen Daten später quantifiziert und quantitativ weiterverarbeitet werden, kann der Übergang vom qualitativen zum quantitativen Ansatz vollzogen werden (Bortz & Döring 1995, S. 273).

Für die *Untersuchung der betrieblichen Flexibilität* von Modellunternehmen in der zweiten Untersuchungsphase wurden durch die Definition von Gestaltungsfeldern standardisierte Antwortbereiche definiert. Daraus wurde ein quantitativer Erfassungsbogen zur betrieblichen Flexibilität im Unternehmen entwickelt.

Zur *Untersuchung der Arbeitssituation der Beschäftigten* in der Detailanalyse wurde ein Fragebogen entwickelt, der quantitative Daten im gesamten Unternehmen erfaßt und dadurch die Situation im Unternehmen umfassend analysiert und mit konkretem Datenmaterial belegt. Diese Untersuchung wurde zu Beginn und nach Abschluß der Unternehmensbegleitung eingesetzt, um die entwickelten Maßnahmen hinsichtlich ihrer Wirksamkeit zu evaluieren.

Für die durchzuführenden Analysen in der ersten und zweiten Phase wurden Felduntersuchungen ausgewählt, da bei diesen Untersuchungen eine größtmögliche Realitätsnähe gewährleistet ist. Um mögliche Störquellen zu reduzieren, wurden die in den Unternehmen geplanten Interviews mit den Beschäftigten in separaten Räumen, die sich getrennt vom eigentlichen Arbeitsplatz befinden, durchgeführt. Die Vorteile der Felduntersuchung bleiben gewährleistet, da die Interviews im Unternehmen stattfanden und mit einer anschließenden Beobachtung bzw. Besichtigung des jeweiligen Arbeitsplatzes endeten.

3.1.2 Darstellung des Untersuchungsfeldes

Auswahl der Unternehmen

Der Maschinenbau in der Bundesrepublik Deutschland hatte im Jahr 1995 in bezug auf die Beschäftigtenzahl im verarbeitenden Gewerbe einen Anteil von 15,8% und stellte damit in dieser Wirtschaftsgruppe die stärkste Branche dar (VDMA 1996, S. 16). Für die allgemeine empirische Untersuchung in der ersten Untersuchungsphase wurden 10 Unternehmen ausgewählt. Für die Detailanalyse und die Begleitung der Unternehmen bei der Umsetzung des flexiblen Qualitätsmanagementsystems wurde anschließend ein Unternehmen als Modellbetrieb ausgewählt. Dieses Vorgehen erfolgte, um eine möglichst hohe Repräsentativität der Forschungsergebnisse zu gewährleisten. Die Auswahl der Unternehmen erfolgte anhand von sechs Kriterien. Die Kriterien lauteten:

Eigenständige Unternehmen: In der Definition der Europäischen Union gelten kleine und mittlere Unternehmen als unabhängig bzw. eigenständig, wenn sie höchstens zu 25% im Eigentum oder unter Kontrolle von Großunternehmen sind. Dieses Kriterium traf mit Ausnahme eines Unternehmens auf alle untersuchten Unternehmen zu. Ein weiterer Aspekt der Eigenständigkeit ist der Aspekt des Kapitaleigentums. Bei etwa der Hälfte der kleinen und mittleren Unternehmen kommt die Unternehmensleitung aus der Eigentümerfamilie. Diese Tatsache traf auf fünf der ausgewählten Unternehmen zu.

Belegschaftsstärke zwischen 50 bis 250 Mitarbeiter: In der Definition der Europäischen Union wird ein Unternehmen mit mehr als 250 Beschäftigten als groß eingestuft. In ca. 81,4% der Maschinenbauunternehmen liegt die Belegschaftsstärke unter 200 Beschäftigten. Dementsprechend hatten von den ausgewählten Unternehmen acht weniger als 200 Beschäftigte sowie zwei mehr als 200 und weniger als 250 Beschäftigte.

Hohe Kundenorientierung: Im Jahr 1996 betrug der Anteil kundenspezifisch hergestellter Produkte des Maschinenbaus am Umsatz ca. 56%. Dies gilt sowohl für einfache als auch sehr komplexe Produkte (Mitteilungen für den Maschinenbau Nr. 14/1996, S. 4). Bei sieben Unternehmen lag der Anteil kundenspezifisch hergestellter Produkte in dieser Höhe, bei drei der ausgewählten Unternehmen lag er über 56%.

Endprodukte in kleinen Losgrößen: Die Fertigung von Endprodukten in kleinen Losgrößen resultiert bei der zu untersuchenden Unternehmensgruppe aus einer Orientierung auf Kleinserien- und Einzelfertigung. 60 bis 70% der Unternehmen mit 50 bis 200 Beschäftigten produzieren Komplettanlagen und Einzelmaschinen (Mitteilungen für den Maschinenbau Nr. 14/1996, S. 2f.). Dieses Kriterium traf auf sechs der zehn ausgewählten Unternehmen zu, die restlichen vier Unternehmen stellten Module und Einzelteile her.

Mittlere bis hohe Fertigungstiefe: Der Anteil an Eigenfertigung betrug 1992 im westdeutschen Maschinenbau 67,6% (Mitteilungen für den Maschinenbau Nr. 4/1993, S. 3). In allen untersuchten Unternehmen lag der Eigenfertigungsanteil in vergleichbarer Höhe, alle Unternehmen verfügten über die Phasen des Produktentstehungsprozesses von Entwicklung, Konstruktion, Fertigung und Montage bis zum Kundendienst.

Flexibles Qualitätsmanagementsystem: Alle untersuchten Unternehmen planten die Flexibilisierung des vorhandenen bzw. den Aufbau eines flexiblen Qualitätsmanagementsystems nach DIN EN ISO 9001, welches die menschengerechte Arbeitsgestaltung unterstützen sollte. Von den untersuchten Unternehmen war die Hälfte seit mehreren Jahren zertifiziert, die andere Hälfte plante, ihr Qualitätsmanagementsystem in nächster Zeit zertifizieren zu lassen.

Die Zusammenfassung der Kriterien und des Erfüllungsgrades ist in Bild 3.1 dargestellt.

Kriterium	Anzahl der Unternehmen
Eigenständigkeit	Neun eigenständige Unternehmen, ein Unternehmen war Eigentum eines Großunternehmens.
Belegschaftsstärke	Acht Unternehmen hatten weniger als 200 Beschäftigte, zwei Unternehmen mehr als 200 und weniger als 250 Beschäftigte.
Kundenorientierung	Sieben Unternehmen hatten einen Anteil kundenspezifisch hergestellter Produkte bis 56%, drei Unternehmen über 56%.
Losgrößen	Sechs Unternehmen stellten Endprodukte in kleinen Losgrößen, vier Unternehmen Module und Einzelteile her.
Fertigungstiefe	Alle Unternehmen verfügten über die Phasen des Produktentstehungsprozesses von der Fertigung bzw. Montage bis zum Kundendienst.
Flexibles Qualitätsmanagementsystem	Alle Unternehmen planten die Flexibilisierung des vorhandenen bzw. den Aufbau eines flexiblen Qualitätsmanagementsystems nach DIN EN ISO 9001. Fünf Unternehmen waren seit mehreren Jahren zertifiziert, fünf planten die Zertifizierung in nächster Zeit.

Bild 3.1: Erfüllung der Kriterien zur Unternehmensauswahl

Auswahl der Untersuchungsbereiche

In der ersten Phase der allgemeinen empirischen Untersuchung der Aufgabenbearbeitungen wurden insgesamt 119 Beschäftigte verschiedener Funktionsbereiche und Hierarchieebenen, die an der Aufgabenbearbeitung beteiligt waren, befragt. Die Befragten verfügten alle über mehrjährige Berufserfahrung in dem jeweiligen Bereich und über eine Zugehörigkeit zum Unternehmen, die zwischen 2 und 25 Jahren lag. Ein wichtiger Aspekt war die Einbeziehung der Betriebsräte im Vorfeld der Untersuchungen. Dies geschah durch die Information der Mitglieder bzw. Vertreter des Betriebsrates über die Projektziele und den Inhalt des Projektes sowie die damit verbundene Bitte um Unterstützung.

Die anteilige Zusammensetzung der befragten Beschäftigten nach Funktionsbereichen ist in Bild 3.2 zu sehen. Zur Darstellung der Repräsentativität des Untersuchungskollektives erfolgt in der Tabelle ebenfalls die vergleichende Darstellung der Verteilung der Personalstrukturen im Maschinen- und Anlagenbau – erhoben bei 731 Unternehmen des Vereins Deutscher Maschinen- und Anlagenbau e.V. (VDMA) – im Jahr 1995 über alle Betriebsgrößenklassen.

Funktionsbereiche	**Anzahl**	**Anteil**	**Anteil VDMA 1995**
Unternehmensleitung (Unternehmensleiter und Unternehmensleitungsebene, z.B. Entwicklungsleiter, Fertigungsleiter, Vertriebsleiter)	17	14,3 %	9,4%
Verkauf / Vertrieb	7	5,9 %	8,3%
Einkauf, Finanz- u. Rechnungswesen	6	5,0 %	4,6%
Entwicklung / Konstruktion	27	22,7 %	11,1%
Arbeitsvorbereitung	10	8,4 %	3,3%
Fertigung	16	13,4 %	30,5%
Montage	18	15,1 %	16,4%
Lager	3	2,6 %	2,8%
Versand	1	0,8 %	2,6%
Kundendienst	3	2,6 %	2,7%
Qualitätswesen	11	9,2 %	2,3%
Sonstige Beschäftigte (Organisation und EDV, Fuhrpark, Kantine, Bewachung, Pförtner, Reinigung, Innerbetrieblicher Transport, technische Hilfsfunktionen)	-	-	6,0%
Summe	119	100 %	100%

Bild 3.2: Untersuchungskollektiv der befragten Beschäftigten aus den Funktionsbereichen und Vergleich mit der Verteilung der Personalstruktur im Maschinen- und Anlagenbau 1995 (VDMA 1995a, S. 6)

Beim Vergleich der Zahlen ist zu beachten, daß es Unterschiede zwischen kleinen und großen Betriebsgrößenklassen gibt. Dies zeigt sich an einem höheren Anteil von Beschäftigten, z.B. in der Unternehmensleitung bei kleinen und mittleren Unternehmen, da „sich bei einer geringeren Gesamtbeschäftigtenzahl eine einzelne Führungsperson deutlicher auf die gesamte Personalstruktur auswirkt“ (VDMA 1995, S. 3).

Bild 3.2 macht deutlich, daß alle wichtigen Funktionen des Maschinen- und Anlagenbaus im Untersuchungskollektiv vertreten waren und daß der Anteil der befragten Beschäftigten aus den einzelnen Funktionsbereichen prinzipiell mit dem Anteil im Maschinen- und Anlagenbau übereinstimmt. Damit wird sichergestellt, daß die in der Befragung gewonnenen Erkenntnisse nicht nur die Situation in einigen Unternehmen darstellen, sondern als repräsentativ anzusehen sind.

Abweichungen zwischen dem Anteil der befragten Beschäftigten in der allgemeinen empirischen Analyse und dem Anteil an der gesamten Personalstruktur der Unternehmen des VDMA sind in den Bereichen Entwicklung/Konstruktion, Fertigung und Qualitätswesen hervorzuheben. Dies hat seine Ursache in der Schwerpunktsetzung bei der allgemeinen empirischen Analyse auf den Bereich Qualitätsmanagement im Hinblick auf die Entwicklung eines flexiblen Qualitätsmanagementsystems und die Betrachtung der Entwicklung/Konstruktion in Hinblick auf eine verstärkte Berücksichtigung von Neu- und Weiterentwicklungsaktivitäten. Aus diesen Gründen wurden relativ gesehen weniger Beschäftigte in der Fertigung befragt.

3.2 Untersuchungsansatz der allgemeinen empirischen Analyse

3.2.1 Erfassung der organisatorischen Rahmenbedingungen und Auswertung

Zur Sondierung des Forschungsfeldes im Unternehmen erfolgte ein vorbereitendes Gespräch mit Mitgliedern der Geschäftsleitung. Ziel des Gespräches war es, einen ersten Eindruck vom Unternehmen und einen Überblick über den Produktentstehungsprozeß z.B. durch Flußdiagramme zu erhalten. Außerdem diente des Gespräch dazu, organisatorische Rahmenbedingungen des Unternehmens zu erheben.

Dabei handelte es sich um eine

- standardisierte bzw. strukturierte (Die Fragen wurden im Vorfeld genau festgelegt und als Stichpunkte in einer Tabelle festgehalten.),
- neutrale (Weder betont einfühlsame noch autoritär-aggressive Haltung des Interviewers.),
- direkte bzw. persönliche und ermittelnde

Einzel- oder Gruppenbefragung durch einen Interviewer.

Als allgemeine Fragen zum Unternehmen wurde zu Beginn des Gespräches nach der Rechtsform des Unternehmens, der Veränderung der Belegschaftsgröße im letzten Kalenderjahr, der Fluktuation und dem Krankenstand, der Anzahl der Beschäftigten bei Weiterbildung bzw. Umschulung in den letzten 5 Jahren und innerhalb des letzten Jahres und der durchschnittlichen Betriebszugehörigkeit der Beschäftigten gefragt. Die Antworten wurden auf dem dafür vorgesehenen Fragebogen notiert.

Die Erfassungstabelle für die weitere Befragung war so aufgebaut, daß in der ersten Spalte die einzelnen Befragungsbereiche aufgeführt waren. Der folgende Bereich war dann in einzelne Spalten unterteilt und jeweils mit unterschiedlichen Antwortbereichen überschrieben, z.B. 1, bis 10, bis 100, bis 200, bis 500, bis 1000, größer 1000. Der Interviewer trug nun durch Ankreuzen die Antworten des oder der Interviewten in die einzelnen Bereiche ein.

Es wurden die Fragenbereiche Beschäftigte, Kunden, Zulieferer, Varianten, Auftragsvolumen, Losgröße, Anzahl von Teilen pro Produkt, Anteile eigengefertigter, fremdbezogener und völlig neuentwickelter Teile, Reklamationen, Produktlebensdauer, Produktlaufzeit, Erzeugnisspektrum, Auftragsauslösungsart, Erzeugnisse im Vergleich zum Stand der Technik, Nachfrage, Kundenänderungseinflüsse während der Fertigung, Erzeugnisstruktur, Automatisierungsgrad, Organisation der Arbeitsplätze und Arbeitsstruktur befragt. Der Fragebogen befindet sich in Anhang C.

Die Antworten wurden jeweils in den Unternehmen durch Ankreuzen in der Tabelle erfaßt und durch Verhältnisbildung ausgewertet. Im Kapitel 3.3 sind die prozentualen Anteile über alle Unternehmen dargestellt.

3.2.2 Befragung mittels Leitfadeninterview

Zur Analyse der Aufgabenbearbeitung in den Untersuchungsbetrieben wurde das Leitfaden-Interview ausgewählt. Beim Leitfadeninterview handelt es sich um ein teilstandardisiertes Fragebogengerüst, bei dem hauptsächlich mit offenen Fragen gearbeitet wird, Sondierungsfragen sind zugelassen. Der Interviewer hat die Möglichkeit, die Befragungssituation mitzustrukturieren. Diese Form der Befragung erlaubt es, auf bestimmte Themen näher einzugehen, Sachverhalte intensiver oder mehr in die Tiefe gehend zu erfassen (Kromrey 1991, S. 286).

Erstellung des Interviewleitfadens

Der entwickelte Leitfaden ist ein Instrument der qualitativen Sozialforschung und sollte zur Untersuchung und Systematisierung des Untersuchungsgegenstandes „Aufgabenbearbeitung im Unternehmen“ dienen. Zweck dieser Leitfadenuntersuchung war in erster Linie eine Bestandsaufnahme. Durch diese sollten Unternehmensstrukturen und -abläufe visualisiert und beurteilt werden. Vorteil des Leitfadengespräches war es, daß durch die offene Gesprächsführung der Bezugsrahmen der Befragten mit erfaßt wurde, da nicht in festgelegten Anwortkategorien geantwortet werden mußte. Auf diese Weise war es auch für den Interviewer leichter, einen Einblick in die Erfahrungshintergründe der Befragten zu erhalten. Anhand des entwickelten Prozeßmodells der internen Kunden-Lieferanten-Beziehung sowie der Gestaltungsbereiche der Flexibilität und deren Operationalisierung wurden die 10 Interviewleitfragen (siehe Anhang D) entwickelt.

Zu Beginn des Leitfadengespräches wurde der Beschäftigte über die Ziele des Projektes informiert und um sein Einverständnis zum Interview sowie zur Tonbandaufzeichnung gebeten. Den Befragten wurde zugesichert, daß die Informationen und die Tonbandaufnahmen vertraulich behandelt werden und nur zu Forschungszwecken – außerhalb des Unternehmens – ausgewertet werden. Weiterhin wurden die organisatorischen Daten des Interviews (Interviewter, Funktion, Unternehmen, Interviewer, Beisitzer bzw. Protokollant, Datum, Dauer, Kassetten-Nr.) notiert.

Im Leitfadengespräch wurden als erstes die Aufgaben und Tätigkeiten des Beschäftigten erfragt. Im nächsten Schritt wurde ermittelt, durch welche Informationen (Unterlagen, Dokumente, mündliche oder schriftliche Anweisungen, Anfragen usw.) und Produkte (Werkstücke, Halbfertigfabrikate, Endprodukte usw.) seine Tätigkeiten ausgelöst werden. Diesen Fragen dienten dazu, die tätigkeitsauslösenden Anstöße zu erkennen.

Die nächste Frage beschäftigte sich mit den Rahmenbedingungen der Arbeit des Beschäftigten, die berücksichtigt werden müssen. Dabei können Vorgaben und Vereinbarungen, z.B. gesetzliche Bestimmungen, Umsatzvorgaben der Geschäftsführung, die Tätigkeitsausführung maßgeblich beeinflussen. Die folgende Frage bezog sich auf die vorhandenen Möglichkeiten der Beschäftigten, eingehende Informationen und Produkte auf Vollständigkeit, Aussagefähigkeit, Fehlerfreiheit, Aktualität u.a. zu überprüfen. Mit dieser Fragestellung erfolgte die Überleitung zum Themenbereich der Probleme in der internen Kunden-Lieferanten-Beziehung. Diese Probleme sollten durch die Ermittlung von fehlenden Informationen und Produkten erfaßt werden. Dabei wurde davon ausgegangen, daß an einer Stelle ein Problem in der internen Kunden-Lieferanten-Beziehung existiert, wenn der Sender einer Information oder eines Produktes dieses als qualitativ gut bewertet und der Empfänger diese Information oder dieses Produkt als qualitativ schlecht bewertet. Dieses Problem stört dann den Ablauf der Aufgabenbearbeitung im Unternehmen.

Durch die nächste Frage sollte erfaßt werden, welche Entscheidungen von den Beschäftigten allein getroffen werden und welche in Abstimmung mit Kollegen oder Vorgesetzten. Die Antworten auf diese Fragestellung sollten aufzeigen, ob ein Großteil der getroffenen Entscheidungen nur in Abstimmung mit anderen erfolgen konnte. Dies ist zu vermuten, da das Unternehmen als soziales System betrachtet wird, in dem mehrere Menschen gemeinsam auf ein Ziel hinarbeiten (Luhmann 1994, S. 192ff.). Die folgende Frage schloß den Fragenzyklus zum Schwerpunkt der Prozeßbearbeitung im Unternehmen (Aufgabenbearbeitung) mit der Frage nach den eigenen Ergebnissen der Arbeit ab.

Die Ergebnisse der Fragen 1 bis 8 sollten zusammengefaßt die interne Kunden-Lieferanten-Beziehung aufzeigen. Durch die Antworten auf diese Fragen wurde deutlich, inwieweit die Beschäftigten voneinander abhängig sind, wie sie miteinander kommunizieren und kooperieren und wie die Aufgabenbearbeitung im Unternehmen abläuft. Dabei wurde klar sichtbar, zwischen welchen Schnittstellen in der internen Kunden-Lieferanten-Beziehung Probleme vorhanden waren.

Der Fragebereich der Flexibilität wurde in der nächsten Frage erfaßt. Es wurden die Flexibilitätsforderungen an das Unternehmen und an die eigene Person aus der Sicht des Befragten abgefragt. Der Beschäftigte sollte weiterhin die Reaktionen des Unternehmens und seine Reaktionen auf diese Flexibilitätsforderungen nennen. Dabei wurden die im Vorfeld der Untersuchung entwickelten Gestaltungsbereiche der Flexibilität nicht einzeln abgefragt, um den Befragten nicht durch die Angabe der einzelnen Bereiche zu beeinflussen.

Zum Ausklang des Leitfadengespräches sollte der Beschäftigte im Sinne einer allgemeinen Einschätzung in bezug auf den Informationsaustausch, die Zusammenarbeit mit den Kollegen und die Aufgabenbearbeitung im Unternehmen die Situation positiv oder negativ beurteilen und Beispiele nennen.

Bei der Konstruktion des Leitfadens wurde darauf geachtet, daß alle Themenkomplexe, die für eine Bestandsaufnahme wichtig waren, tatsächlich angesprochen wurden.

Vorbereitung des Einsatzes des Interviewleitfadens

In einer vorbereitenden Gesprächsrunde mit der Geschäftsführung des jeweiligen Unternehmens wurden charakteristische Aufträge und Produkte für Standardaufträge und kundenspezifische Neu- und Weiterentwicklungen festgelegt. Bei der Auswahl der charakteristischen Aufträge handelte es sich um Aufträge, die zeitlich noch nicht lange zurückliegen und an deren Bearbeitung sich die Beschäftigten erinnern konnten.

Diese Vorgehensweise hatte den Vorteil, daß die Interviewfragen auf den speziellen Auftrag bezogen werden konnten und daß die Befragten im Interview die Möglichkeit hatten, sich gedanklich bei der Fragenbeantwortung an diesen Aufträgen zu orientieren. Es wurde als einfacher eingeschätzt, die Arbeitssituation an einem konkreten Beispiel zu reflektieren. Die Auswahl der Aufträge hatte demzufolge eine möglichst repräsentative Wiedergabe der Ist-Situation der Aufgabenbearbeitung im Unternehmen zum Ziel.

In dieser Gesprächsrunde wurde weiterhin entschieden, welche Beschäftigten an den Leitfadeninterviews teilnehmen. Für die Forschenden war es besonders wichtig, daß es sich bei dem jeweiligen Interviewpartner um einen Beschäftigten handelte, der für diese Abteilung typische Aufgabenfelder bearbeitet. Der Beschäftigte sollte mindestens zwei Jahre im Unternehmen an dieser Stelle beschäftigt sein und über entsprechendes Erfahrungswissen verfügen. Weiterhin sollten alle Funktionsbereiche des Unternehmens betrachtet werden, um zu gewährleisten, daß der gesamte Produktentstehungsprozeß bei der Analyse betrachtet wird und somit Aussagen über die Ist-Situation des Unternehmens abgeleitet werden konnten.

Es wurde entschieden, daß ein Beauftragter der Unternehmensleitung die betreffenden Beschäftigten über den Sinn und Zweck, den Inhalt, die Dauer und den Zeitpunkt des Interviews informieren sollte und ihn bittet, für die ausgewählten Aufträge relevante Unterlagen und Dokumente zum Interview mitzubringen.

Einsatz des Leitfadens

In 10 Unternehmen wurden Leitfadeninterviews mit insgesamt 119 Beschäftigten aus verschiedenen Funktionsbereichen und Hierarchieebenen durchgeführt. Die Leitfadengespräche fanden nicht am Arbeitsplatz sondern in einem ruhigen Raum statt. Dies hatte den Vorteil, daß die Interviewsituation nicht durch äußere Bedingungen wie z.B. Lärm, fragende Arbeitskollegen, Telefongespräche gestört wurde. Die Reihenfolge der Interviews orientierte sich am Ablauf der Aufgabenbearbeitung; die einzelnen Interviews erfolgten zeitlich eng aufeinander.

Während der Befragung waren neben dem Befragten ein Interviewer und ein Protokollant anwesend. Der Interviewer hatte die Aufgabe, den Ablauf des Gespräches einem 'natürlichen' Gesprächsfluß so weitgehend wie möglich anzugleichen. Des weiteren mußte er die gegebenen Antworten spontan objektiv bewerten, um – davon ausgehend – den weiteren Gesprächsablauf zu steuern. Daraus wird ersichtlich, daß Leitfadengespräche stark Intervieweinflüssen unterworfen sind, d.h. daß die Datenqualität von der Kompetenz des Interviewers abhängt. Diesen hohen Anforderungen konnte entsprochen werden, da alle Interviewer in das Forschungsvorhaben involviert und somit über die Hintergründe und Forschungshypothese informiert waren.

Es erwies sich als sinnvoll, nach dem Gespräch mit dem Beschäftigten dessen Arbeitsplatz zu besichtigten, den Arbeitsablauf zu beobachten und das Gespräch vor Ort zu beenden. Bei Unklarheiten hatte der Befragte durch dieses Vorgehen die Möglichkeit, dem Interviewer nochmals einige Details zu erklären oder zu visualisieren (z.B. Arbeitsanweisungen, Formulare, Computerprogramme). Die Interviews mit anschließender Arbeitsplatzbesichtigung dauerten in der Regel 60 bis 90 Minuten.

Dokumentation der Befragung

Im Anschluß an die Gespräche erfolgte eine schriftliche Dokumentation des Interviews im Sinne einer Transkription. Dabei wurden die Gesprächsaufzeichnungen des Protokollanten und die Tonbandaufzeichnungen lediglich dokumentiert und nicht interpretiert. Diese Dokumentation diente als Auswertungsgrundlage.

3.2.3 Auswertung der Leitfadeninterviews

Das vorliegende qualitative Datenmaterial der Interviewaufzeichnungen wurde sowohl mittels qualitativer als auch quantitativer Inhaltsanalyse ausgewertet.

3.2.3.1 Qualitative Inhaltsanalyse

Ziel der qualitativen Inhaltsanalyse war es, die manifesten und latenten Inhalte des Materials in ihrem sozialen Kontext und Bedeutungsumfeld zu interpertieren. Dabei streben qualitative Inhaltsanalysen eine Interpretation an, die intersubjektiv nachvollziehbar und inhaltlich möglichst erschöpfend ist (Bortz & Döring 1995, S. 304ff.). Bei der Auswertung der Interviews wurde auf die qualitative Inhaltsanalyse von Mayring (1993) zurückgegriffen. Ziel war es dabei, herauszufinden, wie die von außen kommenden Flexibilitätsforderungen in den Unternehmen umgesetzt werden und welche Kennzeichen für flexible Organisationsstrukturen in den untersuchten Unternehmen dadurch vorhanden sind.

Die Auswertung umfaßte drei Schritte (nach Mayring 1993, S. 41f.):

- Zusammenfassende Inhaltsanalyse: Der Ausgangstext wurde auf eine überschaubare Kurzversion reduziert, die nur noch die wichtigsten Inhalte umfaßt. Dazu gehört u.a. das Wegstreichen ausschmückender Reden, Verallgemeinerung konkreter Beispiele oder Zusammenfassung von Aussagen.
- Explizierende Inhaltsanalyse: Unklare Textbestandteile wurden dadurch verständlich gemacht, daß zusätzliche Materialien, z.B. die Aufzeichungen der Beobachtungen, herangezogen werden.
- Strukturierende Inhaltsanalyse: Die zusammenfassende und explizierte Kurzversion wurde nun unter theoretischen Fragestellungen geordnet und gegliedert. Dazu wurde ein Katagorienschema erstellt, was die Beschreibung der arbeitsorganisatorischen Rahmenbedingungen für Flexibilität in den untersuchten Unternehmen gewährleistet. Es wurden die Kategorien Aufbau- und Ablauforganisation sowie Kommunikations-, Kooperations- und Entscheidungsstrukturen gebildet.

Die Ergebnisse der qualitativen Inhaltsanalyse sind in Kapitel 3.3.3 „Arbeitsorganisatorische Rahmenbedingungen der vorhandenen Flexibilität“ dargestellt.

3.2.3.2 Quantitative Inhaltsanalyse

Ziel der quantitativen Inhaltsanalyse war die Erfassung von einzelnen Merkmalen aus Texten, indem die Textteile in Kategorien, die Operationalisierungen der interessierenden Merkmale darstellen, eingeordnet wurden. Die Häufigkeiten in den einzelnen Kategorien geben Auskunft über die Merkmalausprägungen des untersuchten Textes. Kern jeder quantitativen Inhaltsanalyse ist das Kategoriensystem, das festlegt, welche Texteigenschaften durch Auszählen „gemessen" werden sollen (Bortz & Döring 1995, S. 138ff.).

Aus den theoretischen Grundlagen zu den Bereichen 'Prozeß' und 'Flexibilität' wurden drei Kategoriensysteme aufgestellt. Dabei wurde im ersten Schritt theoriegeleitet vorgegangen, indem das auszuwertende Textmaterial mittels ausgearbeitetem Kategoriensystem ausgewertet wurde. Dabei wurden die vorbereiteten Kategoriensysteme im Zuge der Auswertungen leicht angepaßt. So wurde z.B. festgestellt, daß ein geplantes Gestaltungsfeld der Flexibilität – die Arbeitsstruktur – nicht explizit erfaßt werden mußte, sondern im Gestaltungsfeld Arbeitsorganisation aufgehen konnte.

Das in den Interviews erfaßte Textmaterial wurde mittels Häufigkeitsanalysen (Mayring 1993, S. 209) ausgewertet. Dabei wurden Kategorien mit entsprechnenden Ausprägungen gebildet, die für den zu untersuchenden Text einzeln ausgezählt wurden. So wurde beispielsweise ausgezählt, wie oft eine vom Beschäftigten angegebene Reaktion auf von außen kommende Flexibilitätsforderungen den Bereich Arbeitsorganisation betraf.

Bei der Frage nach dem Umfang der Textstichprobe wurde entschieden, nur Teile der schriftlich festgehaltenen Interviews auszuwerten, da eingeschätzt wurde, daß die komplette Auswertung aller 119 Interviews zu aufwendig und bezogen auf das zu erwartende Ergebnis nicht notwendig sein würde. Es wurde festgelegt,

- daß die Äußerungen der Beschäftigten zur Leitfadenfrage 9 „Flexibilität" je nach dem, in welchen Bereich sie einzuordnen sind, den Flexibilitätsforderungen an das Unternehmen (Kategoriensystem 1) oder den Gestaltungsbereichen der Flexibilität (Katagoriensystem 2) und
- daß die Äußerungen der Beschäftigten zur Frage 10 „positive und negative Beurteilung der Situation" den Prozessen der Aufgabenbearbeitung (Kategoriensystem 3)

zugeordnet werden.

Die Kodierung, also die Zuordnung von Textteilen zur Stichprobe, wurde von zwei Kodierern unabhängig voneinander vorgenommen, so daß die Übereinstimmung der Kodierer als Maßstab für die Objektivität des Verfahrens gelten kann (Bortz & Döring 1995, S. 252ff.).

Kategoriensysteme

Kategoriensystem zur Beurteilung der Flexibilitätsforderungen an die Unternehmen

Das Kategoriensystem zur Beurteilung der Flexibilitätsforderungen an die Unternehmen bezieht sich auf die Untersuchung der prozentualen Verteilung der Flexibilitätsforderungen, die von externer Seite an die Unternehmen gestellt werden. Dieses Kategoriensystem entstand aus den Inhalten des theoretischen Kapitels 2.3.2 'Bezugsrahmen und Gestaltungsfelder eines Modells für betriebliche Flexibilität'. Die qualitativen Aussagen für die quantitative Auswertung wurden aus den Aussagen der Beschäftigten zur Frage 9 'Flexibilität' abgeleitet. Die Ergebnisse sind in Kapitel 3.3.2 dargestellt.

Kategoriensystem zur Beurteilung der betrieblichen Flexibilität in den untersuchten Unternehmen

Das nächste Kategoriensystem zur Beurteilung der betrieblichen Flexibilität in den untersuchten Unternehmen wurde aus den theoretischen Überlegungen im Kapitel 2.3.2.2 'Gestaltungsfelder der betrieblichen Flexibilität' abgeleitet. Ziel war es, qualitative Aussagen bezüglich der Relevanz der entwickelten Gestaltungsbereiche und der Häufigkeit der Aussagen zu den einzelnen Gestaltungsbereichen zu erhalten. Dabei wurde das Kategoriensystem bereits bei der Auszählung der Häufigkeiten modifiziert, da sich Bereiche als nicht relevant erwiesen, die im vorliegenden Kategoriensystem bereits modifiziert wurden. So wurde das im Vorfeld der Untersuchung geplante

- Gestaltungsfeld Arbeitsstruktur in das Gestaltungsfeld Arbeitsorganisation integriert

und die Gestaltungsfelder

- Flexibilität der Beschäftigten bei Veränderungen der Arbeitsaufgaben und
- Flexibilität der Beschäftigten bei Veränderungen der Arbeitszeit

wurden zum Gestaltungsfeld

- Flexibilität der Beschäftigten bei Veränderungen der Arbeitszeit und der Arbeitsaufgaben zusammengefaßt, da eine so detaillierte Auswertung – wie anfangs vorgesehen - nicht möglich und nicht sinnvoll war. Die qualitativen Aussagen wurden dabei aus den Aussagen der Beschäftigten zur Frage 9 'Flexibilität' abgeleitet. Die Ergebnisse sind in Kapitel 3.3.2 dargestellt.

Kategoriensystem zur Beurteilung der Prozesse in den untersuchten Unternehmen

Aus den theoretischen Grundlagen des Kapitels 2.2.3 'Qualitätsmanagement durch Prozeßmanagement' wurde das Kategoriensystem zur Beurteilung der Prozesse in den untersuchten Unternehmen abgeleitet. Ziel war es, qualitative Aussagen bezüglich Prozeßqualität und Beziehungen zu anderen Prozessen zu erhalten. Diese qualitativen Aussagen wurden dabei aus den Aussagen der Beschäftigten zur Frage 10 'positive und negative Beurteilung der Situation' abgeleitet. Die Ergebnisse der Auswertung sind im Kapitel 3.3.4 dargestellt.

Die einzelnen Merkmale in den Kategoriensystemen und Operationalisierungsbeispiele sind vollständig im Anhang E dargestellt.

3.3 Ergebnisse der allgemeinen empirischen Analyse

3.3.1 Beschreibung der Wettbewerbssituation und der organisatorischen Rahmendaten aller Unternehmen

Wettbewerbssituation in den untersuchten Unternehmen

Die in den Interviews befragten Mitglieder der Unternehmensleitung stimmten darin überein, daß sich die Wettbewerbssituation in den letzten Jahren verschärft hat. Die Anforderungen durch den Markt und die Kunden haben sich gewandelt. Dies zeigte sich z.B. in den ungleichmäßigen Nachfrageschwankungen und den Forderungen nach immer kürzeren Lieferzeiten für auftragsspezifische Produkte. Gleichzeitig hat der Preisdruck zugenommen und die zu erzielenden Handelsspannen haben sich verringert.

Betrachtet man die Veränderung der Beschäftigtenzahl in den Unternehmen als einen Parameter zur Bewältigung der Forderungen des Wettbewerbs, so kann festgestellt werden, daß neun Unternehmen in den vergangenen zwei Jahren ihre Belegschaftsstärke halten und erhöhen konnten. Die Erhöhungen betrugen bei zwei Unternehmen sogar 20 bzw. 30%. Zu einer Reduzierung der

Belegschaft um ungefähr 15% kam es in einem Unternehmen. Inwieweit sich diese Entwicklungen auf Umsatz und Gewinn auswirkten, konnte aufgrund der Verschwiegenheit der Unternehmensleitungen zu diesen Parametern nicht dargestellt werden.

Alle Unternehmen wiesen in unterschiedlichem Umfang eine internationale Orientierung sowohl für den Absatzmarkt als auch für den Beschaffungsmarkt auf. Eine Beschaffung selbst herstellbarer Zwischen- und Endprodukte bzw. eine Verlagerung von Fertigungskapazitäten in Schwellenländer hatten vier Unternehmen durchgeführt. Von diesen haben drei ihre Beschäftigungszahlen in Deutschland erhöht und ein Unternehmen verringert. Bis auf zwei Unternehmen gingen alle davon aus, daß das Volumen dieser Beschaffungsform Grenzen hat und zukünftig nicht mehr erhöht werden kann. Für alle Unternehmensleitungen bestand eine wichtige strategische Entscheidung darin, daß das Unternehmen intern über das Wissen und Können zur eigenen Herstellung dieser Produkte verfügt.

Die befragten Unternehmensleitungen gingen davon aus, daß sie zukünftig nicht mit stabilen Bedingungen für die Erstellung ihrer Unternehmensleistungen rechnen können. Die Arbeitsorganisation ist so zu gestalten, daß interne und externe Störungen die Sicherheit der Abläufe gewährleisten. Unternehmensinterne Störungen wurden dabei als weniger problematisch eingestuft, da sie meist durch präventive Maßnahmen bewältigt werden konnten. Externe Einflüsse, wie z.B. die Unterlieferanten- und Kundenbeziehungen, führten zu höheren Anforderungen an die Arbeitsorganisation. Dies wurde insbesondere für die kundenspezifische Einzelteil- und Kleinserienfertigung betont. Neben der geforderten Produktqualität war u.U. ein stark vom Kunden abhängiger Produktentstehungsprozeß zu bewältigen. Anforderungen ergaben sich dadurch, daß spezielle Spezifikationen der Kunden zu berücksichtigen waren. Diese Spezifikationen standen zu Auftragsbeginn nicht alle zur Verfügung und Änderungen der Kundenwünsche waren über alle Phasen der Produktentstehung möglich und mußten umgesetzt werden.

Organisatorische Rahmendaten der Unternehmen

Die wichtigsten organisatorischen Rahmendaten sind im folgenden Text und in den Bildern 3.3 bis 3.6 für die einzelnen Fragenbereiche prozentual über alle Unternehmen dargestellt. Die Aussagen wurden in Gesprächen mit einem oder mehreren Mitgliedern der Geschäftsleitung erfaßt und wenn möglich bzw. nötig im Laufe der Untersuchung korrigiert. Eine komplette Übersicht über alle erfaßten organisatorischen Rahmendaten zeigt Anhang F.

Unternehmen		Ergebnis insgesamt
1.	Veränderung der Mitarbeiterzahl in den letzten Kalenderjahren (%) (- Abnahme/+ Zunahme)	zwischen - 15% und +30%
2.	Fluktuation (%)	zwischen 0% und 5%
3.	Krankenstand (%)	zwischen 2% und 5%
4.	Anzahl der MA, die sich in den letzten 5 Jahren weitergebildet haben bzw. umgeschult wurden	zwischen 5% und 100% Durchschnitt 43,4%
5.	Anzahl der MA, die sich innerhalb des letzten Jahres weitergebildet haben bzw. umgeschult wurden	zwischen 6,7% und 75% Durchschnitt 37%
6.	Durchschnittliche Betriebszugehörigkeit der Mitarbeiter (Jahre)	zwischen 5 und 14 Jahre, Durchschnitt 9
7.	Mitarbeiter mit Hoch- und Fachschulabschluß	zwischen 3,5 und 25% Durchschnitt 5,7%

Bild 3.3: Organisatorische Rahmendaten I

Bei der Frage nach der *Veränderung der Mitarbeiterzahlen* (Bild 3.3, Zeile 1) im letzen Jahr schwankten die Angaben stark und lagen zwischen einer Abnahme von -15% und einer Zunahme von +30%. Die *Fluktuation* (Zeile 2) bei allen Unternehmen war relativ niedrig und betrug zwischen 0 und 5%. Der *Krankenstand* (Zeile 3) im Jahr 1994 war ebenfalls relativ gering und betrug zwischen 2 und 5%.

Auf die Fragen nach *Umschulung und Weiterbildung* ergaben sich große Unterschiede zwischen den einzelnen Unternehmen. Der Anteil an Umschulungen in den letzten 5 Jahren (Zeile 4) lag zwischen 5 und 100%. Innerhalb des letzten Jahres (Zeile 5) wurden zwischen 6,7 und 75% und der Mitarbeiter umgeschult bzw. weitergebildet. Die Unterschiede können darauf zurückgeführt werden, daß die Unternehmen, die bereits Qualitätsmanagementsysteme nach ISO 9001 eingeführt haben oder kurz vor der Einführung stehen, die Bedeutung der Schulung erkannt haben und deshalb in diesen Unternehmen mehr Beschäftigte geschult wurden.

Die durchschnittliche Dauer der *Betriebszugehörigkeit* (Zeile 6) der Mitarbeiter in den einzelnen Unternehmen lag zwischen 5 und 14 Jahren, daraus ergibt sich eine durchschnittliche Dauer der Betriebszugehörigkeit der Mitarbeiter aller untersuchten Unternehmen von 9 Jahren. Dies wird als relativ hoch eingeschätzt.

Der Anteil von Mitarbeitern mit einer abgeschlossenen Berufsausbildung ist bei fast allen Unternehmen hoch. Bei Mitarbeitern mit einem Fachhoch- oder Hochschulabschluß dominierten Ingenieure gegenüber den Kaufleuten. Im Untersuchungsfeld waren *Mitarbeiter mit einem Fachhoch- oder Hochschulabschluß* (Zeile 7) sehr unterschiedlich vertreten. Der Durchschnittswert betrug 5,7%, in einigen Unternehmen war der Anteil geringer (3,5%), in einem Unternehmen war der Anteil in bezug auf den Durchschnittswert größer (25%). Die hohe Anzahl an technischem Fachpersonal entspricht den hohen Anforderungen, „die im Maschinenbau an Konstruktions-, Planungs-, Kontroll- und Vertriebsleistungen gestellt werden" (VDMA 1996, S. 33).

Kriterium		**Ausprägungen**						
		1	**bis 10**	**bis 100**	**bis 200**	**bis 500**	**bis 1000**	**größer 1000**
1.	Auftragsvolumen pro Jahr (Anzahl)			**10%**	**10%**	**20%**	**30%**	**30%**
2.	durchschnittliche Auftragsgröße (Stückzahl pro Auftrag)	**23%**	**23%**	**38,6%**	**7,7%**		**7,7%**	
3.	durchschnittliche Losgröße	**16,7%**	**33,4%**	**33,4%**	**5,5%**		**5,5%**	**5,5%**
4.	Zahl der Varianten			**60%**	**10%**			**30%**
5.	Zahl der Zulieferer			**70%**	**30%**			
6.	durchschnittliche Anzahl von Teilen/Komponenten pro Produkt		**10%**	**40%**	**10%**	**10%**	**20%**	**10%**
7.	Erzeugnisstruktur	mehrteilige und komplexe Struktur			mehrteilige und einfache Struktur		geringteilig	
		66,7%			**25%**		**8,3%**	

Bild 3.4: Organisatorische Rahmendaten II

Das *Auftragsvolumen pro Jahr* (Bild 3.4, Zeile 1) betrug bei vier Unternehmen zwischen 100 bis 500 Aufträge pro Jahr und bei 6 Unternehmen von 500 bis 1000 und über 1000 Aufträge pro Jahr. Dabei lag fast die Hälfte aller Aufträge (23% + 23% = 46%) mit der *durchschnittlichen Auftragsgröße* (Zeile 2) pro Auftrag bei zwischen 1 und 10 Stück, also ein relativ großer Anteil von Aufträgen mit kleinen Stückzahlen. Bei nahezu der anderen Hälfte aller Aufträge (38,6% + 7,7% = 46,3%) umfaßte die Auftragsgröße ebenfalls nur 100 bis 200 Stück pro Auftrag. Nur 7,7% der Aufträge umfassten bis zu 1000 Stück pro Auftrag. Das bedeutet, daß die übergroße Mehrheit der Aufträge aus wenigen Stückzahlen besteht.

Die *durchschnittliche Losgröße* (Zeile 3) ist bei der Mehrheit der Unternehmen relativ gering. Immerhin 50,1% (16,7% + 33,4%) der Aufträge wurden in Losgröße 1 bis 10 hergestellt, was auf viele kundenspezifische Lösungen zurüchgeführt werden konnte. Ein ebenfalls relativ großer Anteil der Aufträge, nämlich 33,4%, wurden in Losgrößen bis zu 100 Stück pro Los hergestellt. Die *Zahl der Varianten* (Zeile 4) konnte ebenfalls als relativ hoch eingeschätzt werden. Sie betrug bei der Mehrheit der Unternehmen (70%) zwischen bis zu 100 und 200 Varianten eines Erzeugnisses. 30% der Unternehmen gaben sogar an, daß die Zahl ihrer Varianten größer als 1000 ist. Die *Zahl der Zulieferer* (Zeile 5) betrug bei 70% der Unternehmen bis zu 100 und bei 30% der Unternehmen bis zu 200.

Die *durchschnittliche Anzahl von Teilen bzw. Komponenten pro Produkt* (Zeile 6) gibt an, aus wievielen Einzelteilen die jeweiligen Produkte durchschnittlich zusammengesetzt sind. Die Anzahl der Teile pro Produkt schwanken bei den Unternehmen zwischen bis zu 10 Teilen pro Produkt (1 Unternehmen), bis zu 100 Teilen pro Produkt (4 Unternehmen), bis zu 200 Teilen pro Produkt (1 Unternehmen), bis zu 500 Teilen pro Produkt (1 Unternehmen), bis zu 1000 Teilen pro Produkt (2 Unternehmen) und sogar größer als 1000 Teile bzw. Komponenten pro Produkt bei einem Unternehmen. Dabei sind relative Unterschiede festzustellen, die sich auf die Kompliziertheit und Komplexität des Fertigungsprozesses der einzelnen Unternehmen auswirken und ihren Niederschlag auch bei der Angabe der *Erzeugnisstruktur* (Zeile 7) finden. Die befragten Unternehmen waren der Ansicht,

- daß 66,7% der Produkte mehrteilige und komplexe Erzeugnisse darstellen,
- daß 25% der Produkte über mehrteilige und einfache Strukturen verfügen und
- daß 8,3% der hergestellten Produkte geringteilig sind.

Der *Anteil völlig neu entwickelter Baugruppen* (Bild 3.5, Zeile 1) betrug bei 6 Unternehmen unter 5%. Bei einem Unternehmen betrug der Anteil völlig neu entwickelter Baugruppen bis zu 25% und drei Unternehmen gaben sogar an, daß der Anteil völlig neu entwickelter Baugruppen bis zu 40% beträgt.

Bei der Frage nach *Reklamationen innerhalb der Garantiezeit* (Zeile 2) gaben 90% der Unternehmen an, daß diese unter 5% liegen, 10% der Unternehmen gaben an, daß sie bis zu 25% der Aufträge betreffen. Die Angaben zum Anteil der *Reparaturen bezogen auf das Auftragsvolumen* (Zeile 3) waren identisch.

<table>
<tr><th colspan="2">Kriterium</th><th colspan="7">Ausprägungen</th></tr>
<tr><td colspan="2"></td><td>< 5%</td><td>bis 25%</td><td>bis 40%</td><td>bis 50%</td><td>bis 60%</td><td>bis 80%</td><td>> 80%</td></tr>
<tr><td>1.</td><td>Anteil völlig neuentwikkelter Teile/Baugruppen vom Auftragsvolumen</td><td>60%</td><td>10%</td><td>30%</td><td></td><td></td><td></td><td></td></tr>
<tr><td>2.</td><td>Reklamationen innerhalb der Garantiezeit bezogen auf Auftragsvolumen</td><td>90%</td><td>10%</td><td></td><td></td><td></td><td></td><td></td></tr>
<tr><td>3.</td><td>Reparaturen bezogen auf Auftragsvolumen</td><td>90%</td><td>10%</td><td></td><td></td><td></td><td></td><td></td></tr>
<tr><td rowspan="2">4.</td><td rowspan="2">Auftragsauslösungsart</td><td colspan="2">Produktion auf Bestellung mit Einzelaufträgen</td><td colspan="2">Produktion auf Bestellung mit Rahmenvertrag</td><td colspan="2">kundenanonyme Vorproduktion/kundenauftragsbezogene Endproduktion</td><td>Produktion auf Lager (Endprodukte)</td></tr>
<tr><td colspan="2">29,2%</td><td colspan="2">25%</td><td colspan="2">25%</td><td>20,8%</td></tr>
<tr><td rowspan="2">5.</td><td rowspan="2">viele Erzeugnisse bzw. Lösungen, gehen über den Stand der Technik hinaus</td><td colspan="4">ja</td><td colspan="3">nein</td></tr>
<tr><td colspan="4">80%</td><td colspan="3">20%</td></tr>
</table>

Bild 3.5: Organisatorische Rahmendaten III

Bei der Frage nach der *Auftragsauslösungsart* (Zeile 4) war festzustellen, daß nur 20,8% der Produktion auf Lager gefertigt wurde. 25% der Produktion stellten eine kundenanonyme Vorproduktion und daraus folgend eine kundenauftragsbezogene Endproduktion dar. 25% der Produktion der Unternehmen wurde durch Bestellungen aus Rahmenlieferverträgen ausgelöst. Immerhin noch 29,2% der Produktion erfolgte durch Bestellung mit Einzelaufträgen.

Bei der Frage, ob *viele Erzeugnisse über den Stand der Technik* (Zeile 5) hinausgehen, ergab sich, daß die Unternehmen einschätzen, daß 80% der Erzeugnisse dies tun. Selbst wenn man bei diesen Antworten einkalkuliert, daß die Angaben möglicherweise etwas über den realistischen Zahlen liegen, kann trotzdem eingeschätzt werden, daß das Innovationspotential der untersuchten Unternehmen als recht hoch einzuschätzen ist.

Die *Nachfrage* (Bild 3.6, Zeile 1) wurde nur bei zwei der befragten Unternehmen als gleichmäßig eingeschätzt, bei der Mehrheit der Unternehmen war die Nachfrage saisonal schwankend (3 Unternehmen) bzw. ungleichmäßig (5 Unternehmen). Die *Kundenänderungseinflüsse während der Fertigung* (Zeile 2) wurden nur bei einem Unternehmen als ‘im großem Umfang’ eingeschätzt, bei 6 Unternehmen kamen sie ‘gelegentlich’ vor, bei 3 Unternehmen waren sie ‘unbedeutend’.

	Kriterium	Ausprägungen			
1.	Nachfrage	gleichmäßig	saisonal schwankend	ungleichmäßig	
		20%	**30%**	**50%**	
2.	Kundenänderungseinflüsse während der Fertigung	im großen Umfang	gelegentlich	unbedeutend	
		10%	**60%**	**30%**	
3.	Organisation der Arbeitsplätze	Verrichtungsprinzip	Fließprinzip	Reihenprinzip	Inselprinzip
		47%	**5,9%** Montage	**11,8%**	**35,3%**
4.	Arbeitsstruktur	Job Rotation	Job Enlargement	Job Enrichement	Gruppenarbeit
		26,3%	**21,1%**	**21,1%**	**31,5%**

Bild 3.6: Organisatorische Rahmendaten IV

Die *Organisation der Arbeitsplätze* (Zeile 3) wurde mehrheitlich mit 47% als nach dem Verrichtungsprinzip organisiert angegeben. Das bedeutet, daß vergleichbare Arbeitssysteme, z.B. Fräserei, Dreherei, räumlich zusammenhängend angeordnet sind. Immerhin 35,3% der Fertigung erfolgte in Form einer Inselfertigung, d.h. der Zusammenstellung von Bearbeitungsmaschinen verschiedener Fertigungsverfahren. Bei 11,8% der Fertigung wurde im Reihenprinzip, also der Anordnung der Arbeitsplätze in der Reihenfolge der Mitwirkung an der Erzeugnisherstellung aber ohne direkte Bindung des Menschen an den Arbeitsplatz und damit Arbeitstakt, gearbeitet. Bei nur 5,9% der Fertigung (in diesem Fall in der Montage) wurde nach dem Fließprinzip mit zeitlicher Bindung des Menschen an den Arbeitsplatz und damit den Arbeitstakt, also am klassischen Fließband, gearbeitet.

Bei den Angaben zur *Arbeitsstruktur* (Zeile 4) ergab sich, daß an 26,3% der Arbeitsplätze Job Rotation, d.h. ein Wechsel von Arbeitsplätzen und Arbeitsaufgaben, durchgeführt wurde. Eine vorhanden Arbeitserweiterung durch die Zusammenlegung relativ gleichartiger Tätigkeiten zu umfangreicheren Arbeitszyklen (Job Enlargement) wurde mit 21,1%, eine Arbeitsbereicherung durch die Kombination verschiedener Anforderungen (Job Enrichement) wurde ebenfalls mit 21,1% angegeben. Der Anteil an (teil)autonomer Gruppenarbeit wurde durch die Unternehmen mit 31,5% angeben, wobei keine Untersuchung über den Grad der vorhandenen Autonomie der Arbeitsgruppen durchgeführt wurde.

3.3.2 Beurteilung der betrieblichen Flexibilität in den untersuchten Unternehmen

Im folgenden Kapitel werden Ergebnisse der Untersuchungen hinsichtlich der Bedeutung der einzelnen Gestaltungsfelder der betrieblichen Flexibilität dargestellt. Dabei wurden die Aussagen der Beschäftigten mittels dem im Kapitel 3.2.3.2 'Quantitative Inhaltsanalyse` vorgestellten Kategoriensystemen zur Beurteilung der Flexibilität in den untersuchten Unternehmen ausgewertet. Ziel war es dabei, die qualitativen Aussagen aus den Leitfadeninterviews zu quantifizieren, um die Flexibilität in den untersuchten Unternehmen zu bewerten.

Flexibilitätsforderungen an die Unternehmen

Nach der Auswertung der Flexibilitätsforderungen an die Unternehmen ergab sich, daß 97 Aussagen der Beschäftigten aus den Interviews den Flexibilitätsforderungen zugeordnet werden konnten. Als Resultat bedeutet dies, daß die übergroße Mehrheit der Forderungen (83,5%) nach Flexibilität an die Unternehmen durch Forderungen aus der Wettbewerbssituation bzw. als Kundenforderungen ausgelöst wurden (siehe Bild 3.7). Dabei fordern die Kunden z.B. kurze Lieferzeiten sowie variantenreiche und preisgünstige Produkte. Außerdem waren die Unternehmen von schnellen Veränderungen der Nachfrage und häufiger Veränderungen der Wettbewerbssituation betroffen. Dieses Ergebnis war im Vorfeld der Untersuchung vorhersehbar. Überraschend war die übergroße Deutlichkeit der Aussage.

Prozentual relativ unbedeutende Forderungen nach Flexibilität an das Unternehmen werden zu 8,2% durch Veränderungen am Beschaffungsmarkt ausgelöst. Das bedeutet z.B. Schwierigkeiten mit dem Lieferanten oder mit der Lieferqualität, Ausfall von Lieferungen oder Abweichungen von der zugesagten Lieferzeit. Relativ unbedeutend waren die Flexibilitätsforderungen an die Unternehmen, die sich durch

- Änderungen rechtlicher Rahmenbedingungen (4,1%),
- Betriebsmittel (2,1%)
- Organisationsmitglieder, d.h. alle Mitarbeiter des Unternehmens (2,1%)

ergaben.

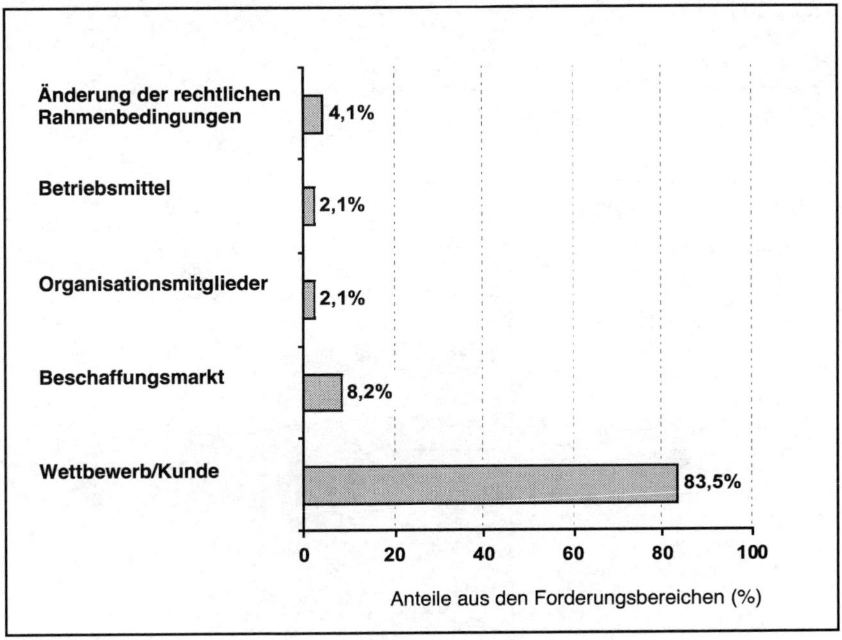

Bild 3.7: Flexibilitätsforderungen an die untersuchten Unternehmen (n=97)

Flexibilitätsreaktionen der Unternehmen

Für den Bereich der Flexibilitätsreaktionen der Unternehmen in den einzelnen Gestaltungsfeldern auf die internen und externen Forderungen nach Flexibilität wurden insgesamt 362 Aussagen aus den Interviews den einzelnen Gestaltungsbereichen der Flexibilität zugeordnet. Dabei ergab sich die in Bild 3.8 dargestellte Verteilung.

Die bei der Verteilung am häufigsten genannten Bereiche sind die Flexibilität der Unternehmensorganisation (27,1%) und der Produktionsorganisation (26,2%). Die Gestaltungsbereiche Flexibilität der Arbeitsorganisation (20,5%) und Flexibilität der Beschäftigten bei Veränderung der Arbeitszeit und der Arbeitsaufgaben (17,7%) sind die am nächst häufigsten genannten Gestaltungsbereiche. Zu den Bereichen Flexibilität der Personalorganisation (5,2%)

und Flexibilität der funktionalen Einheiten (3,3%) wurden relativ wenige Nennungen zugeordnet.

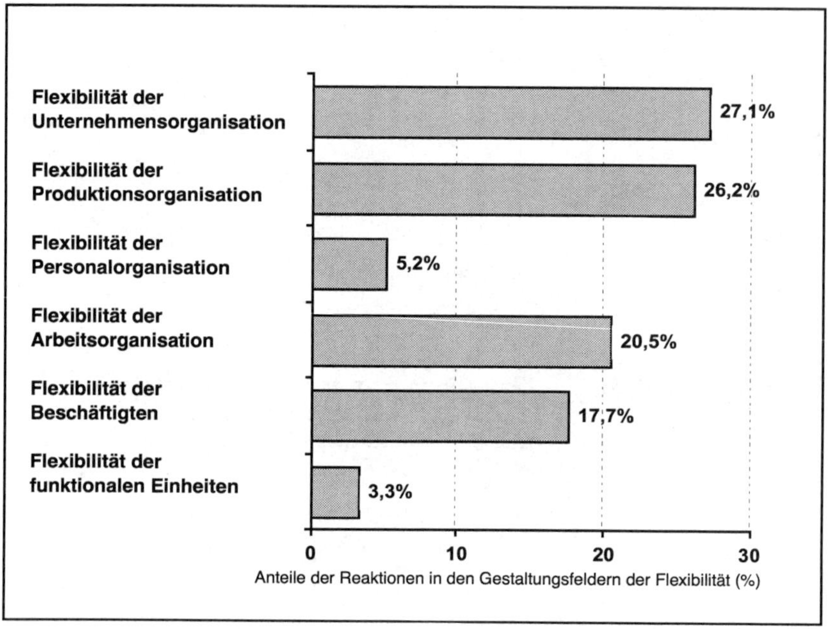

Bild 3.8: Anteile der Flexibilitätsreaktionen durch die Unternehmen (n=362)

Im folgenden Abschnitt werden die Reaktionsmöglichkeiten der einzelnen Gestaltungsbereiche genauer beschrieben. Die genannten Beispiele sollen beispielhaft zur Verdeutlichung der beschriebenen Sachverhalte dienen.

Bei der Interpretation des Ergebnisses von 5,2% der Nennungen für den Bereich *Flexibilität als Eigenschaft der Personalorganisation* kann festgestellt werden, daß einerseits die Unternehmen die ihnen bekannten Möglichkeiten der Personalorganisation (z.B. Aus- und Weiterbildung der Mitarbeiter hinsichtlich Fachkompetenz, flexibler Personaleinsatz, breites Mitarbeiterspektrum) bereits erfolgreich nutzen und daß andererseits viele Möglichkeiten in den untersuchten Unternehmen nicht bekannt sind (z.B. Weiterbildung hinsichtlich Sozialkompetenz, Benennung von Stellvertretern, Aufstellung von Qualifikationsplänen für alle Mitarbeiter, Nutzung von Möglichkeiten der kurzfristigen Personalbeschaffung). Demzufolge werden sie von den Unternehmen auch nicht als Möglichkeiten der Flexibilitätsreaktion angesehen. Deshalb besteht aus Sicht der Unternehmen im Bereich der Flexibilität der Personalorganisation keine Notwendigkeit zur verstärkten Initiierung von Maßnahmen.

Für den Bereich der *Flexibilität als Eigenschaft der funktionalen Einheiten* bedeutet das Ergebnis von 3,3% der Nennungen, daß die Möglichkeiten der Schaffung von Flexibilität in den Unternehmen durch die Anschaffung neuer Maschinen und Anlagen inzwischen als begrenzt angesehen wird. Diese Möglichkeit wurde bisher immer als erste Alternative gesehen, sie hat inzwischen aber ihre Grenzen erreicht.

Die Bereiche *Flexibilität als Eigenschaft der Unternehmensorganisation* (27,1%) und *Flexibilität als Eigenschaft der Produktionsorganisation* (26,2%) konnten bei der Auszählung der Interviewaussagen am häufigsten zugeordnet werden. Dieses Ergebnis wird dahingehend interpretiert, daß die Unternehmen am häufigsten mit Maßnahmen in Unternehmensorganisation und Produktionsorganisation auf Flexibilitätsforderungen reagieren. Reaktionen sind z.B. die Anwendung von Mangementtechniken, vor allem Management by walking about (Hindle & Sadler 1994, S. 194), die Flexibilisierung der Organisation durch Bildung von kleinen Organisationseinheiten aus mehreren Personen, die parallele Aufgabenbearbeitung in Konstruktion und Fertigung sowie flexible Qualitätsmanagementsysteme. Die folgenden Aussagen sind einige Beispiele der gegebenen Antworten aus den Interviews, die das Gesagte verdeutlichen:

- *"Dem Wettbewerb immer eine Nasenspitze voraus."*
- *„Qualität kann man nicht nur im QM-Handbuch niederschreiben. ... Qualität muß täglich mit Leben erfüllt werden."*
- *"Jedes Jahr bringen wir eine Typenverbesserung oder eine Variante mit einer Motoränderung oder Leistungsstärkung ... auf den Markt"* .
- *"Ich setze eine hohe Qualifikation der Mitarbeiter voraus und gebe ihnen eine gewisse Bandbreite, sich kreativ zu entfalten."*
- *„...alles was einfach ist, machen die anderen."*

Die Maßnahmen zur *Flexibilität als Eigenschaft der Produktionsorganisation* wurden von den Interviewpartnern ebenfalls als relativ wichtig empfunden. Das bedeutet, daß die Optimierung der Produktion durch Maßnahmen zur Erhöhung der Produktivität, zur Anpassung von Kapazitäten und eine optimierte Werkstattplanung und -steuerung im Vordergrund stehen. Wichtig ist dabei die Wirtschaftlichkeit der Produktion. Das kann konkret z.B. durch die Zusammenfassung artverwandter Produkte, die Anpassung von Kapazität und Auslastung, ein relativ frühes Einbauen der Kundenanforderungen in den Produktionsplan, die Vorfertigung von Einzelteilen und Baugruppen auf Lager, eine Trennung von Sonderkonstruktion und normalem Fertigungsablauf und die Steuerung durch interne Kanban-Systeme geschehen.

Im Bereich der *Flexibilität als Eigenschaft der Arbeitsorganisation* als Reaktionsmöglichkeiten auf die Forderungen nach Flexibilität erfolgte ebenfalls ein relativ großer Teil (20,5%) der Nennungen. Dabei wurden die realisierten Möglichkeiten vor allem in der Gestaltung der Arbeitsaufgaben, der Entscheidungsstrukturen, Kooperationsbeziehungen und der Arbeitsstrukturierung gesehen. Das bedeutet konkret die ständige Information und Einbeziehung der betroffenen Mitarbeiter, z.B. bei der Einführung neuer Fertigungsunterlagen, die Selbstprüfung der Mitarbeiter in der Fertigung, regelmäßige Abteilungsbesprechungen, die Möglichkeit der Arbeitszeitverlängerung bei dringenden Kundenaufträgen oder die eigenverantwortliche Verteilung der Prüfaufträge durch die Mitarbeiter. Bei der Auswertung der Interviews zeigte sich, daß die Möglichkeit der flexiblen Arbeitsorganisation z.B. durch transparente Kooperations- und Kommunikationsstrukturen, eine transparente Aufgabenverteilung mit Stellenbeschreibungen und definierte Entscheidungskompetenzen nicht in allen Unternehmen gleich gut realisiert wurde.

Im Bereich der *Flexibilität der Beschäftigten bei Veränderungen der Arbeitszeit und der Arbeitsaufgaben* kann festgestellt werden, daß die Beschäftigten relativ flexibel und gut qualifiziert sind, um den Anforderungen nach Flexibilität gerecht zu werden. 17,7% der Aussagen aus den Interviews konnten diesem Bereich zugeordnet werden. Daraus wird geschlußfolgert, daß die Beschäftigten so qualifiziert sind, daß sie auf neue Anforderungen aus veränderten Arbeitsaufgaben, veränderter Aufgabenkomplexität oder notwendigen Handlungen flexibel reagieren können. Wichtige Elemente für die vorhandene Flexibilität waren dabei das vorhandene, langjährig erworbene Wissen der Mitarbeiter, eine Flexibilität bei der Reihenfolge der zu erledigenden Aufgaben, die Qualifikation der Mitarbeiter zur Beherrschung mehrerer Technologien, das Einstellen auf wechselnde Anforderungen und die Lösung von Problemen durch die Befragung langjähriger, altbewährter Mitarbeiter. Es wurden bereits Regelungen für flexible Arbeitszeiten geschaffen, die bei den Beschäftigten

Akzeptanz fanden, so daß dahingehend kein weiterer vordringlicher Handlungsbedarf bzw. keine Handlungsmöglichkeit gesehen wird.

Bei der Detailanalyse im Modellunternehmen wurde die Bedeutung der einzelnen Bereiche für diese Unternehmen mit Hilfe eines Flexibilitätsfragebogens (siehe Kapitel 3.4.1) noch einmal detailliert analysiert. Die Ergebnisse, auch zu Verstehen als Vergleich zu den Ergebnissen über alle Unternehmen, sind in Kapitel 3.5.1 dargestellt.

3.3.3 Arbeitsorganisatorische Rahmenbedingungen als Voraussetzung für die vorhandene Flexibilität

Aufbau- und Ablauforganisation

Die Aufbauorganisation in den untersuchten Unternehmen war durch wenige Hierarchieebenen gekennzeichnet und kann als schlank bezeichnet werden. In Abhängigkeit von der Beschäftigtenzahl waren drei bis vier Hierarchieebenen vorhanden. Dabei handelte es sich um eine ausführende Ebene, eine Ebene der Funktionsbereichsleitung und eine Ebene der Unternehmensleitung, die bei den größeren der mittleren Unternehmen noch um eine kaufmännische und technische Leitung ergänzt wurde. Auffallend war dabei die Verteilung der Management- und Leitungsaufgaben auf wenige Beschäftigte, die durch ihr übergreifendes Wissen flexibel reagieren konnten. Der Flexibilitätsaspekt, der durch flache Hierarchien und wenige Beschäftigte in den einzelnen Ebenen gekennzeichnet ist, war durch einen schnelleren, problemloseren Informationsfluß zwischen den Beschäftigten gekennzeichnet.

Bei allen Unternehmen war die Aufbauorganisation funktional gegliedert. Die damit verbundenen Nachteile wurden durch eine Personalunion bei Leitungsaufgaben und funktionsbereichsübergreifende Kooperationsstrukturen ausgeglichen. In allen Unternehmen erfolgte die Leitung einzelner Funktionsbereiche und die Durchführung bestimmter Prozesse häufig durch wenige Personen und z.T. in Personalunion. Negativer Aspekt der Erledigung der Aufgaben in Personalunion war die in allen Unternehmen anzutreffende Überlastung dieser Beschäftigten.

Diese beispielhaft genannte Zusammenfassung von Aufgaben wurde ergänzt durch eine funktionsbereichsübergreifende Kooperation bei der Planung zeitlich und inhaltlich voneinander abhängiger Aufträge. Sie diente dazu, die Forderungen der Kunden, z.B. nach Flexibilität und kurzen Lieferzeiten durch eine Flexibilisierung und Parallelisierung der Auftragsbearbeitung umzusetzen. Diese abteilungs- und auftragsübergreifende Kooperation geschah meist für fertigungsvorgelagerte Aufgaben und fand vor allem bei der Marktbeobachtung, Produktionsprogrammplanung, Angebotsabwicklung, Vertragsprüfung und Produktdefinition statt. Für die Angebotsabwicklung bedeutete das exemplarisch, daß Kundenaufträgen für Varianten und Produktneuentwicklungen in der Regel eine Angebotsphase vorausging. Die Angebote beinhalteten kaufmännische und technische Aspekte, die miteinander im Einklang stehen müssen. Für das Unternehmen war damit in der Regel eine Erweiterung des Produktionsprogrammes verbunden, die nach Möglichkeit mit allen betroffenen Funktionsbereichen, wie z.B. Vertrieb, Entwicklung und Fertigung abgestimmt wurde. Zunehmend flossen in die unternehmensinternen Abstimmungen – neben den finanziellen und fertigungstechnischen Aspekten – auch Fragen wie die Standardisierung von Rohmaterial, Halbzeugen und Kaufteilen sowie die Bildung von Baukastensystemen mit ein, um die Anzahl der Material- und Artikelposten zu reduzieren oder nicht weiter zu erhöhen. Aus diesem Grund wurden in einem Unternehmen, das kundenspezifische Kugel- und Wälzlager herstellt, alle Wiederholaufträge vom Vertriebs- und Konstruktionsleiter geprüft.

Die Auftragsplanung und -steuerung erfolgte in der Regel anhand zentral erstellter Vorgaben, die dezentral und flexibel umgesetzt wurden. Hierbei waren dezentrale Fertigungssteuerungen mit Terminjäger und Leitstand sowie dezentrale Werkstattsteuerungen zu gleichen Teilen in den untersuchten Unternehmen vertreten. Eine zentrale Fertigungssteuerung war in keinem Unternehmen anzutreffen.

In zwei Unternehmen wurde zum Ausdruck gebracht, daß in der Fertigung die Arbeitsorganisationsform Gruppenarbeit vorhanden ist. Der Autonomiegrad der Gruppen wurde nicht durch weitere Untersuchungen explizit überprüft. Insgesamt konnte aber für alle Unternehmen festgestellt werden, daß die Beschäftigten in der Regel in Gruppen arbeiteten oder eine qualifizierte Einzelarbeit ausübten, die in interne Kooperationsbeziehungen eingebunden war.

Die Arbeit dieses technischen Fachpersonals wies häufig eine ganzheitliche und vollständige Aufgabenstruktur auf. Dazu gehörten abwechslungsreiche und sinnvolle Tätigkeiten, eine selbständige und eigenverantwortliche

Durchführung der Tätigkeiten sowie umfangreiche Kommunikations- und Informationsmöglichkeiten am Arbeitsplatz.

Eine Flexibilitätserhöhung als Reaktion z.B. auf Störungen und kurzfristige Änderungen des Auftragsinhaltes wurde durch Gruppenarbeit und durch die Integration vor- oder nachgelagerter Tätigkeiten (z.B. Prüftätigkeiten) in den Arbeitsablauf erzielt. Dabei wurde eine Flexibilität der Beschäftigten bei der Erledigung verschiedenartiger Arbeitsaufgaben (Arbeitsaufgabenflexibilität) realisiert. Die vorgefundene Bereitschaft zur Veränderung resultierte oft aus einer starken Bindung der Beschäftigten an das Unternehmen, eine damit verbundene gemeinsame Vergangenheit in guten wie in weniger guten Zeiten und die daraus resultierende Einsicht in unternehmenbedingte Notwendigkeiten.

Kommunikations-, Kooperations- und Entscheidungsstrukturen

Die Kommunikations- und Kooperationsstrukturen waren umfangreich und komplex. Sie gingen häufig über den für die direkte Aufgaben- und Auftragsbearbeitung erforderlichen Informationsaustausch hinaus. Die Größe der Unternehmen ermöglichte Management und Beschäftigten die Kenntnis ihrer Ansprechpartner aus den verschiedenen Hierarchie- und Funktionsbereichen. Im Bedarfsfall wurde direkt verbal und ohne formale Wege auf den erforderlichen Ansprechpartner zugegangen, was die notwendige Flexibilität sicherstellte.

Die leitenden Beschäftigten (Unternehmensleiter, Geschäftsführer, technische und kaufmännische Leiter, Meister) legten großen Wert auf Präsenz und Ansprechbarkeit und unterstützten diese, indem sie zum Teil mehrmals täglich durch die verschiedenen Unternehmensbereiche gingen. Durch dieses „Management by walking about oder wandering around" (Hindle & Sadler 1994, S. 194) verschafften Sie sich ein Bild von der aktuellen Situation, indem sie sich umschauten sowie Beschäftigte ansprachen bzw. von ihnen angesprochen wurden. Durch den auf diese Weise gewonnenen und laufend an die aktuelle Entwicklung angepaßten Überblick schufen sich die leitenden Beschäftigten Entscheidungsgrundlagen, die es ihnen ermöglichten 'vor Ort' flexibel und unbürokratisch zu entscheiden. Ein Kennzeichen dieser Entscheidungen war, daß sie auf einer so gewonnenen breiten Informationsbasis beruhten.

Allerdings entwickelten sich in in einem Drittel der untersuchten Unternehmen die Kommunikations- und Kooperationsstrukturen nicht zusammen mit der steigenden Beschäftigtenzahl weiter. Das Problem bestand darin, daß das ursprüngliche 'Zurufprinzip' nicht mehr ausreicht, d.h. nicht alle Beschäftigten bekommen immer die Informationen, die sie benötigen. Es besteht zwar eine Holschuld, aber es ist nicht immer klar, welche Informationen bei wem zu holen sind. Diese Problematik gilt vor allem bei sich kurzfristig ändernden Situationen z.B. im Rahmen der Auftragsbearbeitung. Dies bewirkte zwei negativ zu bewertende Effekte:

1. Die Aufgabenbearbeitung erfolgte auf einer falschen bzw. nicht mehr zutreffenden Informationsbasis und es mußte nachgearbeitet oder neu bearbeitet werden.
2. Die Beschäftigten versuchten, sich mit einem unter Umständen hohen Zeitaufwand die erforderlichen Informationen zu beschaffen.

Neuen Mitarbeitern fiel es dabei z.T schwer, langjährige Kommunikations- und Kooperationsstrukturen zu durchschauen, da eine Einarbeitung oder formale Festlegung der Strukturen oft unterblieb oder nicht vorhanden war.

3.3.4 Beurteilung der Prozesse der Auftragsbearbeitung in den untersuchten Unternehmen

Im folgenden Kapitel werden Ergebnisse der Untersuchungen hinsichtlich der Unternehmensprozesse und deren Parameter dargestellt. Dabei wurden die Aussagen der Beschäftigten mittels dem im Kapitel 3.2.3.2 'Quantitative Inhaltsanalyse` vorgestellten Kategoriensystem zur Beurteilung der Prozesse in den untersuchten Unternehmen ausgewertet. Ziel war es dabei, die qualititiven Aussagen aus den Leitfadeninterviews zu quantifizieren, um Prozeßqualität und Beziehungen zu anderen Prozessen zu erhalten.

Ergebnisse der Auswertung über alle Prozesse

Im Bild 3.9 sind die Ergebnisse der Beurteilung der Prozesse dargestellt. Zur Beurteilung der Ergebnisse wird definiert, daß eine Häufung von positiven oder negativen Beurteilungen durch die Beschäftigten bei einem Merkmal eines Prozesses als ein für diesen Prozeß besonders wichtiges Merkmal eingeschätzt werden kann. Aus dieser Beurteilung wurden für die untersuchten

Unternehmen Prozesse herausgefiltert, die bei einer Flexibilisierung vorrangig zu betrachten sind, da sie als für das Unternehmen wichtig eingestuft wurden.

Als besonders wichtige Prozesse in den untersuchten Unternehmen können wegen der Häufigkeit der Nennungen die folgenden Prozesse

- Produktdefinition (17,8% aller Nennungen),
- Beschaffung (14,5% aller Nennungen),
- Produkterstellung (14,5% aller Nennungen) und
- Produktionsplanung und -steuerung (12,5% aller Nennungen)

eingestuft werden. Diese vier Prozesse vereinigen insgesamt 59,3% der Nennungen aufeinander.

Haupt- und Serviceprozesse	**Prozeßqualität**		**Prozeß-beziehungen**			
	positiv	**negativ**	**positiv**	**negativ**	**Gesamt:**	
Produktneuentwicklung	20	6	8	0	34	9,5 %
Angebotsabwicklung	13	7	4	3	27	7,5 %
Auftragsabwicklung	1	0	5	2	8	2,2 %
Produktdefinition	24	22	16	2	64	**17,8 %**
Produktionsplanung und -steuerung	14	20	5	6	45	**12,5 %**
Beschaffung	15	27	4	6	52	**14,5 %**
Produktionslogistik	5	1	0	0	6	1,7 %
Produkterstellung	27	7	10	8	52	**14,5 %**
Prüfung	13	6	7	2	28	7,8 %
Versand	4	3	1	0	8	2,2 %
Kundenbetreuung	18	8	4	5	35	9,7 %
Summen:	**154**	**107**	**64**	**34**		
	261		**98**		**359**	**100%**

Bild 3.9: Verteilung der positiven und negativen Beurteilungen für alle Prozesse (n=359)

Relativ wenige Nennungen konnten den anderen Prozessen zugeordnet werden. Dieses Ergebnis wird so interpretiert, daß diese Prozesse in den untersuchten Unternehmen mit weniger positiven oder negativen Beurteilungen behaftet sind, da sie weniger der Notwendigkeit unterliegen, besonders flexibel zu sein. Wenn einzelne Prozesse bei einzelnen Parametern keine Nennungen aufweisen, dann sind die Ursachen darin zu sehen, daß für die befragten Beschäftigten diese Prozesse nicht markant positiv oder negativ behaftet sind und deshalb keine Nennungen zugeordnet wurden.

Die geringe Anzahl der Nennungen beim Prozeß der Auftragsabwicklung wurde im Vorfeld so vermutet, da die befragten Beschäftigten die positiven und negativen Beurteilungen den Serviceprozessen (im Bild 3.9 eingerückt), wie z.B. der Produktdefinition oder der Produkterstellung, zuordneten und nicht dem übergreifenden Hauptprozeß der Auftragsabwicklung.

Ergebnisse der Auswertung für einzelne Prozesse

Die o.g. Prozesse Produktdefinition, Beschaffung, Produkterstellung und Produktionsplanung und -steuerung wurden als besonders wichtig bzw. relevant für die Beschäftigten und damit für das Unternehmen identifiziert. Parallel zur Auszählung der Beurteilungen erfolgte die Analyse aller Interviewaufzeichnungen, um die ermittelten Ergebnisse dadurch zu überprüfen und Beispiele herauszusuchen. Im folgenden Text werden die Beispiele aus den Interviews zur Verdeutlichung des beschriebenen Sachverhaltes hinzugezogen. Die Prozentangaben der positiven und negativen Beurteilungen beziehen sich im folgenden Text auf die Summe der Nennungen für die einzelnen Prozesse. Die Summe ist dabei jeweils mit z.B. n=64 angegeben.

Produktdefinition

Der Prozeß Produktdefinition (siehe Bild 3.10) erhielt in der Summe die häufigsten Nennungen. Dabei ist die besondere Stärke des Prozesses (25% positive Beurteilungen) eine gute Beurteilung der Beziehungen zu anderen Prozessen. Beispiele dafür sind Teams zwischen Vertrieb, Entwicklung und Fertigung zur Produktdefinition, überlappende Konstruktion und Entwicklung, die Existenz von parallelen Abläufen zwischen Konstruktion und Fertigung sowie die Durchführung von Besprechungen im Vorfeld gemeinsam durch Konstruktion und Fertigung.

Bei der Beurteilung der Prozeßqualität gab es relativ viele positive (37,5%) und relativ viele negative (34,4%) Beurteilungen. Beispiele für positive Beurteilungen sind ein „lebendes Pflichtenheft" oder die Zuweisung der Verantwortung für die Entwicklung an ein Team. Beispiele für negative Beurteilungen bestehen z.B. in einem meist großen Bauteilspektrum, dem Spezialistentum in der Entwicklungsabteilung oder der teilweise fehlenden Dokumentation der Produktentwicklung.

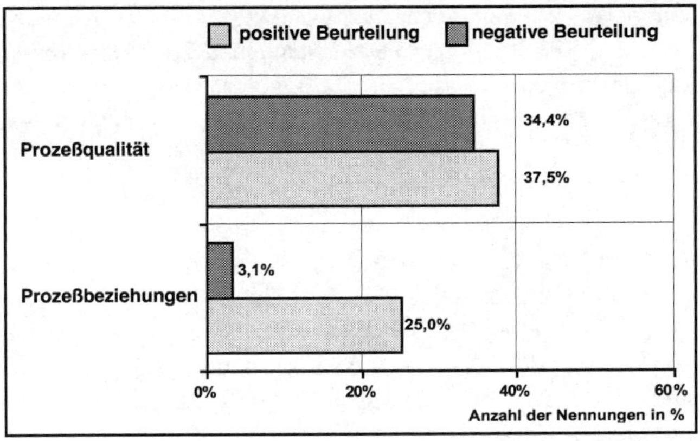

Bild 3.10: Produktdefinition (n=64)

Beschaffung

Bei der Betrachtung des Prozesses Beschaffung (siehe Bild 3.11) in den untersuchten Unternehmen zeigte sich, daß relativ viele negative Beurteilungen bezüglich der Prozeßqualität (52,0%) die Beschaffung betrafen.

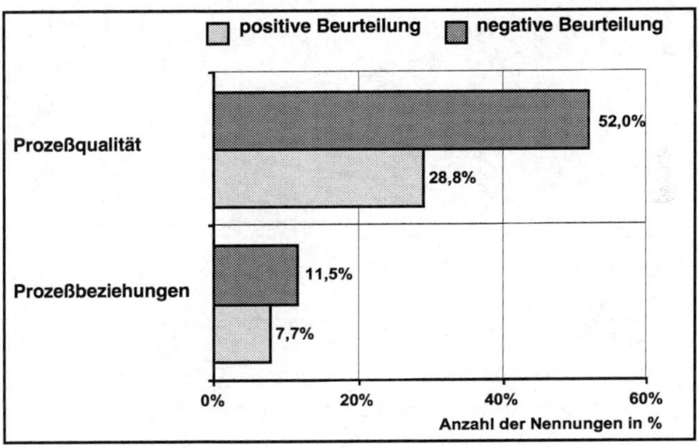

Bild 3.11: Beschaffung (n=52)

Als Beispiele für negative Beurteilungen wurden zu spätes Erkennen des vorhandenen Materialbestandes und des Materialbedarfs genannt, aber auch die teilweise zu niedrigen Materialbestände, Zeitverzögerungen bei Lieferungen, die nicht eingeplant wurden oder unzureichende Verfolgung fehlender Zukaufteile durch den Einkauf. Positive Beurteilungen (28,8%) der Prozeßqualität des Beschaffungsprozesses resultierten z.B. aus der Nutzung der langjährigen Erfahrung bei der Materialbeschaffung oder Rahmenverträgen mit Lieferanten.

Produkterstellung

Der Prozeß Produkterstellung (siehe Bild 3.12) zeigte eine deutliche positive Beurteilung der Prozeßqualität (52,0%). Beispiele für Möglichkeiten zur Verbesserung der vorhandenen Prozeßqualität bestanden durch Gruppenarbeit in der Fertigung mit der Einteilung der Arbeitszeit je nach Auftragsvolumen, vielfältig vorhandener Erfahrungen der Beschäftigten in der Fertigung sowie Werker-Selbstprüfung der Teile.

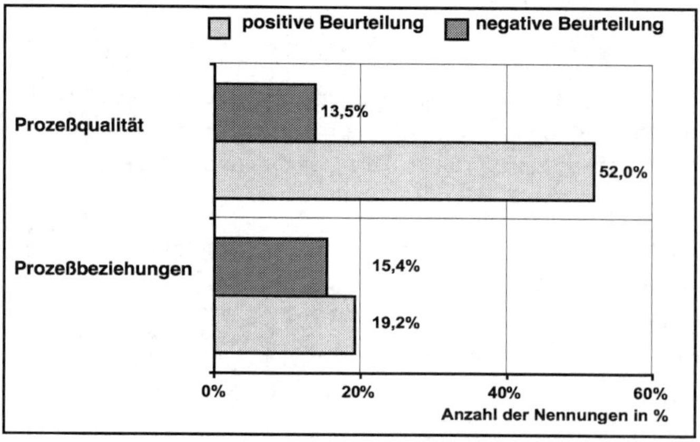

Bild 3.12: Produkterstellung (n=54)

Produktionsplanung und -steuerung

Der Prozeß der Produktionsplanung und -steuerung (siehe Bild 3.13) zeigte in den untersuchten Unternehmen eine teilweise negative (44,5%) und teilweise positive (31,1%) Beurteilung der Prozeßqualität. Dabei bezogen sich die negativen Beurteilungen z.B. auf einen hohen Umdispositionsaufwand, unzureichende Informationen bei Verzögerungen im Ablauf der Materialbeschaffung oder zu spätes Auslösen von Fertigungsaufträgen.

Die Effektivität des Prozesses Produktionsplanung und -steuerung litt z.B. an einer fehlenden Transparenz des Fertigungsfortschritts oder einer fehlenden Kapazitätsplanung in der Fertigung. Positive Beurteilungen hatten ihre Ursachen z.B. in der dezentralen Umsetzung zentral erstellter Vorgaben, der Flexibilität durch alternative Arbeitspläne für die meisten Teile bei belegten Maschinen und der Bearbeitung der Fertigungsaufträge nach dem Prinzip „Muß – Soll – Kann“.

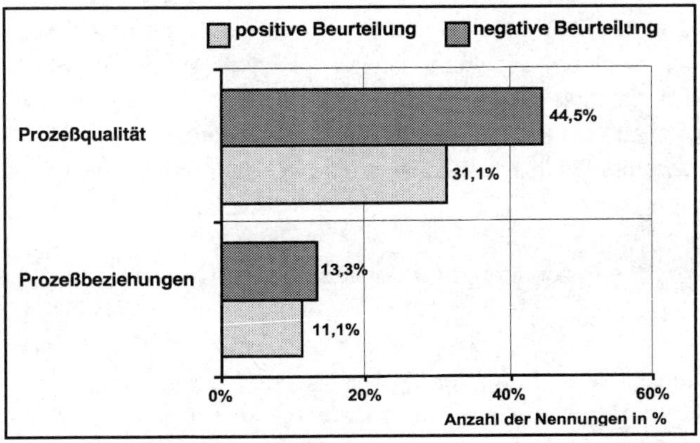

Bild 3.13: Produktionsplanung und -steuerung (n=45)

Resümee

Das Ziel der Untersuchungen, Prozesse mit einem erhöhten Gestaltungsbedarf herauszufinden, um anhand dieser Prozesse das flexible Qualitätsmanagementsystem zu konzipieren und umzusetzen, kann unter Nutzung der Prozesse Produktdefinition, Beschaffung, Produkterstellung und Produktionsplanung und -steuerung erreicht werden. Dies geschieht anhand der ausgewählten Prozesse

- in einer zweiten Phase, der Detailanalyse, und
- in einer dritten Phase, der Phase der Begleitung eines Unternehmens bei der Umsetzung,

im Modellunternehmen.

3.4 Untersuchungsansatz der Detailanalyse

3.4.1 Erfassung der vorhandenen Flexibilität und Auswertung

Die im Unternehmen vorhandene betriebliche Flexibilität sollte mit Hilfe einer schriftlichen Befragung ermittelt werden. Dabei wurde überprüft, inwieweit die im Theoriekapitel 2.3.2.2 'Gestaltungsfelder der betrieblichen Flexibilität' erstellten und durch die qualitative Inhaltsanalyse ausgewerteten Gestaltungsfelder der Flexibilität im Modellunternehmen relevant waren und wo ein Bedarf an Flexibilität bestand. Die Aufarbeitung der Literatur zum Thema kleine und mittlere Unternehmen bestätigte, daß für diese Unternehmen des Maschinen- und Anlagenbaus die Ermittlung der vorhandenen betrieblichen Flexibilität und die Ableitung des Flexibilitätsbedarfes eine besondere Rolle spielt.

Entwicklung des Flexibilitätsfragebogens

Grundlage der Entwicklung der Fragebögen zur Ermittlung der vorhandenen betrieblichen Flexibilität und des Flexibilitätsbedarfes im Unternehmen waren die bereits vorgestellten Gestaltungsfelder (siehe Kapitel 2.3.2.2). Aus diesen Gestaltungsfeldern wurden die wichtigsten Merkmale bzw. möglichen Maßnahmen entnommen und zu einzelnen Fragebögen verdichtet. Um die Anzahl der Fragebögen zu reduzieren, wurden die Fragen zur Flexibilität der Beschäftigten bei Veränderungen der Arbeitszeit und der Arbeitsaufgaben zu einem Fragebogen zusammengefaßt.

Es wurden Fragebögen zur
- Flexibilität der Unternehmensorganisation,
- Flexibilität der Produktionsorganisation,
- Flexibilität der Personalorganisation,
- Flexibilität der Arbeitsorganisation,
- Flexibilität der Beschäftigten bei Veränderungen der Arbeitszeit und der Arbeitsaufgaben sowie
- Flexibilität der Betriebsmittel.

entwickelt. Die Fragebögen befinden sich vollständig im Anhang G.

Einsatz der Flexibilitätsfragebögen

Die Fragebögen wurden für Einzel- und Gruppeninterviews mit Beschäftigten aus mehreren Funktionsbereichen im Modellunternehmen eingesetzt. Die beteiligten Beschäftigten verfügten über Kenntnisse aus den Bereichen der Unternehmens-, Produktions-, Personal- und Arbeitsorganisation. Die Zeit für die Durchführung lag zwischen 90 und 120 Minuten.

Gewichtung der Fragen

Die Fragebögen wurden so gestaltet, daß der Ausfüllende die einzelnen Fragen innerhalb der Fragenbereiche als erstes gewichten soll. So sollte gewährleistet werden, daß die Problematik der optimalen Flexibilität gelöst werden kann. Dabei wird dem Ausfüllenden nicht vorgeschrieben, welcher Grad an Flexibilität für die einzelnen Bereiche vorhanden sein muß, sondern es wird vielmehr ein Spektrum an Flexibilisierungsmöglichkeiten aufgezeigt, deren Vorhandensein und Notwendigkeit der Schaffung beurteilt werden kann. Die hier vorgestellten Fragebögen wurden nach einen Pre-Test in einem Modellunternehmen angepaßt und in die vorliegende Form verändert.

Für die Gewichtung boten sich die Möglichkeit des paarweisen Vergleiches an (Schneider-Winden 1992, S. 106ff.). Damit jeder einzelne Interviewpartner seine Meinung unbeeinflußt zum Ausdruck bringen konnte, war es zweckmäßig, daß jeder Einzelne den paarweisen Vergleich für sich allein durchführt. Die einzelnen Gewichtungen liesen sich dann leicht durch Addition zu einer Gruppenmeinung zusammenfügen. Bei einer extremen Streuung ist es sinnvoll, das Ergebnis zu analysieren und zu diskutieren, um eventuelle Mißverständnisse und Wissenslücken aufzuklären.

Beurteilung der Flexibilität

Die Beurteilung der Flexibilität als Antwort auf die gestellte Frage erfolgte anhand einer vierstufigen Skala (ja, eher ja, eher nein, nein), der die Werte p= 2, 1, -1 und -2 zugeordnet waren. Während des Interviews geäußerte Verbesserungsvorschläge wurden in der Spalte „Mögliche Maßnahmen“ erfaßt und teilweise mit Terminen und Verantwortlichkeiten versehen.

Auswertung der Beurteilung

Die Auswertung der Beurteilungen hatte das Ziel, die Notwendigkeit von Maßnahmen aufzuzeigen. Dies kann für einzelne Fragen oder für die Fragenbereiche insgesamt geschehen. Mit der folgenden Formel wird aus den einzelnen Gewichtungen g und Beurteilungen p eine Wertigkeit ermittelt:

$$W = \frac{\Sigma(g \times p)}{\Sigma g \times p_{max}} = \frac{\Sigma(g \times p)}{1 \times 2}$$

Legende:

g	=	Gewichtung
Σg	=	1
p	=	Beurteilung
p_{max}	=	Höchstmögliche Beurteilungspunktzahl ($p_{max} = 2$)

Die Wertigkeit stellte ein Maß für den Handlungsbedarf, d.h. für den Umfang einzuleitender Maßnahmen, dar. Die Erfordernis für Maßnahmen kann aus den folgenden Grenzwerten abgeleitet werden. Dabei wurden die Grenzwerte auf Grund der betrieblichen Erfahrungen festgelegt.

- Liegt die Wertigkeit unter 0,2 bedeutet das eine unbefriedigende Beurteilung, da nur 20% der möglichen Maßnahmen zur Flexibilität umgesetzt wurden. Es sind umfangreiche Maßnahmen notwendig.
- Liegt die Wertigkeit zwischen 0,6 und 0,2 bedeutet das eine relativ gute Beurteilung. Es sind trotzdem einzelne gezielte Maßnahmen notwendig.
- Liegt die Wertigkeit über oder gleich 0,60 bedeutet das eine sehr gute Beurteilung, da mindestens 60% der möglichen Maßnahmen zur Erlangung der betrieblichen Flexibilität erreicht wurden. Es besteht nur noch geringer Handlungsbedarf.

Durch die Anwendung der Fragebögen wird der Flexibilitätsbedarf für die einzelnen Gestaltungsfelder der Flexibilität deutlich. Daraus können dann notwendige Maßnahmen abgeleitet werden.

3.4.2 Beurteilung der Arbeitssituation durch die Beschäftigten

Im Rahmen der Leitfadeninterviews zur Erfassung und Bewertung der Aufgabenbearbeitung äußerten die Beschäftigten Einschätzungen zu ihrer Arbeitssituation. Es stellten sich die Fragen,

- inwieweit die anderen Beschäftigten der Modellunternehmen diese Einschätzungen der Arbeitssituation teilen und
- inwieweit ein Bedarf zur Verbesserung der Zufriedenheit besteht.

Im Hinblick auf die Konzeption und Gestaltung des flexiblen Qualitätsmanagementsystems war es erforderlich, von den Beschäftigten repräsentative Aussagen zu erhalten. Es war zu klären, wie die Beschäftigten ihre Arbeitssituation in bezug auf den Informationsfluß, die Transparenz, dem Handlungsspielraum, die Kooperation mit den Kollegen, die Beteiligung und das Qualitätsmanagement beurteilen.

Entwicklung des Fragebogens zur Beurteilung der Arbeitssituation durch die Beschäftigten

Damit eine flächendeckende und vom Aufwand her vertretbare Untersuchung vorgenommen werden konnte, wurde eine schriftliche Befragung durchgeführt. Es war dabei sehr wichtig, Anonymität zu gewährleisten, um ehrlichere Antworten der befragten Beschäftigten zu erhalten und ihnen somit die Angst vor möglichen negativen Konsequenzen aufgrund ihres Antwortverhaltens zu nehmen.

Es fand eine Recherche nach geeigneten standardisierten arbeits- und sozialwissenschaftlichen Untersuchungsinstrumenten statt. Nach Sichtung bereits vorhandener Instrumente zu den Themen 'Betriebsklima', 'Motivation', 'Organisationsanalyse', 'Arbeitsbeschreibung' u.a., wurden

- der Fragebogen zur subjektiven Arbeitsanalyse (SAA) (Martin, Ackermann, Udris & Oegerli 1980, S. 61ff.) und
- der Arbeitsbeschreibungsbogen (ABB) (Neuberger & Allerbeck 1978)

in eine engere Wahl genommen.

Der Fragebogen zur subjektiven Arbeitsanalyse SAA (Martin et al. 1980, S. 61) enthält Fragen zu den Themen Handlungsspielraum, Transparenz, Verantwortung, Qualifikation, Kooperationsbeziehungen und Arbeitsbelastung. Bei der Formulierung der Items wurde darauf geachtet, daß Personen in unterschiedlichen Arbeitsbereichen und Berufen ein identisches Fragen- und Antwortmuster vorgelegt werden kann, um Berufs-, Tätigkeits- und Arbeitsplatzvergleiche durchführen zu können. Die Items wurden als Behauptungen formuliert und als Likert-Skalen mit fünf vorgegebenen Antwortkategorien zusammengestellt. Der Fragebogen umfaßt insgesamt 50 Items, die im Fragebogen unsystematisch aufgelistet sind, d.h. die einzelnen Determinanten werden nicht hintereinander abgefragt.

Der Arbeitsbeschreibungsbogen (vgl. Neuberger & Allerbeck 1978) verlangt unmittelbar keine Bewertung einzelner Arbeitsaspekte, sondern deren Beschreibung anhand vorgegebener, auf den jeweiligen Aspekt zugeschnittener Merkmale, wie z.B. Vorgesetzter, Organisation und Leitung. Der ABB erfaßt die Zufriedenheit mit Kollegen, Vorgesetzten, Tätigkeit, äußeren Bedingungen, Organisation und Leitung, beruflicher Weiterbildung, Bezahlung, Arbeitszeit, Arbeitsplatzsicherheit, Arbeit und Leben insgesamt (Neuberger & Allerbeck 1978, S. 81).

Der Fragebogen zur subjektiven Arbeitsanalyse (SAA) zeigte den höchsten Deckungsgrad mit den für die Untersuchung ausgewählten Themenbereichen. Er wurde zusätzlich um die für die Untersuchung relevanten Themenbereiche 'Qualitätsmanagement', 'Vorgesetzte(r)', 'Beteiligung' und 'Information' erweitert. Der erweiterte Fragebogen enthält in der Endversion 68 Fragen und ist in Anhang H dargestellt.

Der Pre-Test wurde mit Personen aus verschiedenen Bereichen in zwei Modellunternehmen durchgeführt. Die beteiligten Beschäftigten wurden aufgefordert, den Bogen auszufüllen und nach der Kriterien Eindeutigkeit und Verständlichkeit der Fragestellung sowie Durchführbarkeit und Dauer der Befragung zu bewerten. Ein wesentliches Ergebnis des Pre-Tests war, daß die einzelnen Fragen nicht in der „man-Form“ gestellt werden sollten, so wie es dem ursprünglichen SAA-Bogen zugrunde liegt, da die Befragten sich nicht persönlich angesprochen fühlten. Deshalb wurden alle Fragen bzw. Aussagen umformuliert. Es wurde zum Beispiel aus der Aussage „Man ist verantwortlich für Arbeitsgeräte und Hilfsmittel“ die Aussage „Ich bin verantwortlich für Arbeitsgeräte und Hilfsmittel“.

Vorbereitung, Einsatz und Auswertung des Fragebogens

In einem ersten Schritt wurde die Zustimmung des Betriebsrates und die Unterstützung der Unternehmensleitung eingeholt. Vor dem Einsatz des Fragebogens wurden alle Beschäftigten über Ziele und Durchführung der Befragung informiert. Die Unternehmensleitung machte im Vorfeld der Untersuchung deutlich, daß alle Beschäftigten über die Ergebnisse informiert werden, die Ergebnisse bei der Verbesserung der Arbeitssituation helfen sollen und nicht gegen die Mitarbeiter selbst verwandt werden.

Der Fragebogen wurde in zwei Unternehmen unternehmensweit eingesetzt. Die Beschäftigten hatten eine Woche Zeit, um den Bogen auszufüllen und zurückzugeben. Die Befragung war freiwillig. Die Verteilung der Fragebögen geschah durch die jeweiligen Vorgesetzten, die die Fragebögen mit Umschlag an die Beschäftigten weitergaben. Nach Ablauf der gesetzten Frist wurde der Bogen in einem verschlossenen und anonymen Umschlag abgegeben.

Die Fragebögen wurden computerunterstützt mit dem Statistikprogramm SPSS Windows 5.0.1. ausgewertet.

3.5 Ergebnisse der Detailanalyse

In diesem Kapitel werden die Ergebnisse der Detailanalyse für ein Unternehmen vorgestellt. In diesem Unternehmen wurde ein projektbegleitender Arbeitskreis gegründet, der aus

- dem Fertigungsleiter,
- dem Leiter der Oberflächenmontage,
- dem Leiter der Durchsteckmontage,
- dem Leiter der Arbeitsvorbereitung,
- dem Leiter Prüfabteilung und
- einem Gruppenleiter der Prüfabteilung mit der Aufgabe der Koordination der Aktivitäten zwischen Prüfabteilung und Entwicklungsabteilung

bestand.

3.5.1 Vorhandene betriebliche Flexibilität und Flexibilitätsbedarf im Unternehmen

Der Einsatz der im Kapitel 3.4.1 'Erfassung der vorhandenen betrieblichen Flexibilität und Auswertung' entwickelten Fragebögen erfolgte im Unternehmen durch die Mitglieder des projektbegleitenden Arbeitskreises.

Die Ergebnisse sind im Überblick in Bild 3.14 dargestellt. Daraus ergibt sich, daß im untersuchten Unternehmen in den Gestaltungsfeldern Flexibilität der funktionalen Einheiten und der Arbeitsorganisation ein geringer Handlungsbedarf besteht. In den Bereichen Flexibilität der Personalorganisation, der Unternehmensorganisation, der Produktionsorganisation und der Beschäftigten bei veränderten Arbeitsaufgaben, Arbeitszeit und notwendigen Handlungen sind einzelne gezielte Maßnahmen notwendig. Es gibt keinen Bereich, in dem umfangreiche Maßnahmen notwendig sind.

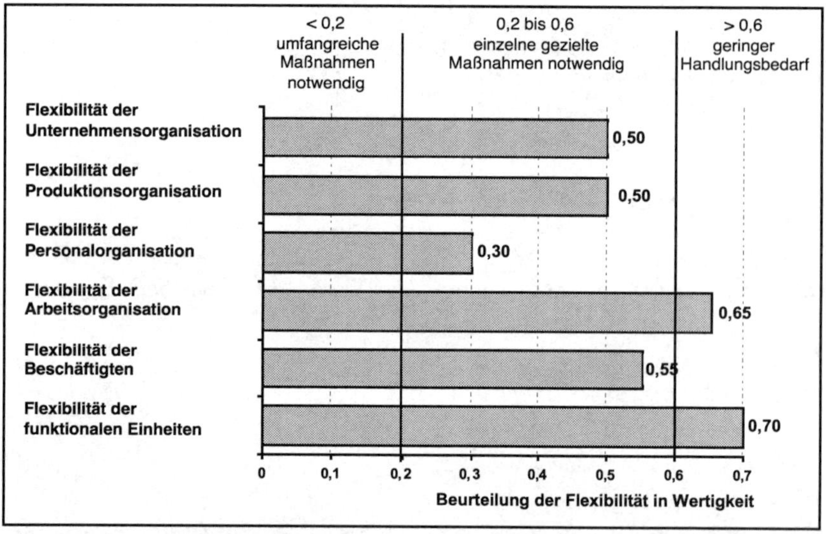

Bild 3.14: Beurteilung der vorhandenen betrieblichen Flexibilität im Unternehmen

Für den Bereich der Flexibilität der *Personalorganisation* (Wertigkeit 0,30) wurde ein Handlungsbedarf vor allem in der Möglichkeit der kurzfristigen Personalbeschaffung, der rechtzeitigen Einarbeitung neuer Mitarbeiter und der Nutzung des Erfahrungswissens älterer Mitarbeiter, die z.B. ausscheiden, gesehen. Positiv kann die Möglichkeit des flexiblen Einsatzes an verschiedenen Arbeitsplätzen für Beschäftigte, die dies wünschen, beurteilt werden.

Für den Bereich der Flexibilität der *Produktionsorganisation* (Wertigkeit 0,50) bedeutete das Ergebnis einen Handlungsbedarf vor allem bei der Reduzierung der langen Umrüstzeiten. Außerdem sollte die Produktionsorganisation durch selbststeuernde Regelkreise, z.B. Kanban-Systeme, flexibilisiert werden.

Die Flexibilität der *Unternehmensorganisation* (Wertigkeit 0,50) war vor allem in den Bereichen der kapazitiven Freiheitsgrade in schwierigen, nicht vorhersehbaren Situationen und der simultanen Aufgabenbearbeitung mit paralleler Bearbeitung von Aufgaben und Tätigkeiten zu verbessern. Positiv fiel dabei die Beurteilung des Einsatzes von Managementtechniken (Zielvereinbarungen, Delegation von Verantwortung und Entscheidungskompetenzen) und das Vorhandensein von kleinen, dezentralen Organisationseinheiten auf.

Eine Möglichkeit der Erhöhung der *Flexibilität der Beschäftigten bei Veränderungen der Arbeitszeit und der Arbeitsaufgaben* (Wertigkeit 0,65) wurde durch die teilweise Nutzung von Schichtarbeitsmodellen bei kapazitiven Engpässen gesehen. Positiv beurteilt wurde die Nutzung der flexiblen Arbeitszeitmodelle und die vorhandene Gleitzeit, die vorhandene Bereitschaft zur Übernahme von Verantwortung und die Motivation durch die Arbeit und bei der Arbeit durch die Beschäftigten.

Die gute Beurteilung der Flexibilität der *Arbeitsorganisation* (Wertigkeit 0,65) resultierte vor allem aus dem Vorhandensein und der Nutzung von flexiblen Arbeitszeiten in den planenden, den verwaltenden und den ausführenden Abteilungen. Außerdem wurde besonderes Augenmerk auf die Realisierung von Maßnahmen zur Arbeitserweiterung und Arbeitsbereicherung für die Beschäftigten gelegt. Zur Beurteilung des geringen Handlungsbedarfes des Ergebnisses der *Flexibilität der funktionalen Einheiten* (Wertigkeit 0,70) wurde eingeschätzt, daß die Flexibilisierung dieses Bereiches vordergründig nicht notwendig bzw. möglich ist, da dies bereits so weit wie möglich bzw. sinnvoll geschehen ist.

Vergleich zur Untersuchung der Flexibilitätsreaktionen durch alle Unternehmen

Wenn man die Ergebnisse der Reaktionen in den einzelnen Gestaltungsbereichen der betrieblichen Flexibilität aller Unternehmen aus Kapitel 3.3.2 mit den Ergebnissen in einem ausgewählten Unternehmen (die mit Hilfe unterschiedlicher Erhebungsmethoden ermittelt wurden) vergleicht, ergibt sich das in Bild 3.15 dargestellte Ergebnis.

Es kann zusammenfassend folgendes festgestellt werden:

- Im Bereich der *Flexibilität der Personalorganisation* im ausgewählten Unternehmen besteht Handlungsbedarf. Parallel dazu kann bei der Betrachtung über alle Unternehmen der Anteil der Reaktionen zur Bewältigung der Flexibilitätsforderungen als gering eingeschätzt werden. Das bedeutet einerseits, daß die Ergebnisse aus allen Unternehmen mit den Ergebnissen aus dem Unternehmen in diesem Bereich übereinstimmen und daß andererseits in diesem Bereich verstärkt Maßnahmen notwendig sind.
- In allen Unternehmen wird das Hauptaugenmerk auf die Bereiche *Flexibilität der Produktionsorganisation* (26,2% der Flexibilitätsreaktionen) und *Flexibilität der Unternehmensorganisation* (27,1%) gelegt, trotzdem sind bei beiden Bereichen im Unternehmen immer noch einzelne gezielte Maßnahmen notwendig. Das bedeutet, daß zahlreiche Anstrengungen unternommen wurden, aber dies noch nicht zufriedenstellend ist.
- Im Bereich der *Flexibilität der Arbeitsorganisation* wurden in allen Unternehmen relativ viele Anstrengungen (20,5%) zur Bewältigung der Flexibilitätsforderungen unternommen. Es kann im ausgewählten Unternehmen eingeschätzt werden, daß diese Anstregungen bereits erfolgreich waren und nur noch geringer Handlungsbedarf besteht.
- Für den Bereich der *Flexibilität der Beschäftigten* wurde für das ausgewählte Unternehmen eingeschätzt, daß immer noch einzelne gezielte Maßnahmen notwendig sind. In allen Unternehmen wurden bereits einige Anstrengungen (17,7%) zur Bewältigung der Flexibilitätsforderungen unternommen.
- Der Bereich der *Flexibilität der funktionalen Einheiten* spielte bei beiden Erhebungen keine Rolle, d.h. daß im ausgewählten Unternehmen nur ein geringer Handlungsbedarf bei der Flexibilität der funktionalen Einheiten bestand und daß von allen Unternehmen kaum Anstrengungen zur Bewältigung der Anforderungen unternommen wurden. Das zeigt, daß die Flexibilität der funktionalen Einheiten im Unternehmen keine Bedeutung mehr hat, da sie in den untersuchten Unternehmen bereits realisiert war.

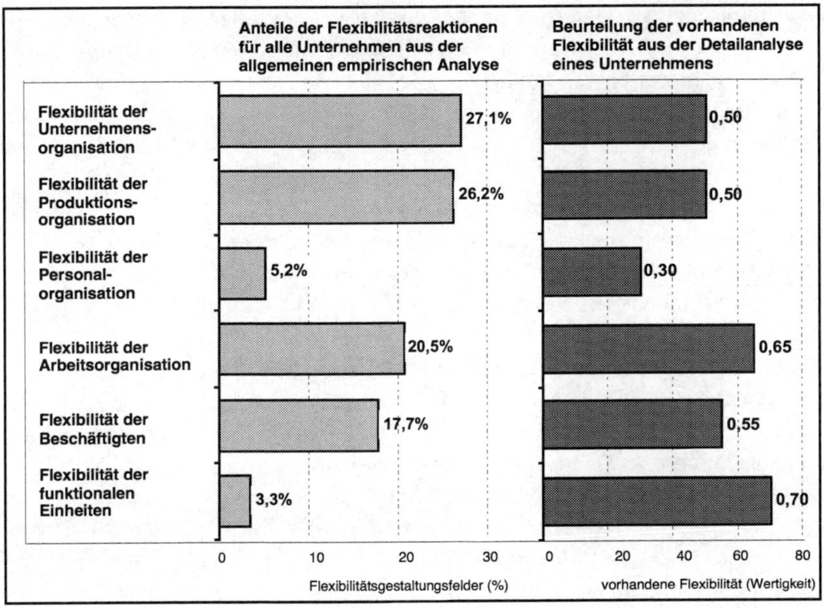

Bild 3.15: Vergleich der Ergebnisse der Untersuchung der Anteile der Flexibilitätsreaktionen für alle Unternehmen und der vorhandenen Flexibilität in einem Unternehmen

3.5.2 Ergebnisse der Beurteilung der Arbeitssituation durch die Beschäftigten

Die folgenden Untersuchungsergebnisse wurden mit dem Fragebogen zur Beurteilung der Arbeitssituation durch die Beschäftigten, der in Kapitel 3.4.2 vorgestellt wurde, ermittelt. Dabei werden die Ergebnisse der ersten Untersuchung der Arbeitssituation zum Zweck der Beschreibung der Ausgangssituation im Unternehmen im folgenden Kapitel beschrieben. Der Fragebogen wurde ebenfalls zur Evaluation der umgesetzten Konzepte als Abschluß der Betreuung im Unternehmen eingesetzt. Diese Ergebnisse sind im Fallbeispiel dargestellt.

Die Rücklaufquote der Fragebögen lag bei 70%. Die relativ hohen Rücklaufquoten lassen sich u.a. damit begründen, daß die Geschäftsleitung und der Betriebsrat im Unternehmen diese Befragung unterstützt haben und das auf dem Deckblatt zum Fragebogen vermerkt wurde.

Die Ergebnisse der Untersuchungen wurden in einer allgemeinen Präsentation den Abteilungsleitern und den Geschäftsführern vorgestellt und in diesem Kreis auch bewertet. Die Abteilungsleiter erhielten in Einzelgesprächen eine Ergebnisrückmeldung, da die Ergebnisse auch abteilungsspezifisch ausgewertet wurden. Es hatte sich herausgestellt, daß es notwendig war, den Abteilungsleitern die Ergebnisse zugänglich zu machen, um ihnen zu verdeutlichen, wo die Probleme in ihrer Abteilung liegen und inwieweit diese Ergebnisse von den unternehmensweiten Resultaten sowohl positiv als auch negativ abwichen. Auf diese Weise war es den Abteilungsleitern möglich, auf Verbesserungen hinzuarbeiten.

Außerdem wurden die Ergebnisse allen Beschäftigten durch Umläufe zugänglich gemacht. Es ist noch einmal zu betonen, daß es entscheidend ist, den Beschäftigten eine Rückmeldung über die Befragungsergebnisse zu geben, damit sie spüren, daß ihre Meinung ernst genommen wird. So erfährt der einzelne Beschäftigte, daß seine 'persönliche' Meinung unter Umständen von einer großen Zahl von Kollegen geteilt wird oder daß Ansichten, die er für selbstverständlich hielt, nur von einer Minderheit getragen werden. Solche Rückkopplungen können für Aktionen, wie z.B. den Aufbau eines flexiblen Qualitätsmanagementsystems, von großer Bedeutung sein (Neuberger & Allerbeck 1978, S. 27).

Ergebnisse

Im folgenden Abschnitt sind die wichtigsten Ergebnisse zu den in Kapitel 2.3.3.3 'Einschätzung der Arbeitssituation durch die Beschäftigten als Beurteilung der menschengerechten Arbeitsgestaltung' definierten Bereiche (d.h. Informationsfluß, Transparenz, Handlungsspielraum, Kooperation mit Kollegen, Beteiligung und Qualitätsmanagement) dargestellt.

Informationsfluß

Informationen über wichtige Dinge, die die Arbeit betreffen (Frage 53), erhalten 31,0% der Beschäftigten nur 'teils/teils'. Bei Informationen über wichtige Dinge und Vorgänge, die den Betrieb betreffen (Frage 55), hat ebenfalls ein großer Teil der Befragten (26,7%) die Antwortkategorie 'teils/teils' gewählt. Dies bringt zum Ausdruck, daß die Beschäftigten sich nur manchmal informiert fühlen. Demgegenüber fühlen sich jedoch 42,2% oft und 21,6% sogar immer über wichtige Dinge und Vorgänge im Betrieb (Frage 55) informiert. Bedenklich ist, daß 8,6% der Beschäftigten sich selten und 0,9% sogar nie über wichtige Dinge informiert fühlen. Zur Frage, ob die Beschäftigten die Informationen im Betrieb rechtzeitig erhalten (Frage 56), ist der Anteil derjenigen, die sich nur 'teils/teils' (33,9%) oder selten (13,0%) rechtzeitig informiert fühlen, noch größer.

Nr.		stimmt überhaupt nicht (nie)	stimmt kaum (selten)	stimmt teils-teils (manch-mal)	stimmt ziemlich (oft)	stimmt auf jeden Fall (immer)
53	Über wichtige Dinge, die unsere Arbeit betreffen, werde ich ausreichend informiert.	0	0,9	31,0	48,7	10,6
55	Über wichtige Dinge und Vorgänge in unserem Betrieb werde ich ausreichend informiert.	0,9	8,6	26,7	42,2	21,6
56	In unserem Betrieb werde ich über alles, was wichtig ist, rechtzeitig informiert.	0	13,0	33,9	35,7	17,4

Da ein Großteil der Befragten die Information über betriebliche Angelegenheiten positiv bewertet, stellt sich die Frage, ob die Kategorie 'teils/teils' positiv oder negativ zu bewerten ist, da das subjektive Empfinden über die Wichtigkeit von Informationen durchaus von der tatsächlichen Wichtigkeit abweichen kann. Es wurde festgestellt, daß Informationen meist nicht ausreichend sind, es muß mehrmals nachgefragt werden, wodurch es zu unnötigen Wegen und dadurch zu Zeitverzögerungen kommt. Des weiteren kommen die Informationen meist nicht rechtzeitig an die Stellen, die sie dringend zur Auftragsbearbeitung benötigten, was dazu führte, daß z.B. kurzfristige Änderungen nicht rechtzeitig eingearbeitet wurden und somit ein hoher Nachbearbeitungsaufwand entstand. Es zeigte sich also, daß es zu Fehlern aufgrund von Informationsdefiziten kommt. Es wurde festgestellt, daß der Informationfluß im Unternehmen zu verbessern ist, da sonst mit zunehmender Beschäftigtenzahl die Informationen für die Beschäftigten schlechter werden würden.

Transparenz

Bei der Antwort nach dem Wissen, wie die Arbeit in der eigenen Abteilung abläuft (Frage 22) wurde deutlich, daß fast die Hälfte der Befragten (47,5%) sehr gut darüber informiert war, wie die Arbeit in ihrer Abteilung abläuft. Weitere 39% der Beschäftigten sagten, es 'stimmt ziemlich', daß sie darüber informiert sind, was in ihrer eigenen Abteilung getan wird; 10,2% gaben an, nur teilweise informiert zu sein. Es ist positiv zu bemerken, daß nur 3,4% der Befragten die

Antwortkategorie 'stimmt kaum' angekreuzt hatten. Aus den Ergebnissen wird ersichtlich, daß bei einem Großteil der Befragten Transparenz über die Tätigkeiten in der eigenen Abteilung bestand. Unter dem Gesichtspunkt, daß in einigen der befragten Abteilungen dieses Unternehmens eine sehr große Aufgabenvielfalt innerhalb der einzelnen Abteilungen besteht, ist dieses Ergebnis als sehr positiv zu bewerten.

Nr.		stimmt überhaupt nicht (nie)	stimmt kaum (selten)	stimmt teils-teils (manchmal)	stimmt ziemlich (oft)	stimmt auf jeden Fall (immer)
22	Ich weiß, wie die Arbeit in meiner Abteilung abläuft.	0	3,4	10,2	39,0	47,5
45	Ich bin darüber im Bild, was in anderen Abteilungen getan wird.	1,7	20,7	48,3	25,9	3,4
38	Ich sehe, was mit dem Ergebnis meiner eigenen Arbeit geschieht.	0	7,8	15,7	33,9	42,6

Bei der Frage zur Beurteilung des Wissens darüber, was in anderen Abteilungen getan wird (Frage 45), sah das Ergebnis deutlich schlechter aus, da nur 25,9% 'ziemlich oft' und 3,4% 'immer' darüber Bescheid wußten, was in anderen Abteilungen getan wird. Sogar 20,7% wußten 'selten' und 1,7% 'nie' darüber Bescheid, was in anderen Abteilungen geschieht. Ebenfalls wußten bereits 7,8% der Befragten 'kaum', was mit dem Ergebnis ihrer Arbeit geschieht (Frage 38) und 15,7% wußten dies nur 'manchmal'.

Dieses Ergebnis ist auf jeden Fall verbesserungswürdig und liegt im Vergleich zu anderen untersuchten Unternehmen unter dem Durchschnitt. Es ist wichtig, daß die Beschäftigten wissen, was mit dem Ergebnis der eigenen Arbeit geschieht, wie es in das Endprodukt einfließt und was in anderen Abteilungen geschieht. Zum einen wird auf diese Weise die Identifikation erhöht und zum anderen werden die Abhängigkeiten zwischen den einzelnen Abteilungen deutlich, so daß die Beschäftigten die eigene Arbeitsweise besser anpassen können.

Handlungsspielraum

Bei den Ergebnissen zum Themenkomplex selbständige Entscheidungen (Frage 13) wurde deutlich, daß ein großer Teil (64,1% = 35,9% + 28,2%) der Beschäftigten bei der Arbeit Entscheidungen selbständig treffen konnte, z.B. konnten die Beschäftigten die Reihenfolge der zu erledigenden Arbeiten selbst festlegen. Die Frage 67 „Ich habe genügend Freiräume, um meine Arbeit zufriedenstellend zu erledigen“ wurde mit über 70% (71,8% = 47,9% + 23,9%) zugestimmt, was ebenfalls als sehr positiv zu bewerten ist.

Nr.		stimmt überhaupt nicht (nie)	stimmt kaum (selten)	stimmt teils-teils (manch-mal)	stimmt ziemlich (oft)	stimmt auf jeden Fall (immer)
13	Ich muß in der Lage sein, selbständig Entscheidungen zu treffen.	1,7	5,1	29,1	35,9	28,2
67	Ich habe genügend Freiräume, um meine Arbeit zufriedenstellend zu erledigen.	0,9	3,4	23,9	47,9	23,9
33	Meine Arbeit ist abwechslungsreich.	0	4,3	19,7	32,5	43,6
5	Ich kann mein Arbeitstempo selbst bestimmen.	0	15,4	37,6	28,2	18,8
35	Bei meiner Arbeit kann ich alle meine Kenntnisse und Fähigkeiten einsetzen.	0,9	6,0	23,3	39,7	30,2

Bei der Frage, wie abwechslungsreich die Arbeit ist (Frage 33), schätzten relativ viele Beschäftige dies als ‘teils/teils’ (19,7%), ‘oft’ (32,5%) und ‘immer’ (43,6%) abwechslungsreich ein. Das ist vor allem deshalb positiv zu bewerten, da die Arbeit von allen Beschäftigten, egal ob z.B. im Lager, bei der Bestückung der Leiterplatten oder in der Prüfabteilung, als abwechslungsreich eingeschätzt wurde. Die Bestimmung des eigenen Arbeitstempos (Frage 5) war allerdings dabei 37,6% nur ‘teils/teils’ und 15,4% nur ‘selten’ möglich.

Ungenutzte Potentiale lassen sich bei den Antworten auf die Frage erkennen, inwieweit Beschäftigte alle ihre Kenntnisse und Fähigkeiten einsetzen können (Frage 35). 23,3% der Beschäftigten könnten teilweise mehr vorhandene Kenntnisse und Fähigkeiten einsetzten, 6,0% nutzten ‘selten’ und 0,9% ‘nie’ die vorhandenen Fähigkeiten und Kenntnisse. Dies ist darauf zurückzuführen, daß z.B. in der Leiterplattenbestückung viele Beschäftigte mit artfremden Berufen beschäftigt sind, wie z.B. Bäcker oder Verkäuferin.

Der vorhandene Handlungsspielraum der Beschäftigten ist positiv zu bewerten, vor allem auch unter dem Gesichtspunkt der eigenen Entscheidungen. Verbesserungspotential besteht bei ungenutzten Kenntnissen und Fähigkeiten.

Kooperation mit Kollegen

Der Einsatz der Arbeitskollegen untereinander (Frage 19) wurde zu 40,5% mit ‘teils/teils’, zu 3,4% als ‘selten’ und zu 1,7% als ‘nie’ bewertet, was als relativ großes Verbesserungspotential eingestuft werden kann. Als Ursache wurde der enorme Arbeitsdruck in den meisten Abteilungen erkannt, welcher die Unterstützung untereinander erschwert.

Nr.		stimmt überhaupt nicht (nie)	stimmt kaum (selten)	stimmt teils-teils (manchmal)	stimmt ziemlich (oft)	stimmt auf jeden Fall (immer)
19	Die Arbeitskolleginnen und -kollegen setzen sich für mich ein.	1,7	3,4	40,5	46,6	7,8
2	Wir halten in der Abteilung gut zusammen.	0,9	1,7	20,0	60,9	16,5
36	Wenn nötig, helfen mir die Arbeitskolleginnen und -kollegen.	0	1,7	28,2	37,6	32,5

Die den Zusammenhalt in den Abteilungen betreffenden Antworten (Frage 2) zeigten, daß dieser relativ gut ist. Allerdings war festzustellen, daß immerhin trotzdem 2,6% (Σ 1,7% + 0,9%) der Befragten den Abteilungszusammenhalt als 'selten' bzw. 'nie' gut eingeschätzt haben und 20,0% den Abteilungszusammenhalt als nur 'manchmal' gut einschätzten. Ebenfalls sagten 29,9% (Σ 28,2% + 1,7%) der Befragten (Frage 36), daß ihnen die Arbeitskollegen wenn nötig nur 'manchmal' oder 'selten' helfen.

Dieses Ergebnis kann auf die immense Arbeitsbelastung in einigen Abteilungen zurückgeführt werden, ist aber auf jeden Fall als Verbesserungspotential einzustufen.

Beteiligung

Nr.		stimmt überhaupt nicht (nie)	stimmt kaum (selten)	stimmt teils-teils (manchmal)	stimmt ziemlich (oft)	stimmt auf jeden Fall (immer)
57	Meine Ideen und Vorschläge werden durch meinen direkten Vorgesetzten berücksichtigt.	0,9	8,8	35,4	46,9	8,0
58	Meine Ideen und Vorschläge werden durch die Leitung berücksichtigt.	7,4	23,1	37,9	25,9	6,5
59	Bei langfristigen Planungen werden diejenigen beteiligt, die später die Auswirkungen der Planungen zu tragen haben.	8,2	14,5	37,3	30,0	10,0

Interessant bei der Betrachtung der Ergebnisse zur Berücksichtigung der Ideen und Vorschläge war, daß die Beachtung dieser als relativ positiv durch den direkten Vorgesetzten (Frage 57) mit 46,9% 'oft' bzw. mit 8,0% 'immer' eingeschätzt wurde, dies aber in bezug auf die Leitung des Unternehmens (Frage

58) mit 25,9% ‘oft’ und 6,5% ‘immer’ deutlich darunter liegt. Beim Thema Einbeziehung bei langfristigen Planungen zeigte sich im Prinzip das gleiche Ergebnis: 22,7% (Σ 8,2% + 14,5%) waren sich sicher, daß bei langfristigen Planungen (Frage 59) die Betroffenen ‘nie’ bzw. ‘selten’ einbezogen wurden, 37,5% sagten, daß dies nur ‘teils/teils’ der Fall ist.

Dieses Ergebnis zeigte, daß die Beschäftigten das Gefühl hatten, daß der direkte Vorgesetzte ihre Vorschläge und Ideen noch berücksichtigte, aber die Unternehmenleitung dies nicht mehr in diesem Maße tat. Die Einbeziehung bei langfristigen Planungen erfolgte nur unzureichend. Dieses Wissen wirkte auf die Beschäftigten in jedem Fall nicht motivationsfördernd und stellte ein Verbesserungspotential dar.

Qualitätsmanagement

Nr.		stimmt überhaupt nicht (nie)	stimmt kaum (selten)	stimmt teils-teils (manch-mal)	stimmt ziemlich (oft)	stimmt auf jeden Fall (immer)
60	Im Betrieb wurden vor der Einführung des Qualitätsmanagementsystems alle aus unserer Abteilung zusammengerufen und informiert.	7,5	12,1	25,2	31,8	23,4
61	Die Informationen über die Einführung des Qualitätsmanagementsystems sind ausreichend.	5,5	16,5	30,3	34,9	12,8
66	Mein Vorgesetzter/meine Vorgesetzte unterstützt das qualitätsbewußte Arbeiten mit Rat und Tat.	0,9	3,5	26,5	46,0	23,0

Ein relativ großes Potential zeigte sich im Bereich Qualitätsmanagement. Obwohl Einführungs- und Informationsveranstaltungen laut Unternehmensleitung zum Thema Qualitätsmanagement stattgefunden haben, sind 19,6% (Σ 7,5% + 12,1%) (Frage 60) der Meinung, daß dies nicht oder nicht ausreichend geschah. Es wurde angemerkt (Frage 61), daß die Informationen zur Einführung des Systems nicht als ausreichend empfunden werden. Die Beschäftigten hatten alle etwas zum Thema Qualitätsmanagement gehört, aber was es genau für ihre Arbeit bedeutet, wußten über die Hälfte der Befragten (Σ 5,5% + 16,5% + 30,3%) nicht oder nicht ausreichend.

Bei der Frage, ob der Vorgesetzte das qualitätsbewußte Arbeiten unterstützt (Frage 66), zeigte sich, daß auch bei dieser Frage ein relativ großer Teil der Befragten die Kategorie ‘teils/teils’ wählte. Obgleich 46,0% und 23,0% der Befragten sagten, daß ihr Vorgesetzter das qualitätsbewußte Arbeiten unterstützt, war in diesem Zusammenhang der große 'teils/teils' Anteil als bedenklich anzusehen, da das qualitätsbewußte Arbeiten eine der dringlichsten Aufgaben in einem Produktionsprozeß darstellen sollte. Dementsprechend wurde das Ergebnis im Unternehmen auch mit großer Bestürzung aufgenommen und es wurde beschlossen, das qualitätsbewußte Arbeiten stärker als bisher zu fördern und zu unterstützen.

Diskussion des Vorgehens

Bei der Vorstellung der Ergebnisse im Unternehmen wurde deutlich, daß durch die Befragung einerseits eine Bestätigung bereits vorhandener Probleme erfolgte und andererseits neue positive als auch negative Erkenntnisse gewonnen wurden. Die Befragung aller Beschäftigten zu ihrer Arbeitssituation führte zu einer Objektivierung der in den Leitfadeninterviews geäußerten individuellen und subjektiven Einschätzungen.

Zusammenfassung der Ergebnisse

Folgende Schwerpunktbereiche wiesen ein Verbesserungspotential auf:

Beurteilung von	**Verbesserungspotential**	**Erkennbare bzw. vermutete Ursache**
Informationsfluß	• Viele Informationen kommen meist nicht ausreichend und nicht rechtzeitig. • Es gibt allgemein zu viele, aber nicht die richtigen Informationen.	• Es gibt kein Informationsmanagements, wie Informationen weitergeleitet werden.
Transparenz	• Die Transparenz innerhalb der Abteilungen ist gut, aber die Transparenz über andere Abteilungen ist nicht (75%) bzw. teilweise (48%) nicht vorhanden.	
Handlungs-spielraum	• 20% der Beschäftigten müssen Arbeiten erledigen, die teils zu kompliziert sind. • Ungenutzte Potentiale sind durch ungenügende Nutzung von vorhandenen Kenntnissen und Fähigkeiten vorhanden.	• Es fehlen bei kurzfristiger Aufgabenübernahme bei den Beschäftigten die entsprechenden Qualifikationen.
Kooperation mit Kollegen	• Der gegenseitige Einsatz für Kollegen erfolgt nur teilweise.	• Hohe Arbeitsbelastung ist in einzelnen Abteilungen vorhanden.
Beteiligung	• Viele Beschäftigte fühlen sich von der Unternehmensleitung nicht ausreichend beteiligt. • Entscheidungen werden oft ohne Berücksichtigung der Betroffenen getroffen.	
Qualitätsmanagement	• 60% fühlen sich nicht oder teils nicht genügend über das QMS informiert.	• Fehlende Information beim Aufbau des QMS.

Bild 3.16: Beurteilung der Arbeitssituation durch die Beschäftigten

4 Modell eines flexiblen Qualitätsmanagementsystems für kleine und mittlere Unternehmen

4.1 Anforderungen an ein flexibles Qualitätsmanagementsystem

Eine grundlegende Anforderung für das flexible Qualitätsmanagementsystem ergibt sich daraus, daß es die Forderungen der ISO 9000-Familie erfüllen soll, damit die KMU dieses flexible Qualitätsmanagementsystem von akkreditierten Organisationen zertifizieren lassen können. Weitere Anforderungen an das flexible Qualitätsmanagementsystem ergeben sich daraus, daß

- es den Bedürfnissen der kleinen und mittleren Unternehmen gerecht werden muß,
- die Voraussetzungen in erster Linie auf den einzelnen Wirkungsebenen des Managements geschaffen werden müssen und
- eine menschengerechte Arbeitsgestaltung angestrebt wird.

Bedürfnisse der kleinen und mittleren Unternehmen

Das zu entwickelnde flexible Qualitätsmanagementsystem muß den Anforderungen der kleinen und mittleren Unternehmen genügen und ein flexibles Reagieren auf diese Anforderungen ermöglichen. Diese Anforderungen bestehen z.B. darin, daß sich die Randbedingungen und Spezifikationen der externen Kunden ständig verändern und nicht alle Spezifikationen zu Auftragsbeginn bekannt sind. Änderungen der Kundenwünsche müssen über alle Phasen des Produktentstehungsprozesses hinweg möglich sein und Produktinnovationen (z.B. die Erneuerung des Produktspektrums, Kooperation mit anderen Unternehmen, kundenspezifische Produkte, Mitarbeiterqualifikation) müssen gewährleistet bleiben. Wichtiger Faktor ist, daß die vorhandene betriebliche Flexibilität erhalten bleibt und ausgebaut wird und die Forderungen der DIN EN ISO 9001 erfüllt werden können.

Schaffung der Voraussetzungen in den Wirkungsebenen des Managements

Die Voraussetzungen für ein flexiblen Qualitätsmanagementsystem müssen in erster Linie auf den einzelnen Wirkungsebenen des Managements geschaffen werden. Das flexible Qualitätsmanagementsystem muß auf der normativen und strategischen Managementebene organisatorisch verankert werden, um es auf der operativen Ebene erfolgreich umsetzen zu können.

Auf der *normativen Ebene* muß Flexibilität in der Unternehmenspolitik als Maßstab für die Art und Weise der Zielverfolgung und in der Unternehmenskultur als ein das Verhalten bestimmender Wert festgelegt werden, z.B. durch die prinzipielle Festlegung der Unternehmensleitung, die Ideen des Total Quality Managements umzusetzen. Auf der *strategischen Ebene* bedeutet das, normative Vorgaben in einem Katalog von Anforderungen zu konkretisieren, die im Hinblick auf die Erfüllung der Unternehmensleistungen und die Ausrichtung im Markt zu beachten sind. Das kann z.B. durch die Konkretisierung des TQM-Gedankens in einem Anforderungs- und Maßnahmenkatalog geschehen. Auf der *operativen Ebene* müssen die strategischen Maßnahmen, z.B. durch konkrete Aktionen zur Verbesserung der Mitarbeiterzufriedenheit oder der Prozeß- und Produktqualität, umgesetzt werden. Dabei stehen Lenkungsmaßnahmen im Vordergrund, die die Umsetzung der Maßnahmen aufgrund eines zuvor erarbeiteten Konzeptes gewährleisten.

Die internen Kunden-Lieferanten-Beziehungen im Unternehmen müssen mit Hilfe des flexiblen Qualitätsmanagementsystems organisiert werden, ohne daß starre Strukturen oder ungeregelte Verhältnisse entstehen. Verantwortliche Prozeßeigner sowie Prozeßdurchführende sind zu definieren und Kompetenzen, Verantwortung und Aufgaben zuzuweisen. Die Prozeßorganisation muß, unter Beachtung der DIN EN ISO 9001 sichergestellt sein.

Das flexible Qualitätsmanagementsystem soll Möglichkeiten zur Ermittlung und ständigen Weiterentwicklung der Qualität sicherstellen. Das bedeutet einen ständigen Verbesserungsprozeß der Qualität der Prozesse, Produkte und Arbeitsbedingungen sowie der Beziehungen zu anderen Prozessen.

Menschengerechte Arbeitsgestaltung

Die Überprüfung der Umsetzung des Konzeptes der menschengerechten Arbeitsgestaltung erfolgt anhand der Einschätzung der Arbeitssituation durch die Beschäftigten. Bei der Gestaltung der Arbeitssituation ist es im flexiblen Qualitätsmanagementsystem wichtig, daß die Beschäftigten *ganzheitliche Arbeitsaufgaben* haben. Sie sollten einen Überblick über die gesamte Aufgabenbearbeitung und Arbeitstätigkeiten mit einem Aufgabenzusammenhang und erkennbarem Anfang, Verlauf und Endpunkt herstellen können. Die Beschäftigen sollen eine Rückmeldung über den Arbeitsablauf aus der jeweiligen Tätigkeit selbst erhalten. Die Arbeitstätigkeiten sollen eine *Anforderungsvielfalt* aufweisen, d.h. Arbeitstätigkeiten sollen planende, vorbereitende, ausführende und überwachende Anteile haben und die Freigabe muß nach einer selbst durchgeführten Prüfung erfolgen. Es ist notwendig, daß die Arbeitstätigkeiten verschiedene Anforderungen an Körperfunktionen und Sinnesorgane stellen sowie unterschiedliche Fähigkeiten, Kenntnisse und Fertigkeiten der Beschäftigten erfordern.

Wichtig ist, daß für die Beschäftigten *Möglichkeiten der sozialen Interaktion* geschaffen werden, z.B. durch Kommunikation und Kooperation, die Bereitstellung der für die Aufgabenbearbeitung erforderlichen Informationen und eine Transparenz über die Aufgabenbearbeitung.

Für die Umsetzung weitreichender *Autonomie* der Beschäftigten und die Definition des *Handlungsspielraums* ist es erforderlich, daß den Beschäftigten ein relativ großer Entscheidungsspielraum und damit eine selbständige Aufgabenausführung ermöglicht wird, Fremdkontrolle muß zunehmend durch Eigenkontrolle ersetzt werden. Flexibilität soll durch die Definition von Zuständigkeiten, Befugnissen und Verantwortlichkeiten im Einklang mit den Kompetenzen geklärt werden.

Es sollen Arbeitstätigkeiten geschaffen werden, die *Lern- und Entwicklungsmöglichkeiten* für Beschäftigte eröffnen. Dies kann auch durch die Umsetzung der Forderungen der DIN EN ISO 9001 und den Aufbau des flexiblen Qualitätsmanagementsystem erreicht werden.

Die *Beteiligung der Beschäftigten* bei der Konzeption und dem Aufbau des flexiblen Qualitätsmanagementsystems ist von großer Bedeutung, da dadurch der Einsatz und die Erweiterung ihrer Kompetenzen gewährleistet wird. Die soziale, fachliche und methodische Qualifikation aller Beteiligten ist von besonderer Bedeutung, damit die auf der normativen und strategischen Ebene entwickelten Maßnahmen auf der operativen Ebene umgesetzt werden können.

4.2 Konzept für ein flexibles Qualitätsmanagementsystem

4.2.1 Organisation des flexiblen Qualitätsmanagementsystems auf den Wirkungsebenen des Managements

Die Organisation des flexiblen Qualitätsmanagementsystems erfolgt auf den einzelnen Wirkungsebenen des Managements (siehe Bild 4.1). Um den Forderungen der kleinen und mittleren Unternehmen gerecht zu werden, wurden die drei Managementebenen zu zwei Ebenen zusammengefaßt, der normativ-strategischen und der operativen Ebene. Die definierten Gestaltungsbereiche der betrieblichen Flexibilität werden im normativ-strategischen Management organisiert und durch konkrete Maßnahmen auf der operativen Ebene umgesetzt. Dabei sind die jeweiligen Maßnahmen immer unternehmensspezifisch auszuwählen.

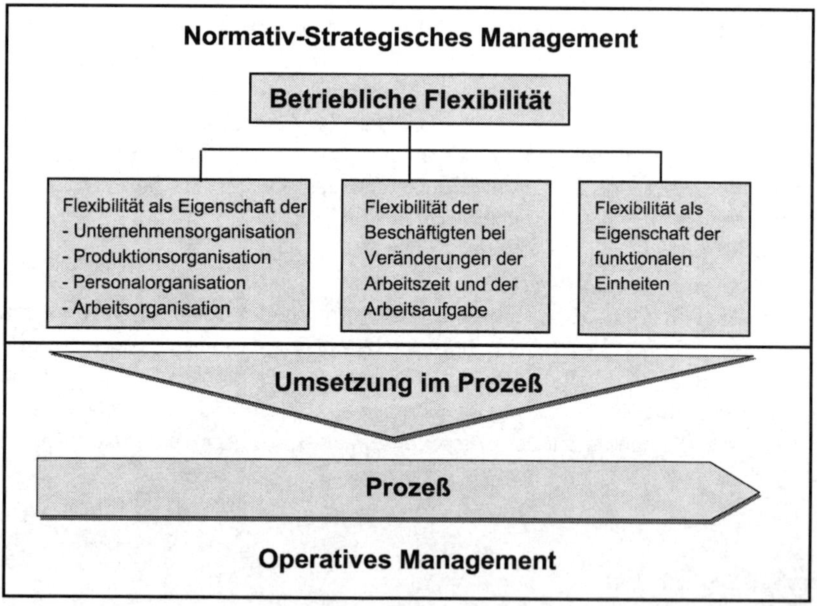

Bild 4.1: Organisation der betrieblichen Flexibilität auf normativ-strategischer Ebene und Umsetzung im Prozeß auf operativer Ebene

Normativ-stategisches und flexibles Qualitätsmanagement

Aufgabe des *normativen* Qualitätsmanagements ist es, Grundsätze des flexiblen Qualitätsmanagementsystems aus der allgemeinen Unternehmensphilosophie und -politik abzuleiten. Dabei werden Qualitätsnormen aufgestellt, eine Qualitätspolitik und eine allgemeine Qualitätskultur festgelegt. Die normativen Grundsätze müssen regelmäßig an den äußeren und inneren Gegebenheiten des Unternehmens gemessen und aktualisiert werden, um Entwicklungen der Umwelt und der Gesellschaft, die für das Unternehmen von Bedeutung sind, zu berücksichtigen. Beispielsweise kann der Aufbau eines integrierten Managementsystems für Qualität, Umwelt und Arbeitsschutz von besonderer Bedeutung sein, wenn ein wichtiger Kunde des Unternehmens den Aufbau eines solchen Managementsystems wünscht. Die Aufgabe des normativen Qualitätsmanagements ist es dann, den Aufbau dieses integrierten Managementsystems zu initiieren.

Die Aufgabe des *strategischen* Qualitätsmanagements ist es, größere Veränderungen im Unternehmen voranzutreiben. Dies beinhaltet z.B. die ständige Ausrichtung der am Markt angebotenen Leistungen auf die Erwartungen potentieller Kunden, die unternehmensinterne und unternehmensübergreifende Überprüfung der Wirksamkeit der Aufbau- und Ablauforganisation mit dem Ziel der Steigerung der betrieblichen Leistungsfähigkeit sowie die Beurteilung der Arbeitssituation durch die Beschäftigten mit dem Ziel der menschengerechten Arbeitsgestaltung.

Entscheidungen bezüglich einer *flexiblen Unternehmensorganisation* müssen Gegenstand der Ziel- und Strategieplanung und Aufgabe des strategischen Managements sein. Dabei müssen die Unternehmenspolitik, -ziele und -strategien unter anderem für die Mitarbeiterführung, Produktionsprogrammplanung, Fertigungstiefe, Qualitätslenkung, Prüfplanung usw. definiert werden, damit sie die Flexibilität des Unternehmens positiv beeinflussen. Prinzipielle Entscheidungen können z.B. sein, daß

- die Führung im Unternehmen durch Zielvereinbarungen oder durch Delegation von Verantwortung und Entscheidungskompetenzen geschieht oder
- flexible Organisationseinheiten oder Strukturen, die sich aus mehreren Personen zusammensetzen, geschaffen werden.

Im Bereich der *Flexibilität der Produktionsorganisation* müssen die Rahmenbedingungen auf der normativ-strategischen Ebene durch organisatorische

Entscheidungen geschaffen werden, um z.B. bezüglich Qualität, Produktivität und Kapazität die notwendige Flexibilität zu schaffen. Prinzipielle Entscheidungen können z.B. sein, die Produktionsorganisation durch selbststeuernde Regelkreise wie Kanban zu organisieren, Simultanous Engineering in der Entwicklungsabteilung einzuführen oder einen freien Durchlauf durch die Fertigung durch die Analyse vorhandener Engpässen und deren Beseitigung zu garantieren.

Für eine *flexible Personalorganisation* sind ebenfalls grundlegende Entscheidungen auf normativ-strategischer Managementebene notwendig, um die Rahmenbedingungen für betriebliche Flexibilität und Qualität zu schaffen. Es muß prinzipiell festgelegt werden, wie z.B. die Personalplanung bei einem erhöhten Personalbedarf durch die Einführung des flexiblen QM-Systems und die Personalbeschaffung von qualifizierten Beschäftigten erfolgen sollen und welche Maßnahmen zur Schulung der Beschäftigten für das flexible QM-System notwendig sind.

Auf der normativ-strategischen Ebene werden für die *Flexibilität der Arbeitsorganisation* Maßnahmen, z.B. durch

- prinzipielle Festlegungen zur Gestaltung der Arbeitsaufgaben,
- die Festlegung von Aufgabenverteilung, Entscheidungsstrukturen und Kooperationsbeziehungen,
- die vorhandenen Arbeitszeitmodelle und
- die Festlegung der Arbeitsstruktur

bestimmt, die auf der operativen Ebene umgesetzt werden. So muß z.B. die Einführung von Gruppenarbeit oder Qualitätszirkeln auf der normativ-strategischen Ebene festgelegt werden, um die betriebliche Flexibilität sicherzustellen.

Prinzipielle Festlegungen zur *Flexibilität der Beschäftigten* bei Veränderung der Arbeitszeit und der Arbeitsaufgaben müssen auf der normativ-strategischen Ebene getroffen werden. So muß z.B. definiert werden, zu welchen Themen betriebliche Weiterbildung und die Schulung über das flexible QM-System stattfinden, ob die Prüfaufgaben der Beschäftigten umfassend und nicht repetetiv gestaltet sind und wie der Handlungsspielraums der Beschäftigten festgelegt wird.

Für das Gestaltungsfeld der *Flexibilität der funktionalen Einheiten* (Betriebsmittel) müssen auf der operativ-strategischen Ebene prinzipielle Entscheidungen für betriebliche Flexibilität und Qualität getroffen werden. Es muß z.B. unter Berücksichtigung der Qualitätsanforderungen betriebsspezifisch festgelegt werden, ob der Einsatz flexibler Fertigungsinseln oder flexibler Montagesysteme in Frage kommt, wie der innerbetriebliche Transport gewährleistet wird (mit fahrerlosen Transportsystemen oder mit dem Gabelstapler) oder ob die Fertigungssyteme mit vor- und nachgeschalteten Puffern ausgerüstet sein sollen.

Operatives und flexibles Qualitätsmanagement

Aufgabe des *operativen* Qualitätsmanagements ist es, die Qualität der Leistungserbringung abzusichern. Zentraler Punkt ist dabei, den verantwortlichen Mitarbeitern organisatorische Freiheiten zur eigenverantwortlichen Verfolgung der vereinbarten Qualitätsziele zu geben. Sie müssen die Möglichkeiten haben, ihr Erfahrungswissen einzubringen und zu erweitern. Nur so kann die geforderte Qualität der Produkte, Prozesse und Arbeitsbedingungen sowie die Flexibilität der Leistungserbringung sichergestellt werden. Eigenverantwortung und erfahrungsgeleitetes Arbeiten gewährleisten eine situationsgerechte Überprüfung, Korrektur und Anpassung der Leistungen. Operatives Qualitätsmanagement ist gekennzeichnet durch kurze Entscheidungswege und situativ pragmatische Korrekturmöglichkeiten der Mitarbeiter.

Für die Realisierung der *Flexibilität der Unternehmensorganisation* erfolgt die Umsetzung der auf der operativ-strategischen Ebene entwickelten Maßnahmen durch Weitergabe konkreter Anweisungen an die operative Ebene. So müssen bei der Führung durch Zielvereinbarungen den Beschäftigten die konkreten Ziele vorgegeben werden und z.B. für die Schaffung flexibler Organisationseinheiten Projektgruppen oder Qualitätszirkel mit konkreten Zielsetzungen gebildet werden.

Für die Umsetzung der *Flexibilität der Produktionsorganisation* ist es empfehlenswert, die Aufgabenbearbeitung auf der operativen Ebene prozeßorientiert zu organisieren. In diesen Prozessen werden abgeschlossene Einheiten der Gesamtaufgabe bearbeitet. Zu Beginn eines Prozesses gibt es eine Planungsphase auf operativer Ebene, in der die benötigten Kapazitäten festgestellt werden. Für eine fortlaufende Prüfung von Qualität, Kosten und Zeit gibt es während des Prozesses definierte Meilensteine.

Die Gestaltung der *Flexibilität der Personalorganisation* auf operativer Ebene ist ebenfalls durch konkrete Maßnahmen gekennzeichnet. In einer Planungsphase zu Prozeßbeginn und an Meilensteinen während des Prozesses wird festgestellt, ob für die Realisierung der Qualität des geplanten Prozesses zusätzliches Personal benötigt wird. Dabei berücksichtigt die Struktur und Organisation eines Prozesses, daß an der Planung des Prozesses, an der Lösung von Problemen sowie an der Beurteilung abgelaufener Prozesse alle beteiligten Mitarbeiter mitwirken. In einer Prozeßbeurteilung nach Abschluß des Auftrages wird der Einfluß der Fähigkeiten und Qualifizierungen der Mitarbeiter im Hinblick auf den Prozeß und sein Ergebnis betrachtet und Qualifizierungsanforderungen werden ermittelt.

Die Umsetzung der *Flexibilität der Arbeitsorganisation* geschieht auf der operativen Ebene wiederum durch die Überprüfung der Prozeßqualität. Für diese Prozesse werden Prozeßeigner und ihre Verantwortung sowie Vertreterregelungen festgelegt. Es werden Regelungen vereinbart, zu welchem Zeitpunkt Entscheidungen zu treffen sind, wie sie vorbereitet werden, wer daran beteiligt ist und wer diese Entscheidungen trifft. Für die prozeßinterne und -übergreifende Zusammenarbeit werden zeitliche und inhaltliche Kommunikationspunkte festgelegt. Die Teilnehmer werden vorab bestimmt und alle Beteiligten informiert. Alle für die Aufgabenbearbeitung notwendigen Informationen, z.B. über Qualität und Kosten sowie Start- und Endtermine der parallel laufenden Tätigkeiten, werden zu Prozeßbeginn zur Verfügung gestellt bzw. festgelegt. Wichtige Schnittstellen zum Austausch von Informationen und zur Koordination der Tätigkeiten werden definiert und Termine für Besprechungen aller Beteiligten, in denen die Aufgabenbearbeitung überwacht und gegebenenfalls korrigiert wird, festgelegt. Zu Beginn eines Prozesses muß es eine Phase geben, in der die Tätigkeiten und Kosten geplant, terminiert und die Zuständigkeiten geklärt werden. An dieser Planungsphase nehmen alle am Prozeß beteiligten Beschäftigten teil, um ihren eigenen Arbeitsanteil planen zu können.

Die Realisierung der *Flexibilität der Beschäftigten* bei Veränderung der Arbeitszeit und der Arbeitsaufgaben erfolgt wiederum durch konkrete Maßnahmen auf der operativen Ebene. Bei der Gestaltung der Aufgaben im Prozeß ist es z.B. wichtig, daß der Prozeß planende, ausführende, kontrollierende und freigebende Tätigkeiten enthält. Die Zufriedenheit und das Erfahrungswissen der Beschäftigten kann z.B. durch Qualifizierungsmaßnahmen über das flexible QM-System, den Aufbau der Produkte, den Ablauf der Aufgabenbearbeitung, zeitliche und inhaltliche Zusammenhänge der simultanen Aufgabenbearbeitung und die Auswirkungen eigener Planungen und Entscheidungen in anderen Bereichen erhöht werden. Die Beteiligung der Beschäftigten am Aufbau und der Weiterentwicklung des flexiblen Qualitätsmanagementsystems unterstützt die erfolgreiche Durchführung der Aufgabenbearbeitung, indem ihre Kenntnisse über den Zweck der Arbeitsaufgaben und des Produktionssystems genutzt und erweitert werden. Es bauen sich Wissen, Kenntnisse und Fähigkeiten auf, die z.B. die Beschaffung und die Ableitung erforderlicher Informationen unterstützt und die Bereitschaft zur Verantwortungsübernahme erhöht. Eine institutionalisierte Beteiligung der Beschäftigten innerhalb des flexiblen Qualitätsmanagementsystems kann z.B. durch Ad-hoc-Gruppen und Qualitätszirkel geschehen.

Für das Gestaltungsfeld der *Flexibilität der funktionalen Einheiten* können zu ihrer flexiblen Gestaltung Maßnahmen auf operativer Ebene formuliert werden. Diese Maßnahmen betreffen die technischen Rahmenbedingungen der Aufgabenbearbeitung und können z.B. die Beschaffung von identischen CNC-Steuerungen, einfach zu handhabender Werkzeuge, ein problemloses und rasches Umstellen der Betriebsmittel auf andere Erzeugnisse oder die einfache Umstellung der Zu- und Abführung betreffen.

4.2.2 Aspekte der Umsetzung der Wirtschaftlichkeit des flexiblen Qualitätsmanagementsystems

Das Qualitätscontrolling wird als Instrument zur Einleitung von Prozeßverbesserungsmaßnahmen im Rahmen des flexiblen QM-Systems genutzt. Damit können die Bedürfnisse der kleinen und mittleren Unternehmen, z.B. nach kürzeren Durchlaufzeiten und höherer Qualität der Prozesse und Produkte, unterstützt werden.

Entsprechend den Forderungen des Total Quality Managements werden alle Unternehmensprozesse bei der Analyse im Rahmen des Qualitätscontrollings mit einbezogen. Alle Haupt-, Service- und Managementprozesse im Unternehmen werden analysiert, nach ihrer Bedeutung für die Wertschöpfung betrachtet und in die einzelnen Leistungsarten der Prozesse (Nutz-, Stütz-, Blind- und Fehlleistung) unterteilt.

Bei der Identifikation der Leistungsarten der Prozesse müssen eventuell erzielbare Nebeneffekte, z.B. Lernen aus Fehlern und Störungen, differenziert betrachtet werden, da sich daraus zu einem späteren Zeitpunkt werterhöhende Leistungsbestandteile ergeben können.

Eine *geplante Nutzleistung* in den einzelnen Prozessen und Tätigkeiten entsteht durch geplante Fertigungsschritte, z.B. die Bearbeitung des Werkstücks oder die Montage von Baugruppen. Die Nutzleistung ist positiv, wenn der Wert des Werkstücks gesteigert wurde. Beispiele für Nutzleistungen sind Tiefziehen eines Bleches in drei Stufen oder Bestückung von Leiterplatten. Eine *geplante Stützleistung* unterstützt die Nutzleistung eines Werkstückes und den Übergang von einem Ausgangszustand in einen Zwischen- oder Endzustand zum Erreichen des geplanten Soll-Ergebnisses. Die durchgeführten Stützleistungen tragen zur Fertigstellung des Produktes bei, werden aber durch den Kunden nicht extra vergütet. Beispiele für Stützleistungen sind innerbetrieblicher Transport, Werkzeugwechsel oder Zwischenprüfungen. Eine *Fehlleistung* ist entstanden, wenn das Soll-Ergebnis einer geplanten Leistung nicht erreicht wurde. Beispiele für Fehlleistungen sind Transport zum falschen Empfänger, Transport fehlerhafter Werkstücke oder fehlerhafte Konstruktionsänderungen nach der Freigabe. Eine *Blindleistung* ist auf Unzulänglichkeiten im geplanten Produktionsprozeß zurückzuführen. Diese Unzulänglichkeiten können sich aus unvorhergesehenen Störungen vor oder während der einzelnen Prozesse oder Tätigkeiten ergeben. Blindleistungen können z.B. Ausfall von Betriebsmitteln und dadurch Wartezeiten an entstandenen Engpässen, Nacharbeit oder Ausschuß sein.

Die Bestimmung der Leistungsarten der betrieblichen Prozesse erfolgt mit Hilfe des Formulars in Bild 4.2. Die benötigten Daten können einerseits durch Interviews mit den Beschäftigten ermittelt werden. Es werden die Dauer und die Art der einzelnen Tätigkeiten erfaßt, um die einzelnen Leistungsarten der Prozesse für die jeweilige Tätigkeit zu bestimmen. Andererseits werden die Kosten pro Tätigkeit anhand der Personalkosten, z.B. für den Maschinenbediener, Beschäftigte in der Montage und im Wareneingang, bestimmt. Damit ist es möglich, neben den bereits für Fehlleistungen bekannten Prozessen, neue Prozesse zu ermitteln, die den Wert des Produktes nicht weiter erhöhen, sondern lediglich die Kosten der Produkterstellung steigern.

Zu beachten sind dabei einerseits Nebeneffekte, die erst zu einem späteren Zeitpunkt zu einer werterhöhenden Leistung werden können, wie z.B. Lernen aus Fehlern oder durch den kontinuierlichen Verbesserungsprozeß. Andererseits ist zu berücksichtigen, daß jede Tätigkeit im Prinzip verschiedene Leistungsarten – je nach Fall – repräsentieren kann. So kann beispielsweise eine Prüfung auf der einen Seite eine Nutzleistung im Sinne einer vom Kunden gewünschten und vergüteten Sonderprüfung sein, auf der anderen Seite kann sie eine Stützleistung im Sinne einer Wareneingangsprüfung oder eine Blind- oder Fehlleistung sein, wenn die Prüfung durch falsche Anweisungen oder durch den Umbau fehlerhafter Teile ausgelöst wurde.

Tätigkeiten	**Nutz-leistung**	**Stütz-leistung**	**Blind-leistung**	**Fehl-leistung**
Teilefertigung	☒			
Montage	☒			
Transport von Montage zum Lager und interner Warenzugang ins Zwischenlager		☒		
Buchen der Lagerbewegung		☒		
Wareneingangskontrolle durchführen, Ergebnis: Bauteil nicht in Ordnung, zurück zur Montage				☒
Prüfung	(☒)	(☒)	(☒)	(☒)
Transport zur Montage				☒
Umbau der fehlerhaften Teile			☒	
...				
Summe der Kosten:				

☒ Leistungsanteil der Tätigkeit x Kostensatz in DM

Bild 4.2: Beispiel für ein ausgefülltes Formular zur Bestimmung der Leistungsprozesse und deren Kosten (Ausschnitt)

Der Prozeßwirkungsgrad W_p wird aus dem Verhältnis der Nutzleistungen zu den aufgebrachten Leistungen eines Prozesses berechnet (siehe auch Kapitel 2.2.4). Die für die Nutz-, Stütz-, Blind- und Fehlleistungen ermittelten Kosten werden zur Errechnung des Prozeßwirkungsgrades eingesetzt. Der errechnete Prozeßwirkungsgrad gibt Aufschluß über die Produktivität der Produkterstellung im Unternehmen. Durch die Analyse der einzelnen Leistungsbestandteile des Prozesses lassen sich Verbesserungspotentiale aufdecken sowie Fehlleistungen eliminieren, Blindleistungen reduzieren und Stützleistungen optimieren.

Die Lenkung der Prozesse, d.h. die Überprüfung des Prozeßablaufes während des Prozesses hinsichtlich der Kosten, erfolgt durch das Verfahrens zur Überprüfung der Prozesse, das im Kapitel 4.2.3.4 'Lenkung von flexiblen Prozessen hinsichtlich Zeit, Kosten und Qualität' beschrieben ist.

4.2.3 Qualität und Flexibilität durch flexibles Prozeßmanagement und die Organisation flexibler Prozesse

Die Umsetzung der o.g. Maßnahmen erfolgt auf der Ebene der Prozesse, d.h. der operativen Ebene. Es lassen sich folgende besondere Anforderungen an die Prozesse der Aufgabenbearbeitung zusammenfassen:

- Zu Beginn des Prozesses sollten alle für die Aufgabenbearbeitung notwendigen Informationen zur Verfügung stehen bzw. gesammelt werden, damit der Prozeßablauf, d.h. Start- und Endtermine der Tätigkeiten sowie geplante Kosten, festgelegt werden kann.
- Es sollten die wichtigsten Schnittstellen zum Austausch von Informationen und zur Koordination der Tätigkeiten definiert werden.
- Es sollten Termine für Besprechungen aller Beteiligten festgelegt werden, in denen die Aufgabenbearbeitung überwacht und gegebenenfalls korrigiert wird.
- Nach Ende des Prozesses sollte eine Prozeßbeurteilung durchgeführt werden, um mögliche Verbesserungspotentiale für die Qualität des Prozeßergebnisses, die Struktur und die Organisation des Prozesses oder für den Einsatz der Mitarbeiter erkennen zu können.

Im folgenden Abschnitt wird ein Konzept entwickelt, welches die Umsetzung der Maßnahmen auf der operativen Ebene durch ein Modell flexibler Prozesse ermöglicht.

4.2.3.1 Strukturierbarkeit von Prozessen

In einem flexiblen Qualitätsmanagementsystem können die Prozesse der Aufgabenbearbeitung in ihrer Planung, Organisation und Dokumentation nicht alle gleich behandelt werden. Es kann zwischen Prozessen, deren Struktur in unterschiedlichem Detaillierungsgrad planbar und standardisierbar ist, unterschieden werden. Die Struktur eines Prozesses ist durch die Art und Weise, wie sich die einzelnen Tätigkeiten innerhalb eines Prozesses zusammensetzen und welche Beziehungen zwischen den Tätigkeiten bestehen, gekennzeichnet. Diese Struktur ist abhängig von der Aufgabe, die mit dem Prozeß erfüllt werden soll.

Eine Aufgabe (vgl. Wöhe 1986, S. 157ff.) ist eine Zielvorschrift für menschliches Handeln. Sie fordert vom Menschen die Verwirklichung eines bestimmten Zustandes. Die Gesamtaufgabe des Unternehmens sowie die Teilaufgaben sind das Ergebnis der unternehmerischen Entscheidung unter dem Einfluß von Bedingungen und Forderungen. Die Prozesse dienen der Realisierung der Aufgabe. Einige Beispiele sind in Bild 4.3 dargestellt.

Die Aufgabe besteht darin, ...	**Die Aufgabe kann durch folgende Prozesse erfüllt werden:**
... ein Angebot für einen Kunden zu erstellen.	Angebotsabwicklung.
... ein Produkt oder eine Dienstleistung für einen Kunden bereitzustellen.	Auftragsabwicklung, Wartung.
... Informationen an einen Kunden zu geben.	Kundenbetreuung.
... den Kunden zu befähigen, das Produkt zu bedienen.	Produktschulung.
... das Produkt eines Kunden zu reparieren.	Reparaturabwicklung.
... einen Kunden im Fall einer Reklamation zufriedenzustellen.	Reklamationsabwicklung.
...	...

Bild 4.3: Beispiele für Aufgaben der Hauptprozesse

Wie detailliert ein Prozeß vorgegeben werden kann, ist abhängig von dem Inhalt der Aufgabe, die mit ihm erfüllt werden soll und von der Stabilität seiner Randbedingungen. Es lassen sich vier Detaillierungsgrade unterscheiden:

A: Für einen Prozeß kann nur eine Ausgangssituation und ein Ziel vorgeben werden.

B: Für einen Prozeß können neben Ausgangssituation und Ziel zusätzlich zeitliche und inhaltliche Zwischenziele (Meilensteine) vorgegeben werden.

C: Es können zusätzlich zwischen den Meilensteine verschiedene alternative Lösungswege vorgegeben werden, von denen einer in Abhängigkeit von definierten Bedingungen auszuwählen ist.

D: Für einen Prozeß kann ein Lösungsweg mit allen Tätigkeiten vorgegeben werden.

Wie detailliert die Struktur eines Prozesses zum Zeitpunkt seiner Planung vorgegeben werden kann, hängt davon ab, ob er früher in gleicher Weise oder ähnlich abgelaufen ist. Nach der Häufigkeit, mit der ein Prozeß in gleicher oder ähnlicher Weise abläuft, können folgende Typen gebildet werden:

Offener Prozeß bzw. Projekt (Detaillierungsgrad A)
Variiert der Inhalt von Aufgabe zu Aufgabe erheblich oder sind ähnliche Aufgaben eher selten bzw. ist mit größeren Veränderungen der Randbedingungen zu rechnen, ist es wenig sinnvoll eine Prozeßstruktur zu planen. Der Ablauf dieses sogenannten seltenen Prozesses zwischen Ausgangssituation und seinem Ziel ist anhand der konkreten Aufgabe festzulegen und gegebenenfalls mit Fortschreiten des Prozesses anzupassen. Solche Prozesse werden auch als Projekte bezeichnet und ihre Durchführung durch Richtlinien und Normen des Projektmanagements unterstützt (vgl. DIN 69900-1 und -2 1987; DIN 69901 1987; DIN 69902 1987; DIN 69905 1990 u.a.). Ein Beispiel dafür ist die Entwicklung einer Armatur aus Nickel nach Kundenwunsch, wenn das Unternehmen normalerweise diesen Werkstoff noch nicht für Armaturen verwendet hat. Der Ablauf des Entwicklungsprozesses der Nickelarmatur ist im Vorfeld noch nicht bestimmbar, da die Besonderheiten des Werkstoffes bei der Konstruktion (z.B. durch eine veränderte Wanddicke), bei der Verarbeitung und der Prüfplanung erst ermittelt werden müssen. Das Ziel ist aber bereits festgelegt, nämlich daß eine Nickelarmatur hergestellt wird.

Flexibler Prozeß (Prozeß mit nicht festgelegtem Lösungsweg) (Detaillierungsgrad B)
Wenn der Inhalt einer Aufgabe bzw. die Randbedingungen sich in kontrollierbarem Rahmen ändern können und diese Veränderungen den Lösungsweg im Prozeß nicht eindeutig festlegen, sondern dieser durch Eingriffe des Prozeßeigners verändert wird, kann der Prozeß ebenfalls nicht standardisiert werden. Es handelt sich um einen sogenannten flexiblen Prozeß. In diesem Prozeß sind flexible Reaktionen auf sich ändernde Aufgabeninhalte oder Randbedingungen notwendig. Ein Beispiel für einen flexiblen Prozeß ist bei der Entwicklung der Armatur aus Nickel die Produktionsplanung und -steuerung. Dabei werden z.B. der Produktionsablauf, die Produktionsstätte oder die Produktionsmittel in Abhängigkeit von den Ergebnissen der Produktdefinition festgelegt. Um einen solchen flexiblen Prozeß beherrschbar zu machen, ist eine Prozeßstruktur und -organisation zu finden, die neben den Forderungen eines normenkonformen Qualitätsmanagementsystems auch die Flexibilitätsforderungen erfüllt. Ein Grundgerüst zur Strukturierung ist mit dem Detaillierungsgrad B gegeben. Zur Planung und Organisation wird im weiteren Verlauf dieser Arbeit ein Management für flexible Prozesse entwickelt und vorgestellt.

Prozeß mit festgelegtem Lösungsweg (Detaillierungsgrad C)

Wenn der Inhalt einer Aufgabe geringe Variationen aufweist und sich die Randbedingungen in begrenzbarem Rahmen ändern können, kann der Prozeß innerhalb dieser Variationen eindeutig festgelegt werden. Er kann durch alternative Lösungswege beschrieben werden, deren Auswahl von bestimmten Bedingungen abhängt. Auch für diese Prozesse mit felgelegtem Lösungsweg ist eine Teilstandardisierung möglich. Für das Beispiel der Nickelarmatur bedeutet dies, daß der Versand in den normalerweise üblichen Schritten abläuft, daß aber z.B. eine besondere Verpackung für diese empfindliche Nickelarmatur beachtet werden muß.

Routineprozeß (Detaillierungsgrad D)

Wenn der Inhalt einer Aufgabe immer wieder gleich ist und die Randbedingungen des Prozesses stabil sind, kann dieser Prozeß mit der Darstellung eines Lösungsweges beschrieben werden. Diese Beschreibung kann zum Standard erhoben werden, der nur im Falle einer Änderung angepaßt werden muß. Der Prozeß kann als standardisierter Prozeß oder Routineprozeß bezeichnet werden. Bei der oben beschriebenen Nickelarmatur bedeutete das z.B., daß die Tätigkeit Prüfmittelüberwachung für den Prozeß Prüfungen wie gewohnt ablaufen kann, da keine anderen Prüfmittel beschafft werden müssen.

Die beschriebenen Zusammenhänge lassen sich folgendermaßen darstellen:

Aufgabeninhalt und Randbedingungen	**Prozeßtyp**	**Detaillierungsgrad**	**Planung und Organisation des Prozesses**
ändern sich erheblich	Offener Prozeß bzw. Projekt	A	Projektmanagement
ändern sich in kontrollierbarem Rahmen	Flexibler Prozeß (Prozeß mit nicht festgelegtem Lösungsweg)	B	Prozeßmanagement für flexible Prozesse
ändern sich in festlegbarem Rahmen	Prozeß mit festgelegtem Lösungsweg	C	teilweise standardisierbar
immer wieder gleich	Routineprozeß	D	standardisierbar

Bild 4.4: Planung und Organisation von Prozessen in Abhängigkeit von Aufgabeninhalt und Randbedingungen

Um zu erkennen, welche Prozesse des Unternehmens auf welche Art und Weise geplant und organisiert werden können, muß die Veränderlichkeit ihrer Aufgaben und ihrer Randbedingungen festgestellt werden. Bei den in dieser

Arbeit analysierten Unternehmen wurde dies untersucht, die folgenden Prozesse und Prozeßtypen konnten zugeordnet werden:

- Projekte bzw. seltene Prozesse: Für die Prozesse Auftragsabwicklung und Produktdefinition war, in Abhängigkeit von der Aufgabenstellung und den Randbedingungen, ein Projektmanagement für seltene Prozesse geeignet.
- Flexible Prozesse (Prozesse mit nicht festgelegtem Lösungsweg): Folgende Prozesse wurden, in Abhängigkeit von der Aufgabenstellung und der Randbedingung, als flexibel erkannt
  - Auftragsabwicklung,
  - Produktdefinition,
  - Produktionsplanung und -steuerung,
  - Beschaffung,
  - Produkterstellung,
  - Reklamations- und Reparaturabwicklung und
  - Ersatzteilabwicklung.

  Die Kundenbetreuung wurde ebenfalls als flexibler Prozeß angesehen. In den meisten Unternehmen wurden zur Prozeßbearbeitung allgemeine Verhaltensregeln für den Umgang mit Kunden vorgegeben.
- Prozesse mit festgelegtem Lösungsweg und Routineprozesse: Die folgenden Prozesse Angebotsabwicklung, Produktionslogistik, Prüfung, Versand, Produktschulung, Wartung und Produktrücknahme gehören zum Beispiel zu den standardisierbaren Prozessen.

4.2.3.2 Management flexibler Prozesse

Der folgende Abschnitt befaßt sich mit der Strukturierung und Planung flexibler Prozesse. Wie oben ausgeführt, können flexible Prozesse als Prozesse mit nicht festgelegtem Lösungsweg angesehen werden. Der Inhalt ihrer Aufgabe sowie ihre Randbedingungen ändern sich und der im Prozeß zu beschreitende Lösungsweg zur Bewältigung der Aufgabe kann nicht im Vorfeld des Prozesses, d.h. in einer Wenn-Dann-Beziehung, geplant werden. Es kann nur ein grober Organisationsrahmen für den Prozeß vorgegeben werden. Über die jeweils aktuelle Organisation des Prozesses ist durch die Nutzung des vorhandenen Erfahrungswissens der Beschäftigten und durch gemeinsame Entscheidungen der an der Prozeßbearbeitung beteiligten Beschäftigten zu entscheiden.

Den Organisationsrahmen für solche Prozesse gibt das Modell flexibler Prozesse (Bild 4.5) vor. Seine Strukturmerkmale sind:

- Startphase,
- Prozeßablaufplan,
- geplante und ereignisgesteuerte Meilensteine und
- Prozeßrückblick.

Diese Strukturmerkmale werden durch Maßnahmen zur Lenkung von flexiblen Prozessen, d.h. zur Überwachung und Korrektur des Lösungsweges, wie

- Prozeßüberwachung und
- Problemlösungsprozesse

ergänzt.

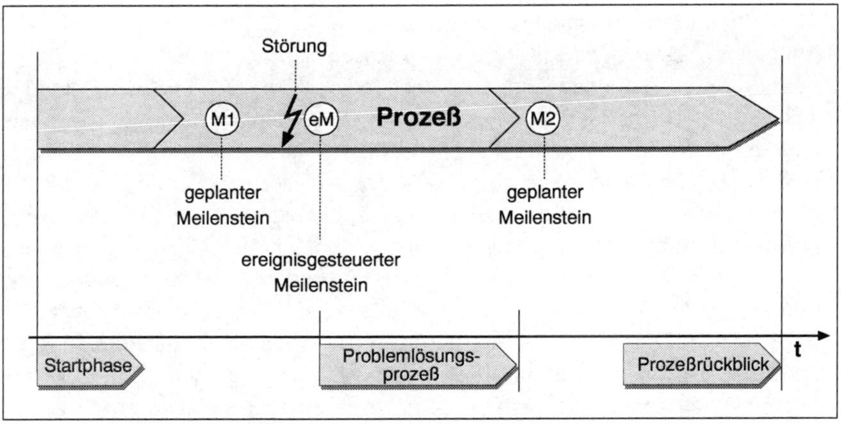

Bild 4.5: Modell flexibler Prozesse

4.2.3.3 Struktur flexibler Prozesse

Startphase

Eine Startphase ist ein strukturierter Prozeßanlauf für Prozesse. Die Startphase dient in einem flexiblen Prozeß dazu, zu Beginn Klarheit über die Aufgabe und ihre Inhalte im Detail sowie über die aktuellen Randbedingungen (z.B. Zeit, Qualität, Kosten) zu schaffen. In einer strukturierten Startphase werden alle prozeßrelevanten Informationen gesammelt und ausgewertet, wie z.B.:

- Kundenforderungen,
- Dokumentationen ähnlicher Aufgaben (Aufträge),
- Gesetze, Richtlinien und Normen,
- verfügbare Kapazitäten und Ressourcen sowie
- Synergien und Kompatibilitäten zu anderen Prozessen und Tätigkeiten.

Auf der Basis dieser Informationen werden
- die Eingliederung der neuen Aufgabe in die bereits vorhandenen Aufträge und
- die aufgabenspezifische Abwicklung (aufgabenspezifische Prozeßstruktur und -organisation)

geplant.

Das Forum für die Startphase kann eine Auftragsannahmebesprechung für die Auftragsabwicklung, eine Konstruktionsbesprechung für die Produktdefinition oder das Koordinationsgespräch in der Werkstatt für die Produktionsplanung sein. Die Startphase kann auch mehrere Besprechungen umfassen und z.B. die Vertragsverhandlungen mit dem Kunden einschließen. Die Teilnehmer sind die für den Prozeß oder seine Teilprozesse verantwortlichen bzw. zuständigen Beschäftigten, die die benötigten Informationen liefern. Für eine Startphase der Auftragsabwicklung ließe sich z.B. folgender Teilnehmerkreis festlegen: Vertreter der Funktionen Vertrieb, Einkauf, Produktionsplanung und -steuerung, Produktion, Entwicklung/Konstruktion und Geschäftsleitung. Die Startphase läßt sich in die regelmäßigen Besprechungen integrieren oder kann bedarfsabhängig organisiert werden. Zum Aufnehmen der benötigten Informationen können Checklisten oder ein Pflichtenheft dienen. Zur Planung der Umsetzung der Aufgabe bieten konventionelle oder rechnergestützte Produktionsplanungs- und -steuerungssysteme Unterstützung.

Das Ergebnis der Startphase ist z.B.
- ein aufgabenspezifisch angepaßter Prozeßablaufplan,
- die Abschätzung der benötigten Ressourcen,
- die Planung des voraussichtlich benötigten Aufwandes,
- die aufgabenspezifische Festlegung oder Anpassung von Meilensteinen mit Zeitpunkt, Inhalt, Kosten und Verantwortung,
- die Information der am Prozeß Beteiligten und die Initiierung der Kommunikation zwischen ihnen und

- Regelungen und Mechanismen zur Koordination der Serviceprozesse und Tätigkeiten sowie zur Kooperation der Prozeßbeteiligten.

Prozeßablaufplan

Für einen flexiblen Prozeß kann ein Plan der Tätigkeiten mit ihren Ablaufbeziehungen vorgegeben werden. Dieser Prozeßablaufplan dient der Orientierung und wird in der Startphase auftragsspezifisch angepaßt und gegebenenfalls an den Meilensteinen geändert.

Meilensteine

Meilensteine sind zeitliche, inhaltliche und kostenmäßige Abstimmungspunkte im Prozeß (Madauss 1994, S. 214). Man kann zwischen geplanten und ereignisgesteuerten Meilensteinen unterscheiden.

a) Geplante Meilensteine

Geplante Meilensteine sind Abstimmungs- oder Checkpunkte im Prozeß, an denen definierte Zwischenergebnisse erreicht sein müssen. Sie werden vom strategischen Management festgelegt und in der Startphase des Prozesses aufgabenspezifisch angepaßt. Die Zwischenergebnisse stellen Soll-Vorgaben dar, die an den Meilensteinen den erreichten Ist-Werten gegenübergestellt werden und so eine Fortschrittskontrolle ermöglichen. Meilensteine dienen außerdem der Koordination noch verbleibender Tätigkeiten und ermöglichen Umplanungen, um auf Abweichungen aus dem bisherigen Prozeßverlauf, auf Aufgabenänderungen oder veränderte Randbedingungen zu reagieren.

Zum Zeitpunkt der Meilensteine finden Koordinationsbesprechungen der Aufgabenbearbeitung statt. An diesen Besprechungen nehmen Vertreter aller am Prozeß beteiligter Funktionen teil. Die Meilensteine können im Rahmen regelmäßiger Besprechungen überwacht und gegebenenfalls entsprechende Maßnahmen zur Korrektur oder Anpassung des verbleibenden Prozesses eingeleitet werden. Meilensteinbesprechungen können aber auch im Ablauf des Prozesses z.B. nach bestimmten Teilprozessen oder Tätigkeiten durchgeführt werden. Hilfsmittel zur Durchführung von Meilensteinbesprechungen können sogenannte Meilensteinchecklisten sein, die alle Punkte enthalten, die an einem Meilenstein geprüft bzw. geklärt werden müssen. Die Überwachung der

Aufgabenbearbeitung und Fortschrittskontrolle kann durch Produktionsplanungs- und -steuerungssysteme unterstützt werden.

b) Ereignisgesteuerte Meilensteine

Ereignisgesteuerte Meilensteine sind die Folge eines Ereignisses, d.h. einer Störung oder einer Abweichung vom geplanten Lösungsweg. Eine Störung ist ein Ereignis, was plötzlich auftritt und den geplanten Ablauf des Prozesses beeinträchtigt oder unterbricht. Es kann sich dabei um eine Änderung der Aufgabe oder von Teilen der Aufgabe handeln oder um Probleme, die von den Randbedingungen (z.B. Ausfall der Betriebsmittel) ausgehen. Eine Abweichung ist eine Situation, die schleichend auftritt (z.B. Zeitverzug) und kann ebenfalls den geplanten Ablauf des Prozesses beeinträchtigen oder unterbrechen. Ereignisgesteuerte Meilensteine können zu einer Prozeßkorrektur (z.B. Umplanung der verbleibenden Tätigkeiten) führen oder einen Problemlösungsprozeß auslösen.

Flexible Prozesse müssen auf Veränderungen des Aufgabeninhalts oder der Randbedingungen, die während des Prozesses auftreten, reagieren können. Daher muß mit der Planung dieser Prozesse festgelegt werden, wie mit derartigen Änderungen oder Störungen umgegangen werden soll. Es ist also erforderlich, daß Verantwortlichkeiten und ein organisatorischer Rahmen für ereignisgesteuerte Meilensteine festgelegt werden.

Eine Änderungsbesprechung oder eine Problemsitzung kann das Forum für einen ereignisgesteuerten Meilenstein sein. Es kann aber auch eine Änderungsmeldung sein, die an alle Beteiligten geht und einen bestimmten vorabdefinierten Prozeß auslöst. Die Teilnehmer ereignisgesteuerter Besprechungen sind diejenigen, die von der Änderung oder Störung betroffen und für die Problemlösung zuständig bzw. verantwortlich sind. Hilfsmittel für die Bearbeitung ereignisgesteuerter Meilensteine sind Checklisten oder Formblätter, die das Erfassen und Abschätzen der Änderungen oder Störungen unterstützen.

Prozeßrückblick

Ein Prozeßrückblick ist eine nach Abschluß des Prozesses oder in regelmäßigen Zeiträumen stattfindende Prozeßbeurteilung. Sie bietet die Möglichkeit, die aufgebauten Strukturen und angewendeten Methoden hinsichtlich ihrer Eignung, die geforderte und angestrebte Qualität des Prozeßergebnisses zu erreichen, zu beurteilen.

Das Forum für den Prozeßrückblick kann eine Prozeßrückblicksbesprechung sein. Die Teilnehmer des Prozeßrückblicks sind die für den Prozeß verantwortlichen bzw. zuständigen Mitarbeiter. Ein Prozeßrückblick kann nach Abschluß eines Prozesses stattfinden, z.B. wenn eine umfangreiche Aufgabe zu bewältigen war. Eine andere sinnvolle Anwendung eines strukturierten Prozeßrückblicks besteht, wenn während des Prozesse keine Prozeßdokumentation erstellt wurde. Dieses kann im Rahmen des Prozeßrückblicks nachgeholt werden, damit gewährleistet ist, daß keine Informationen über den Prozeßverlauf verloren gehen. Ebenfalls sollte eine Prozeßbewertung in regelmäßigen Zeitabständen, z.B. an den Meilensteinen, erfolgen. Eine Dokumentation des Prozesses mit Informationen über seine Planung und Durchführung sowie über Störungen und ihre Beseitigung unterstützen die Beurteilung und Konzeption von Verbesserungsvorschlägen.

Eine Prozeßbewertung bildet die Grundlage für Verbesserungsprojekte zur Optimierung des flexiblen Qualitätsmanagementsystems. Dies ermöglicht, in kürzeren Abständen durchgeführt, einen kontinuierlichen Verbesserungsprozeß.

4.2.3.4 Lenkung von flexiblen Prozessen hinsichtlich Zeit, Kosten und Qualität

Das Lenken von Prozessen umfaßt die Prozeßüberwachung und den Problemlösungsprozeß. Die Prozeßüberwachung kann z.B. mit der Fehler-Möglichkeits- und Einflußanalyse (FMEA) (Pfeifer 1993, S. 59) oder mit dem u.g. Verfahren zur Überprüfung der Prozesse erfolgen.

Prozeßüberwachung zur Überprüfung des Prozesses

Das Verfahren zur Überprüfung des Prozesses (siehe Bild 4.6) stellt einen Lösungsansatz zur Überwachung von Prozessen dar. Dabei wird die Prozeßleistung anhand definierter Prozeßziele hinsichtlich zeitlicher, kostenbezogener sowie produktbezogener Merkmale überprüft. Dabei läßt sich der zeitliche Reifegrad anhand von Meilensteinen bestimmen. Zur Ermittlung des kostenbezogenen Reifegrades können die Leistungsarten der Prozesse herangezogen werden.

Die Ausprägung der einzelnen Indikatoren kann subjektiv eingeschätzt werden. Dies geschieht mit Hilfe einer Punktbewertung oder aber mit der Signalwirkung der Ampelfarben rot - gelb - grün. Die Bewertung kann statisch und dynamisch erfolgen. Bei einer statischen Betrachtung werden definitive Zeitpunkte des Prozesses beleuchtet. Bei einer dynamischen Betrachtung wird der Entwicklungsverlauf bewertet und Trendaussagen getroffen. Neben der Beschreibung von Prozeßstatus oder Trend ist es wichtig, im Falle erforderlicher Korrekturen, die Lenkungsmaßnahmen zu vereinbaren, Verantwortlichkeiten zu bestimmen und sie zu terminieren. Im nachfolgend beispielhaft aufgeführten Formblatt können die Ergebnisse der Überprüfung der Prozesse festgehalten werden.

Überprüfung des Prozesses:							**Team:**	**Datum:**
Rückblick:			**Termin:**			**Beur-teilung:**	**Indikator:**	**Maßnahme:**
rot	gelb	grün	rot	gelb	grün			
							Zeitliche Beurteilung	
							Startphasenbesprechung	
							Konstruktionsbeprechung	
							Interne Freigabe	
							Montagebeginn	
							Inbetriebnahme, Erprobung	
							Kundenabnahmen	
							Kostenbezogene Beurteilung	
							Materialpreis	
							Konstruktion	
							Projektierung	
							Montage	
							Gesamtkosten	
							Produktbezogene Beurteilung	
							Baugruppe I	
							Baugruppe II	

Bewertung:
rot Ziel wird nicht erreicht
gelb Ziel wird durch Korrekturen erreicht
grün Ziel wird erreicht

Beurteilung:
\+ positive Einschätzung
0 keine Einschätzung möglich
\- negative Einschätzung

Bild 4.6: Beispiel einer Beurteilungstabelle zur Überprüfung der Prozesse

Durch das Verfahren der Überprüfung der Prozesse läßt sich ein pragmatisches Controlling-Instrumentarium aufbauen, welches – regelmäßig auf Meilensteinbesprechungen angewendet – zu einer schnellen Übersicht des Prozeßverlaufs beiträgt.

Problemlösungsprozeß

Ein Problemlösungsprozeß ist ein geplanter und strukturierter Prozeß, dessen Ziel es ist, ein Problem der Aufgabenbearbeitung unter Einbeziehung seiner Ursachen und Auswirkungen zu lösen, so daß mit seinem Ergebnis weitergearbeitet und das Ziel der Aufgabenbearbeitung erreicht werden kann. Probleme können akute Veränderungen von Aufgaben oder Randbedingungen des Prozesses sein, die hier als Störungen bezeichnet werden. Sie können aber auch durch Abweichungen der Ist-Situation von der Planung entstehen.

Bei Störungen kann man zwischen erwarteten und unerwarteten Störungen unterscheiden. Als *erwartete Störungen* werden Probleme bezeichnet, die bekannt und bereits in gleicher Art so aufgetreten sind. Für sie muß festgelegt werden:

- wer für die Einleitung von Maßnahmen zur Störungsbeseitigung zuständig und verantwortlich ist und welchen Handlungs- und Entscheidungsspielraum die Verantwortlichen haben,
- wie dringend die Einleitung von Maßnahmen zur Störungsbeseitigung ist (danach entscheidet sich, ob zuerst Ursachen gesucht werden können oder erst die Einleitung von Maßnahmen im Vordergrund stehen muß),
- welche organisatorischen Maßnahmen zur Störungsbeseitigung zu entwickeln und umzusetzen sind,
- welche technischen Verfahrensanweisungen zu entwerfen sind,
- wie die Informationen über die Störung am schnellsten an wen übermittelt werden und
- wie die Störung und ihre Folgen zu dokumentieren sind.

Als *unerwartete Störungen* werden Probleme bezeichnet, die plötzlich und unverhofft eintreten. Hier muß vorab festgelegt werden:

- wer verantwortlich ist, wenn in einem Bereich eine Störung eintreten würde,
- wie der Lösungsprozeß zur Störungsbeseitigung eingeleitet werden kann,
- welche vergleichbare erwartete Störung es schon gab, wenn unerwartet eine Störung eintritt und
- welche Auswirkungen zu erwarten sind.

Die Reihenfolge der Abarbeitung bei erwarteten und unerwarteten Störungen richtet sich dabei jeweils nach der Art der Störung und nach der Anzahl der verantwortlichen bzw. zuständigen Beschäftigten.

Bei Abweichungen vom Prozeßablauf, die schleichend eintreten, muß festgestellt werden:

1. welche zeitlichen, inhaltlichen und kostenmäßigen Abweichungen überhaupt festzustellen sind (Soll/Ist-Vergleich an den Meilensteinen),
2. welche Ursachen und Auswirkungen die Abweichungen haben können,
3. welche Maßnahmen geplant und eingeleitet werden können und
4. wie die Maßnahmen an einem Meilenstein überprüft werden können.

Ein Problemlösungsprozeß kann in den folgenden Schritten (Bild 4.7) ablaufen:

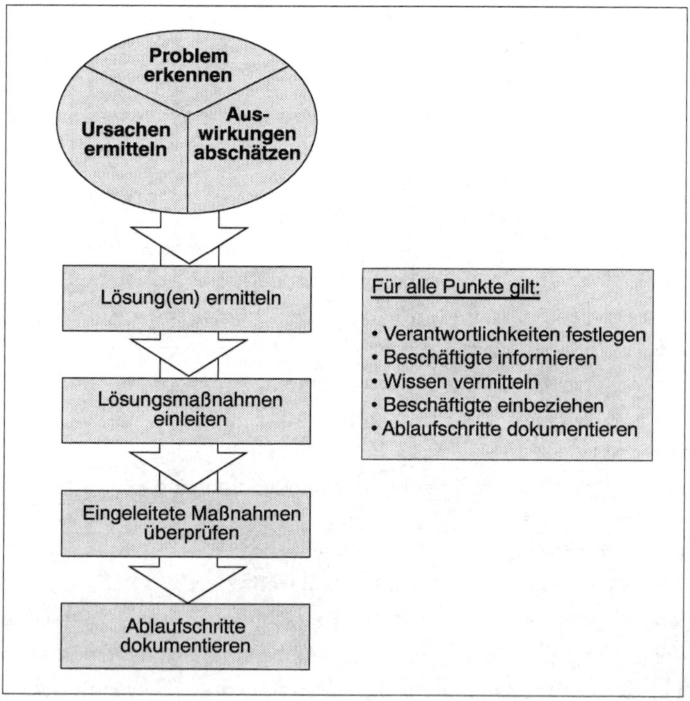

Bild 4.7: Problemlösungsprozeß

Schritt 1: Problem erkennen

Ziel dieses ersten Schrittes ist es, das Problem zu finden und einzugrenzen. Dabei muß die Dringlichkeit festgestellt werden. Wenn eine Lösung des Problems unbedingt sofort notwendig erscheint, muß eine sofortige Problemlösung eingeleitet werden. Wenn die Lösung eines Problems nicht unbedingt sofort notwendig erscheint oder nicht sofort möglich ist, ist die Ermittlung von Auswirkung und Ursache erforderlich, bevor Maßnahmen ergriffen werden können.

Schritt 2: Ursachen ermitteln

Wenn Probleme auftreten oder sich die anfänglich vermutete Ursache als falsch herausgestellt hat, ist eine gründliche Problem- und Ursachenanalyse nötig.

Schritt 3: Auswirkungen abschätzen

In Schritt 3 erfolgt die Abschätzung der Auswirkungen im jeweiligen Prozeß, für andere Prozesse, für einen Auftrag und für andere Aufträge. Ziel dieses Schrittes ist es auch, die Beteiligten sowie die vom Problem und seinen Auswirkungen betroffenen Mitarbeiter für die Problemlösung zu sensibilisieren.

Schritt 4: Lösungen entwickeln

Die Festlegung des Lösungsweges erfolgt entweder an Hand eines bereits vorhandenen, sozusagen bewährten Lösungsweges oder es erfolgt die Entwicklung neuer Lösungswege. Die Auswahl der geeigneten Lösungen erfolgt durch unternehmensspezifische Festlegungen und Gegebenheiten. Die Abschätzung der Auswirkungen von verwendeten oder neuen Lösungen auf andere Prozesse oder andere Beschäftigte ist erforderlich.

Schritt 5: Lösungsmaßnahmen einleiten

Nun erfolgt die Einleitung der entwickelten Lösungsmaßnahmen unter Berücksichtigung möglicher Anlaufschwierigkeiten. Dabei besteht die Einführung neuer Maßnahmen vor allem auch in Information, Überzeugung und Mitarbeit aller betroffenen Beschäftigten.

Schritt 6: Eingeleitete Maßnahmen überprüfen

Nach einer angemessenen Zeit muß die Wirksamkeit der Maßnahme anhand der Zielsetzung überprüft werden. Die Überprüfung der eingeleiteten Maßnahmen kann z.B. durch eine Befragung der betroffenen Beschäftigten erfolgen.

Schritt 7: Ablaufschritte dokumentieren

Es ist erforderlich, die wichtigsten Schritte der Problemlösung zu dokumentieren,

- um den prinzipiellen Ablauf des Problemlösungsprozesses immer wieder verwenden zu können,
- um den Problemlösungsprozeß nachvollziehen zu können sowie
- Fehler zu erkennen und diese beim nächsten Mal zu vermeiden.

Die Reihenfolge der Abarbeitung der Punkte hängt von der jeweiligen Situation ab. So können z.B. die Ursachen möglicherweise erst nach der Ergreifung der Maßnahmen analysiert werden, wenn dies in der Reihenfolge als dringender erscheint. Bei der Durchführung aller Punkte gilt es, die Information und Einbeziehung aller betroffenen Beschäftigten zu beachten, um die Akzeptanz der entwickelten Lösungen sicherzustellen.

4.2.4 Darlegung des flexiblen Qualitätsmanagementsystems

Die Darlegung eines flexiblen Qualitätsmanagementsystems ist prozeßorientiert und erstreckt sich auf alle Elemente eines Qualitätsmanagementsystems und damit auf nahezu alle Bereiche eines Unternehmens. Sie dient einerseits zur Fixierung der Vorgaben und andererseits zur Nachweisführung im Unternehmen, gegenüber Kunden oder anderen externen Stellen.

Struktur der Darlegung

Für die Darlegung des flexiblen Qualitätsmanagementsystems wird eine geeignete Struktur festgelegt, die dann unternehmensspezifisch im Qualitätsmanagement-Handbuch beschrieben werden muß. Eine Darlegungsstruktur mit zwei Ebenen eignet sich besonders für kleine Unternehmen bzw. für Unternehmen, bei denen z.B. wegen geringer Arbeitsteilung der Darlegungsumfang klein ist. Die im Handbuch beschriebenen Prozesse bzw. Tätigkeiten können hier bereits mit detaillierten Prozeßbeschreibungen enthalten sein oder in Verfahrensanweisungen detaillierter beschrieben werden. Die Arbeits- und Prüfanweisungen enthalten Detailanweisungen bzw. legen Einzelheiten fest. In Bild 4.8 ist eine Darlegungsstruktur mit zwei Ebenen dargestellt.

	Umfang der Darlegung	Verteiler	Prinzipieller Aufbau	Beschreibung
1. Ebene	Gesamtes Unternehmen	**Intern:** Unternehmens-leitung, Mitarbeiter **Extern:** wenn erforderlich	**QM-Handbuch**	Grundsätze, Aufbau- und Ablauforganisation, detaillierte Beschreibung unternehmens-umfassender Zusammenhänge, Verantwortungen und Kompe-tenzen. Enthält organisatorisches Know-how des Unternehmens, Verweise auf Arbeits- und Prüfanweisungen
2. Ebene	Sachgebiete, einzelne Tätigkeiten	**Nur intern:** Arbeitsplätze	**Arbeitsanweisungen Prüfanweisungen**	Regelungen von Einzelheiten und Detailanweisungen wie Prüfspezifikationen usw. Enthält technisches Know-how des Unternehmens

Bild 4.8: Darlegungsstruktur des flexiblen Qualitätsmanagementsystems mit zwei Ebenen

Qualitätsmanagement-Handbuch

Der Hauptteil des Qualitätsmanagement-Handbuchs (Bild 4.9) ist bei einer prozeßorientierten Dokumentation entsprechend den Unternehmensprozessen gegliedert.

Kapitel		Revision
I	Titelblatt	0
II	Inhaltsverzeichnis	0
III	Allgemeines	0
1	Managementprozesse	0
2	Haupt- und Serviceprozesse	0
3	Anhang	0

Erstellt	Geprüft, QMB	Freigabe, GF	Freigabedatum
Unterschrift	Unterschrift	Unterschrift	Datum

Empfehlungen zum Inhalt:

Auflistung der einzelnen Bestandteile (z.B. Titelblatt, Anhang) sowie Kapitel und ggf. Unterkapitel des Qualitätsmanagement-Handbuches mit Angabe des aktuellen Revisionsstandes

Bild 4.9: Beispiel für die Gliederung eines prozeßorientiert aufgebauten QM-Handbuchs

In jeweils einem Kapitel werden die Managementprozesse und die Haupt- und Serviceprozesse beschrieben. Die Kapitel können in Unterkapitel entsprechend den einzelnen Prozessen gegliedert werden. Auf detailliertere Prozeßbeschreibungen (z.B. Verfahrensanweisungen) wird direkt beim jeweiligen Prozeß bzw. bei der jeweiligen Tätigkeit verwiesen.

Es empfiehlt sich, die Dokumentation der einzelnen Prozesse im Hauptteil wie in Bild 4.10 dargestellt aufzubauen.

2.1	**Auftragsabwicklung**		**Revision**
2.1.1	Zweck und Anwendungsbereich ...		0
2.1.2	Begriffe ...		0
2.1.3	Prozeßbeschreibung ...		0
2.1.4 ...	Anmerkungen, mitgeltende Unterlagen, Normen ...		0
Erstellt	Geprüft, QMB	Freigabe, GF	Freigabedatum
Unterschrift	Unterschrift	Unterschrift	Datum

Empfehlungen zum Inhalt:

Zweck und Anwendungsbereich:
Abteilungen, für welche die Prozeßbeschreibung gilt und welchen Nutzen diese Abteilungen daraus ziehen

Begriffe:
Allgemein verständliche Definition der verwendeten Begriffe

Prozeßbeschreibung:
Aufgabenspezifische Dokumentation der einzelnen Prozesse

Anmerkungen usw.:
Ergänzungen und Verweise auf mitgeltende Unterlagen (z.B. Verfahrensanweisungen, Formulare)

Bild 4.10: Beispiel für Aufbau und Inhalt der einzelnen Kapitel im Hauptteil des QM-Handbuches

In einer Einleitung des Kapitels 2 zur Beschreibung der Haupt- und Serviceprozesse können die Aufgabenfelder des Unternehmens genannt werden. Um darzustellen, welche Dokumentationsform für die einzelnen Prozesse gewählt wird, können die unterschiedlichen Prozeßtypen differenziert werden:

- Routineprozesse und Prozesse mit determiniertem Lösungsweg (Detaillierungsgrad C und D) können standardisiert bzw. teilstandardisiert und mit verbalen Beschreibungen, Tabellen oder Flußdiagrammen dokumentiert werden.
- Für flexible Prozesse, die mit Detaillierungsgrad B planbar sind, sollte die Beschreibung des Prozesses folgendermaßen aufgebaut sein:

- Darstellung der Außenbeziehungen des Prozesses: Ressourcen (Eingaben), Vorgaben und Ergebnisse,
- aufgabenfelderspezifische Prozeßablaufpläne,
- aufgabenfelderspezifische Startphasen- und Meilensteinchecklisten und
- Beschreibung der Verfahren und Verantwortlichkeiten für Prozeßkorrekturen.

- Offene Prozesse bzw. Projekte können entsprechend den Normen DIN 69900 bis 69905 dokumentiert werden (vgl. DIN 69900-1/-2 1987; DIN 69901 1987; DIN 69902 1987; DIN 69903 1987; DIN 69905 1990).

Die Prozeßbeschreibungen müssen unabhängig von der Dokumentationsform im wesentlichen folgende Inhalte haben:

- Start- und Endpunkt des Prozesses,
- Ressourcen (Eingaben) des Prozesses und der Tätigkeiten an Schnittstellen zwischen Funktionsbereichen,
- Beschreibung der einzelnen Tätigkeiten mit Verantwortlichen,
- Ergebnisse des Prozesses und der Tätigkeiten an Schnittstellen zwischen Funktionsbereichen,
- Verzweigungen, Verknüpfungen, Rückkopplungen im Prozeß,
- Schnittstellen zu anderen Prozessen,
- Verweis auf Verfahrensanweisungen, wenn eigenständige Verfahrensanweisungen bestehen.

Verfahrensanweisungen

In einem flexiblen Qualitätsmanagementsystem wird zur Erhaltung der Flexibilität angestrebt, die Prozesse und Tätigkeiten nicht in detaillierten Verfahrensanweisungen zu dokumentieren, sondern in der oben beschriebenen Dokumentationsform festzuhalten. Die Normenkonformität bleibt dadurch erhalten.

Sollte es dennoch notwendig sein, können im flexiblen Qualitätsmanagementsystem Verfahrensanweisungen eingesetzt werden. Auf die einzelnen Verfahrensanweisungen wird im Qualitätsmanagement-Handbuch beim entsprechenden Prozeß bzw. bei der Tätigkeit verwiesen. Die Anzahl der Verfahrensanweisungen, deren Umfang und Dokumentation sind in Abhängigkeit von der Komplexität der Arbeit, den angewendeten Methoden, den Fertigkeiten und der

Qualifikation der Mitarbeiter sowie dem Anwendungsbereich und der Struktur des Qualitätsmanagement-Handbuchs unternehmensspezifisch festzulegen.

Um in den Verfahrensanweisungen auf Details verzichten und sie dadurch übersichtlicher zu gestalten, können zusätzlich geltende interne und externe Unterlagen, wie z.B. Arbeitsanweisungen und Richtlinien, aufgeführt werden.

4.4 Diskussion des flexiblen Qualitätsmanagementsystems

Das Modell des flexiblen Qualitätsmanagementsystems ermöglicht das Treffen von Entscheidungen bezüglich Unternehmenspolitik, -zielen und -strategien auf der strategischen Managementebene, die den Anforderungen an eine menschengerechte Arbeitsgestaltung gerecht werden. Für die Realisierung der getroffenen Entscheidungen erfolgt die Umsetzung durch Weitergabe konkreter Anweisungen an die operative Ebene. Dies kann z.B. durch die Bildung von Startphasenbesprechungen und Problemlösungsgruppen geschehen.

Die einzelnen Elemente des entwickelten flexiblen Qualitätsmanagementsystems werden im folgenden Abschnitt anhand der Anforderungen an die Arbeitsgestaltung

- Ganzheitlichkeit,
- Anforderungsvielfalt,
- Möglichkeiten der sozialen Interaktion,
- Autonomie und Handlungsspielraum,
- Lern- und Entwicklungsmöglichkeiten und
- Beteiligung an der Gestaltung der Aufgabenbearbeitung,

kritisch diskutiert und beurteilt. Dabei wird berücksichtigt, daß bei der Gestaltung des flexiblen Qualitätsmanagementsystems der Schwerpunkt, wie bereits in Kapitel 2.3.3.2 'Einschätzung der Arbeitssituation durch die Beschäftigten als Beurteilung der menschengerechten Arbeitsgestaltung' angesprochen wurde, auf die Gestaltung der intellektuellen Regulationsebene gelegt wurde, da diese Ebene eine zentrale Rolle bei der Aufgabenbewältigung spielt.

Ganzheitlichkeit

Ganzheitliche Arbeitsaufgaben mit einem sinnvollen und umfassenden Aufgabenzusammenhang und einem erkennbaren Anfang, Verlauf und Endpunkt als Abschluß der Bearbeitung werden durch die Struktur der flexiblen Prozesse und der Darlegung unterstützt. Durch diese Strukturen erhalten die Beschäftigten Unterstützung beim Überblick über die gesamte Aufgabenbearbeitung und können ihre Tätigkeiten auftragsbezogen und -übergreifend planen. Dabei wird in der normativ-strategischen Ebene festgelegt, ob die Beschäftigten eine Rückmeldung durch die eigene Prüfung der Arbeitsergebnisse erhalten oder ob die Prüfung durch andere Mitarbeiter geschieht.

Die Ganzheitlichkeit der Tätigkeiten kann für den Beschäftigten z.B. durch Schulungsmaßnahmen über den Aufbau der Produkte, den Ablauf der Aufgabenbearbeitung, zeitliche und inhaltliche Zusammenhänge der flexiblen Aufgabenbearbeitung und die Auswirkungen eigener Planungen und Entscheidungen für die Aufgabenbearbeitung in anderen Bereichen erhöht werden.

Durch die Organisation der flexiblen Prozesse mit Hilfe von Startphasenbesprechungen zu Beginn des Prozesses, Prozeßablaufpläne während des Ablaufes des Prozesses und die Durchführung des Prozeßrückblicks zum Abschluß des Prozesses ist es für die Beschäftigten möglich, daß ihre Arbeitsaufgaben einen sinnvollen und umfassenden Aufgabenzusammenhang, einen erkennbaren Anfang, Verlauf und einen Endpunkt als Abschluß der Bearbeitung aufweisen.

Anforderungsvielfalt

Die Gestaltung von anforderungsvielfältigen Arbeitsaufgaben wird dadurch erreicht, daß der flexible Prozeß durch seine Struktur für den einzelnen Beschäftigten planende, vorbereitende, ausführende und überwachende Tätigkeiten mit einem wechselnden Kompliziertheitsgrad enthält. Gemeinsam mit anderen Beschäftigten erfolgt die Prozeßplanung und -vorbereitung in der Startphasenbesprechung. Die Ausführung des Prozesses erfolgt während der Prozeßbearbeitung durch den oder die verantwortlichen Beschäftigten. Eine Überwachung erfolgt an den regelmäßigen Meilensteinen oder – bei Bedarf – an den ereignisgesteuerten Meilensteinen. Die Freigabe des Prozesses erfolgt, wenn die Prüfung an den Meilensteinen durchgeführt wurde und die Prozeßüberwachung ergeben hat, daß der Prozeß störungsfrei abläuft. Wenn die Prozeßüberwachung ergeben hat, daß der Prozeß nicht störungsfrei abläuft, dann ist die Durchführung eines Problemlösungsprozesses durch die Beschäftigten erforderlich, der wiederum kontrolliert und freigegeben werden muß.

Eine Anforderungsvielfalt wird dabei durch verschiedene Anforderungen an Körperfunktionen und Sinnesorgane gefördert, z.B. durch die Überwachung des störungsfreien Maschinenlaufes und die gleichzeitige Überwachung des störungsfreien Prozeßablaufes des Hauptprozesses Auftragsabwicklung in Verbindung mit dem Serviceprozeß Produkterstellung, die unterschiedliche Fähigkeiten, Kenntnisse und Fertigkeiten der Beschäftigten notwendig machen.

Möglichkeiten der sozialen Interaktion

Möglichkeiten der sozialen Interaktion werden durch die gemeinsame Planung, Ausführung, Kontrolle und Freigabe durch mehrere Beschäftigte gemeinsam, z.B. in der Startphasenbesprechung oder beim gemeinsamen Problemlösungsprozeß, ermöglicht. Für die prozeßinterne und -übergreifende Zusammenarbeit werden zeitliche und inhaltliche Kommunikationspunkte festgelegt. Die Teilnehmer werden vorab bestimmt und alle Beteiligten informiert. Alle für die Aufgabenbearbeitung notwendigen Informationen sowie Start- und Endtermine der parallel laufenden Tätigkeiten werden zu Prozeßbeginn zur Verfügung gestellt bzw. festgelegt. Wichtige Schnittstellen zum Austausch von Informationen und zur Koordination der Tätigkeiten werden definiert und Termine für Besprechungen aller Beteiligten, in denen die Aufgabenbearbeitung überwacht und gegebenenfalls korrigiert wird, festgelegt. Durch die notwendige Kommunikation und Kooperation der Beschäftigten wird die Entwicklung von sozialen Fähigkeiten der Beschäftigten unterstützt.

Der Aufbau des flexiblen Qualitätsmanagementsystems durch einzelne Managementebenen ermöglicht die Gestaltung des innerbetrieblichen Informationsflusses. Dabei wird in der normativ-strategischen Ebene z.B. die Festlegung der internen Kunden-Lieferanten-Beziehung getroffen. In der operativen Ebene werden der Lieferant und die tätigkeitsauslösende Information bzw. das Produkt, die Tätigkeiten und Verantwortlichkeiten sowie der Kunde und die Art der weiterzugebenden Information bzw. des Produktes festgelegt. Dadurch entsteht eine Transparenz über den Informationsfluß. Dies ermöglicht einen störungsarmen und rechtzeitigen Informationsfluß zwischen den einzelnen Schnittstellen der Hierarchieebenen und Funktionsbereiche.

Die Transparenz über die Aufgabenbearbeitung wird durch die Struktur der QM-Darlegung in zwei Ebenen angestrebt. In der ersten Darlegungsebene erhalten die Beschäftigten einen Überblick über den gesamten Haupt- bzw. Serviceprozeß, d.h. die internen Kunden-Lieferanten-Beziehungen. Dieser Rahmen ermöglicht eine auftragsbezogene Anpassung der Tätigkeiten an sich ändernde Rahmenbedingungen, ohne grundlegende organisatorische Änderungen durchzuführen.

Autonomie und Handlungsspielraum

Die Autonomie der Beschäftigten wird durch die Möglichkeit der selbständigen Aufgabenausführung unterstützt. Es ist möglich, die auftragsbezogenen Tätigkeiten auf unterschiedlichen Wegen zu bearbeiten. Aus diesem Grund werden die einzelnen Tätigkeiten der flexiblen Prozesse nicht mehr als Flußdiagramme, sondern als Checklisten beschrieben. Diese haben den Vorteil, daß die Durchführung der wichtigsten qualitätsrelevanten Tätigkeiten sichergestellt wird, aber daß die Beschäftigten die Reihenfolge der Tätigkeiten selbst bestimmen können.

Bei der Bewältigung der flexiblen Prozesse und deren Darlegung im QM-Handbuch werden Zuständigkeiten und Verantwortlichkeiten nicht einzelnen Beschäftigten, sondern gesamten Arbeitsteams, Funktionsbereichen oder Organisationseinheiten zugewiesen. Die Beschäftigten sind damit als Gruppe für die Einhaltung der Vorgaben und die qualitätsforderungsgerechte Erstellung der Arbeitsergebnisse verantwortlich. Dabei entspricht es den Forderungen der ISO 9000-Familie, die nicht ausdrücklich eine personenbezogene Darlegung der Zuständigkeiten, Befugnisse und Verantwortlichkeiten fordert. „Für ein QM-System ... sollten diese Prozesse und die zugehörigen Verantwortlichkeiten, Befugnisse, Verfahren und Mittel festgelegt und in einer miteinander vereinbarten Art eingesetzt werden“ (DIN EN ISO 9000-1 1994, S. 15f.).

Lern- und Entwicklungsmöglichkeiten

Lern- und Entwicklungsmöglichkeiten ergeben sich durch die durchzuführenden Schulungsmaßnahmen. Für die oberste Leitung muß die Schulung „Verständnis für das QM-System und Werkzeuge und Techniken ... vermitteln" (DIN EN ISO 9004-1 1994, S. 48). Das technische Personal muß geschult werden, um „seinen Beitrag zum Erfolg des QM-System zu steigern" (DIN EN ISO 9004-1 1994, S. 48).

Weiterhin erfolgt die Qualifizierung der Beschäftigten durch die beteiligungsorientierte Konzeption und Einführung des flexiblen QM-Systems und die damit verbundene betriebsspezifische Weiterentwicklung der Forderungen der DIN EN ISO 9001. Die Beschäftigten werden durch die Mitarbeit bei der Problemlösung in der eigenen Abteilung und beim abteilungsübergreifenden Problemlösungsprozeß beteiligt, in die Vorgänge integriert und können daraus Möglichkeiten zur eigenen Weiterentwicklung generieren. Es ergeben sich Lern- und Entwicklungsmöglichkeiten für die Beschäftigten dadurch, daß sich die Darlegung der flexiblen Prozesse auf die wesentlichen Angaben zur Prozeßbearbeitung, d.h. auf die Informationen, die zum Verständnis des Prozeßablaufes erforderlich sind, beschränkt. Das bedeutet, daß nicht jeder Handgriff beschrieben wird und so das vorhandene Wissen der Beschäftigten genutzt und erweitert werden kann.

Beteiligung an der Gestaltung der Aufgabenbearbeitung

Die Beteiligung der Beschäftigten am Aufbau und der Weiterentwicklung des flexiblen Qualitätsmanagementsystems unterstützt die erfolgreiche Durchführung dieses Prozesses, da die Beschäftigten ihre Kenntnisse über die Arbeitsaufgaben und das Produktionssystem in die Erstellung der Verfahrens- und Arbeitsanweisungen einbringen können. Es bauen sich Wissen, Kenntnisse und Fähigkeiten auf, die eine Bereitschaft zur Verantwortungsübernahme erhöht.

Die Beteiligung der Beschäftigten ist die Grundlage für die erfolgreiche Umsetzung der Struktur und Organisation des flexiblen Prozesses. Dabei werden die Beschäftigten an der Planung des Prozesses in der Startphase, der Festlegung der regelmäßigen Meilensteine, dem Problemlösungsprozeß zum Zeitpunkt des ereignisgesteuerten Meilensteins und beim Prozeßrückblick beteiligt.

5 Fallbeispiel zur Umsetzung des Modells eines flexiblen Qualitätsmanagementsystems

In diesem Kapitel wird exemplarisch ein Fallbeispiel zur Umsetzung des flexiblen Qualitätsmanagementsystems dargestellt. Dafür wurde der Hauptprozeß 'Auftragsabwicklung' des Unternehmens B ausgewählt. Die Komplexität dieses Beispiels ermöglicht eine umfassende Darstellung des Gestaltungsprozesses für ein flexibles Qualitätsmanagementsystem in kleinen und mittleren Unternehmen. In der knapp einjährigen Begleitung konnten die betriebliche Gestaltung dieses Hauptprozesses abgeschlossen und Maßnahmen für weitere Prozesse initiiert werden. Die Aufgabe der Begleitforschung im ausgewählten Unternehmen bestand nicht darin, das Unternehmen zur Zertifizierung zu führen, sondern die Grundlagen für eine Zertifizierung zu schaffen.

5.1 Vorstellung des ausgewählten Unternehmens

Das ausgewählte Unternehmen ist ein Entwicklungs- und Fertigungsunternehmen mit zwei Geschäftsfeldern, wovon im Rahmen der Untersuchung die Aufgabenbearbeitung in einem Geschäftsfeld näher untersucht wurde. Die Produktpalette dieses Geschäftsfeldes umfaßt komplexe elektronische Baugruppen. Das Unternehmen hatte zu Beginn der Untersuchung 130 und zum Projektende ca. 200 Beschäftigte. Dieses Unternehmen ist aus einem vor 15 Jahren gegründeten Ingenieurbüro entstanden. Die nach den Produktgruppen getrennten Geschäftsfelder weisen eine vergleichbare Struktur auf, d.h. es gibt in beiden Geschäftsfeldern die Funktionsbereiche Vertrieb, Entwicklung und Fertigung. In diesem Unternehmen liegt durch die Forderungen der Kunden nach großer inhaltlicher und zeitlicher Flexibilität ein großer Flexibilitätsbedarf für den Hauptprozeß Auftragsabwicklung und daraus abgeleitet für den Serviceprozeß Produktionsplanung und -steuerung vor, die in diesem Unternehmen im Rahmen dieser Arbeit gestaltet wurden.

Die Auftragsstruktur des betrachteten Geschäftsfeldes ist durch folgende Merkmale gekennzeichnet:

- eine Losgröße zwischen 25 und 1000 Stück, im Durchschnitt ist eine Losgröße von 100 Stück typisch,
- 50% der Aufträge sind kundenspezifische Produkte (Varianten von Standardprodukten oder kundenspezifische Neuentwicklungen),

- 30% der Aufträge beziehen sich auf Standardaufträge,
- 20% sind reine Entwicklungsaufträge, dabei kommen 70% der Aufträge von externen und 30% von internen Kunden, d.h. von einem anderen Geschäftsbereich.

Die Geschäftsleitung setzt sich aus drei geschäftsführenden Gesellschaftern zusammen, die ihre Arbeitsgebiete Finanzen und die Geschäftsfelder I und II voneinander getrennt haben. Die kaufmännische Abteilung mit Buchhaltung, Personalverwaltung, Auftragsbearbeitung und Materialwesen sowie das Qualitätswesen haben eine „Stabs"- bzw. Servicefunktion für beide Geschäftsfelder. Die nach den Produktgruppen getrennten Geschäftsfelder (siehe Bild 5.1) weisen eine vergleichbare Struktur auf, d.h. es gibt in beiden Geschäftsfeldern die Funktionsbereiche Vertrieb, Entwicklung und Fertigung.

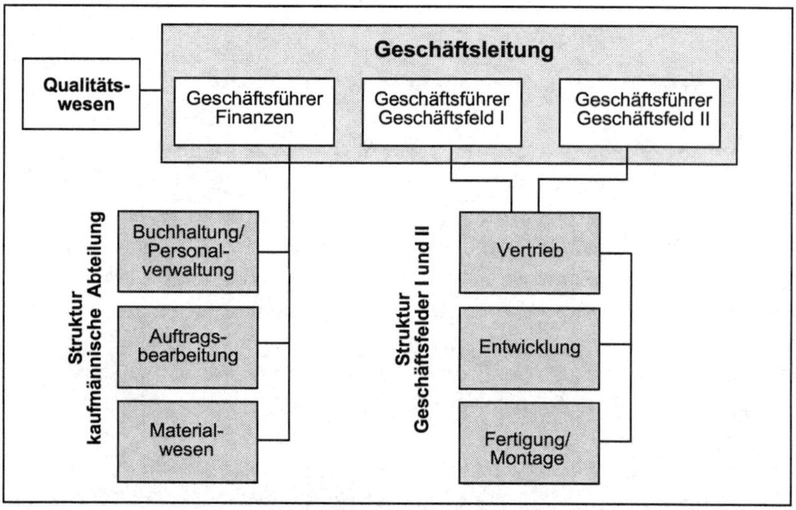

Bild 5.1: Organigramm des Unternehmens

Das Unternehmen verfügt über vier Hierarchieebenen mit den Leitungsfunktionen Geschäftsführer, Abteilungsleiter und Gruppenleiter. Insgesamt verfügen 62,3% der Beschäftigten über eine abgeschlossene Berufsausbildung. 28,7% der Beschäftigten verfügen über ein Fach- bzw. Hochschulstudium.

Zu Projektbeginn strebte das Unternehmen eine Zertifizierung für das Jahr 1997 an. Der Aufbau eines flexiblen Qualitätsmanagementsystems wurde als

Möglichkeit betrachtet, eine Aufbau- und Ablauforganisation zu gestalten, die flexibel auf Forderungen der Kunden reagiert. Das vorliegende Fallbeispiel beschäftigt sich mit der Flexibilisierung der Auftragsabwicklung der Produktionsplanung und -steuerung.

5.2 Projektorganisation und Zielbestimmung

Projektorganisation

Die Organisation des Projektes zum Aufbau eines flexiblen Qualitätsmanagementsystems stand an erster Stelle der Aktivitäten im Unternehmen. Dabei wurde das Projekt bzgl. Aufgaben, Verantwortlichkeiten und Terminen organisiert. Das bedeutete im Einzelnen die

- Feststellung der am Projekt Beteiligten,
- Festlegung des betrieblichen Projektleiters und seiner Aufgaben,
- Festlegung des Projektteams und seiner Aufgaben,
- Konzeption der Projektfortschrittskontrolle.

Die Aufgaben des betrieblichen Projektleiters bestanden in der Schaffung des organisatorischen Rahmens des Projektes im Unternehmen, die Mitarbeit bei der Konzeption und Umsetzung von Lösungsansätzen, der Formulierung von Lösungsansätzen mit dem Projektteam und der ständigen Information der Unternehmensleitung und der betroffenen Beschäftigten.

Das Projektteam im Unternehmen bestand aus dem Leiter Fertigung (betrieblicher Projektleiter), den Leitern der Fertigungsbereiche Oberflächenmontage und Durchsteckmontage, dem Gruppenleiter Arbeitsvorbereitung, dem Qualitätsmanagementbeauftragten und einer Wissenschaftlerin. Die Aufgaben des Projektteams waren

- die Konzeption und Umsetzung von Lösungen,
- die regelmäßige Information der Beschäftigten über das Projekt (Projektverlauf und Lösungsvorschläge),
- die Einbeziehung betroffener Beschäftigte bei Konzeption und Umsetzung von Lösungsansätzen und
- die Schulung von Beschäftigten.

Die Aufgabe des Qualitätsmanagementbeauftragten bestand während der Projektlaufzeit zusätzlich in der Ergänzung und Korrektur des Qualitätsmanagementsystems.

Die Projektfortschrittskontrolle erfolgte durch den betrieblichen Projektleiter monatlich. Dabei wurde die Summe der Eilaufträge als Kriterium des Projektfortschritts festgelegt, da zu Projektbeginn eindeutig die Reduzierung der Eilaufträge als oberstes Projektziel, gleichrangig mit dem Aufbau eines flexiblen Qualitätsmanagementsystems, festgelegt wurde. Die Überwachung des Projektfortschritts erfolgte durch Formulierung von konkreten Aufgaben an die Mitglieder des Projetteams, die mit definitiven Terminen verbunden wurden. Dabei wurde bei jeder Projektsitzung die Einhaltung der Termine und die Erledigung der Aufgaben durch die externe Wissenschaftlerin überprüft.

Die Projektdauer betrug im Unternehmen 10 Monate, dabei wurden alle 2 Wochen Projektsitzungen im Unternehmen durchgeführt.

Bestimmung der normativ-strategischen Unternehmensziele

Aufgabe des normativen Managements im Unternehmen war es, die allgemeinen Grundsätze des Unternehmens und des flexiblen Qualitätsmanagementsystems aus der Unternehmensphilosophie und -politik abzuleiten. Dabei wurde die Qualitätspolitik des Unternehmens festgelegt. Dieses wurde in der strategischen und operativen Ebene des flexiblen Qualitätsmanagementsystems durch Maßnahmen, z.B. die Einführung von Qualitätszirkeln, Führungskräfteseminaren und Produktschulungen für die Beschäftigten, konkretisiert und umgesetzt.

Die strategischen Ziele des Unternehmens wurden in die Bereiche

A. Wirtschaftlicher Erfolg,
B. Kundenorientierung,
C. Personalentwicklung mit dem Ziel der selbstverantwortlichen Mitarbeiter,
D. Steigerung der Produktqualität und
E. Aufbau eines flexiblen Qualitätsmanagementsystems

unterteilt.

Diese Unternehmensziele sollten allen Mitarbeitern zur Orientierung dienen und in den Abteilungen diskutiert werden. Sie gelten nicht als unumstößlich und sollen dem Wandel des Marktes angepaßt und bei Bedarf ergänzt werden. Dabei ist das Unternehmensziel des wirtschaftlichen Erfolges die Grundlage für die strategische Ausrichtung des Unternehmens und die Leitlinie für alle Entscheidungen.

A. Wirtschaftlicher Erfolg
Ziel des Unternehmens ist es, durch zielorientiertes unternehmerisches Handeln die wirtschaftliche Entwicklung aktiv zu steuern und damit den Bestand des Unternehmens trotz konjunktureller Schwankungen und wechselnder Rahmenbedingungen langfristig zu sichern und auszubauen. Dabei soll das Wachstum des Unternehmens in der Größenordnung von 5 bis 10% erfolgen und ineffiziente Abläufe oder Strukturen innerhalb des Unternehmens erkannt und deren Schwachstellen durch geeignete Maßnahmen abgebaut werden.

B. Kundenorientierung
Der Kunde steht im Mittelpunkt des unternehmerischen Handelns und der Entscheidungen, da der Kunde sozusagen die Gehälter der Beschäftigten zahlt und dafür hervorragende Qualität, absolute Termintreue und sehr guten Service erwartet.

C. Personalentwicklung mit dem Ziel der selbstverantwortlichen Mitarbeiter
Die Mitarbeiter werden in ihrer Kreativität unterstützt; eine ganzheitliche und eigenverantwortliche Arbeitsgestaltung soll dabei die Selbstverwirklichung der Mitarbeiter und die Produktivität erhöhen. Mit kooperativem Führungsstil soll ein vertrauensvolles Arbeitsklima geschaffen und die Zufriedenheit aller Mitarbeiter erhöht werden. Weiterqualifikation wird als Voraussetzung für Kompetenz und Übernahme von Verantwortung gesehen und soll deshalb fester Bestandteil der Mitarbeiterförderung sein. Die Mitarbeiter sollen in alle Entscheidungsprozesse eingebunden sein, von denen sie betroffen sind, und dann auch entsprechende Verantwortung übernehmen. Dabei wird ein hohes Maß an Entscheidungsfreiheit und Verantwortung für alle Mitarbeiter angestrebt.

D. Steigerung der Produktqualität
Im Mittelpunkt aller Produktentwicklungen stehen die Produktqualität, der Kundennutzen und das kostenoptimierte Design nach dem neuesten Stand der Technik unter Berücksichtigung umweltschonender Ansätze bei der Produktion und dem Gebrauch der Produkte. Dabei strebt das Unternehmen ein festes Standbein im europäischen Geschäft an, will die Leistung der Fertigung in den nächsten 5 Jahren verdoppeln, die Marktführerschaft bei einigen Produktberei-

chen erhalten bzw. erreichen und die kundenspezifische Entwicklung und Fertigung weiter ausbauen.

E. Aufbau eines flexiblen Qualitätsmanagementsystems
Ziel des Unternehmens war zu Projektbeginn der Aufbau eines normenkonformen und gleichzeitig flexiblen Qualitätsmanagementsystem nach DIN EN ISO 9001. Dabei soll das normenkonforme und flexible Qualitätsmanagementsystem

- die flexible und simultane Aufgabenbearbeitung unterstützen,
- nicht zu einer ungeregelten Aufgabenbearbeitung führen sowie
- das Erfahrungswissen der Beschäftigten nutzen und fördern.

Die Beteiligung der engagierten und qualifizierten Beschäftigten des Unternehmen beim Aufbau des flexiblen Qualitätsmanagementsystems sollte den Erfolg des flexiblen QM-Systems sicherstellen.

5.3 Darstellung der Ist-Situation der betrieblichen Flexibilität und des Qualitätsmanagementsystems

Die Ausgangssituation, die mit den im Kapitel 3 beschriebenen Instrumenten erfaßt wurde, stellte sich für das Unternehmen wie folgt dar:

Betriebliche Flexibilität

Für die Flexibilität der *Unternehmensorganisation* waren einzelne gezielte Maßnahmen notwendig. Dabei sollten sich die Maßnahmen vor allem auf eine störungsfreie simultane Aufgabenbearbeitung und die Schaffung kapazitiver Freiheitsgrade für schwierige, unvorhersehbare Situationen beziehen. Die *Produktionsorganisation* sollte durch selbststeuernde Regelkreise, z.B. Kanban-Systeme, flexibilisiert werden. Bei der Flexibilität der *Personalorganisation* bestand der Handlungsbedarf vor allem in der Möglichkeit des flexiblen Einsatzes der vorhandenen Mitarbeiter und der rechtzeitigen Einarbeitung neuer Mitarbeiter sowie der Nutzung des Erfahrungswissens älterer Beschäftigter, die z.B. ausscheiden. Eine Möglichkeit der Erhöhung der Flexibilität der *Beschäftigten* bei Veränderungen der Arbeitszeit und der Arbeitsaufgaben wird durch die Einbeziehung der Beschäftigten bei der Erarbeitung von Problemlösungen und eine notwendige Qualifikation der Beschäftigten über des Qualitätsmanagementsystem gesehen. Die Flexibilität der *Arbeitsorganisation* sollte durch die Gestaltung von ganzheitlichen Arbeitsaufgaben für die Beschäftigten erhöht werden. Bei der Erhöhung der Flexibilität der funktionalen Einheiten wird nur geringer Handlungsbedarf gesehen.

Beurteilung der Arbeitssituation durch die Beschäftigten

Die Beschäftigten beurteilten ihre Arbeitssituation dahingehend, daß *Informationen* meist nicht ausreichend und nicht rechtzeitig kamen. Es war kein Konzept vorhanden, wie und an wen Informationen weitergeleitet werden sollten. Die *Transparenz* innerhalb der einzelnen Abteilungen war relativ gut, aber Transparenz über andere Abteilungen war nicht bzw. teilweise nicht vorhanden. Bezüglich des *Handlungsspielraums* wurde festgestellt, daß 20% der Beschäftigten Arbeiten erledigen müssen, die eigentlich zu kompliziert sind. Notwendig war deshalb eine verstärkte Qualifikation der Beschäftigten, vor allem in Bezug auf die kurzfristige Reaktion auf Störungen oder in Problemlösungssituationen. Die *Beteiligung* der Beschäftigten durch die Unternehmensleitung war nicht ausreichend. Entscheidungen wurden oft ohne Berücksichtigung der Betroffenen gefällt. In Bezug auf das *Qualitätsmanagement* fühlten sich 60% der Beschäftigten nicht oder teilweise nicht genügend über die Einführung des QM-Systems informiert. Ursache dafür war die ungenügende Einbeziehung der Beschäftigten beim Aufbau des QM-Systems.

Überblick über die Auftragsabwicklung

Derzeitig ist die Auftragsbearbeitung dadurch gekennzeichnet, daß der Vertrieb die Bestellungen der Kunden entgegennimmt und Auskünfte an den Kunden, gegebenenfalls mit vorheriger Rücksprache mit der Fertigung (z.B. Terminanfragen) oder Entwicklung (z.B. Machbarkeit und Termine von Neuentwicklungen) gibt. Nach der Klärung des Auftrages gibt der Vertrieb das Angebot und den Termin an den Kunden ab und nimmt die Bestellung entgegen.

Nach dem Eingang der Bestellung gibt der Vertrieb den Auftrag an den Auftragseingang. Dort wird eine Vertragsprüfung durchgeführt, die Annahme des Auftrags wird bestätigt, die Fakturierung durchgeführt und später die Zahlung überwacht. Wenn es sich um ein Standardprodukt handelt, gehen die Unterlagen zur Arbeitsvorbereitung.

Bei Varianten oder Neuentwicklungen, die beim Auftragseingang nicht zu klären sind, werden alle Unterlagen in die Entwicklungsabteilung weitergegeben. Dort erfolgt die technische Produktspezifikation, die Entwicklung der Soft- und Hardware, die Konstruktion des Leiterplattenlayouts und die Erstellung von Bestückungszeichnungen für Leiterplatten. Erstellte Unterlagen gehen von der Entwicklung zur Arbeitsvorbereitung.

In der Arbeitsvorbereitung erfolgt die Eingabe der Daten in das PPS-System, die Überprüfung der Materialbestände und die Auslösung der Bestellungen über den Einkauf sowie die Erstellung der Fertigungsaufträge sowie einer Auftragsliste über alle Aufträge. Der Einkauf führt die Lieferantenauswahl und die Bestellabwicklung durch.

Die Fertigungsaufträge werden nun aus der Arbeitsvorbereitung zum Lager (zur Zusammenstellung des Materials) und von dort in die Fertigungsabteilung Oberflächenmontage und von dort in die Durchsteckmontage weitergegeben. Eine Feinplanung der Bestückungstätigkeiten erfolgt anhand der Fertigungsunterlagen durch die Gruppenleiter der beiden Fertigungsbereiche.

Nach der Fertigung werden alle Bauteile in der Prüfabteilung den notwendigen Prüfungen unterzogen. Die Rückmeldung aus der Prüfabteilung an die Arbeitsvorbereitung, daß die Teile vollständig geprüft und in Ordnung sind, führt zur Streichung des Fertigungsauftrages aus der Auftragsliste. Die geprüften Bauteile und Leiterplatten gehen von der Prüfabteilung zum Versand und werden von dort verschickt.

In Bild 5.2 sind die Informationsbeziehungen zwischen den einzelnen Funktionsbereichen bei der Bearbeitung von Aufträgen für Standardartikel und Produktneuentwicklungen gemeinsam dargestellt. Dabei sind die bei der Bearbeitung der Produktentwicklung zusätzlichen Informationsflüsse mit einer Punktlinie gekennzeichnet. Die Funktionsbereiche wurden in Rechtecke eingetragen und der Informationsfluß und seine Richtung durch Linien zwischen den Funktionsbereichen und mit Pfeilspitzen gekennzeichnet.

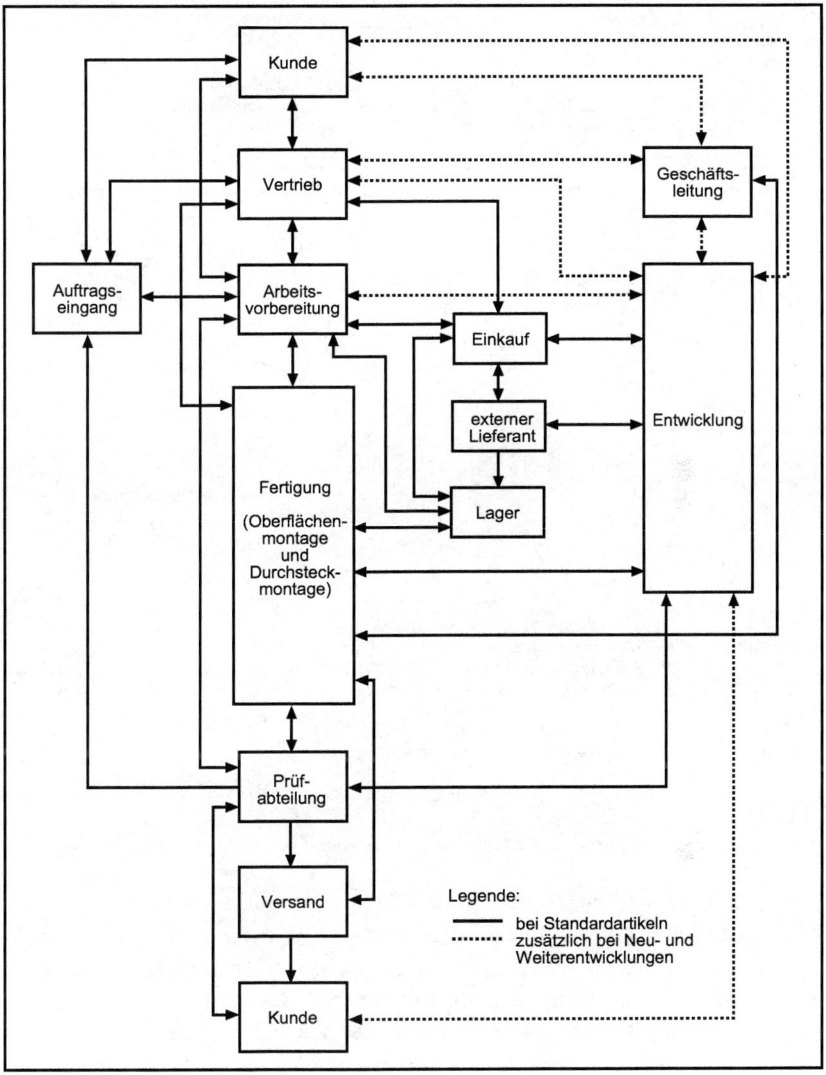

Bild 5.2: Darstellung des Informationsflusses im Unternehmen

Die Analyse der Auftragsabwicklung ergab die in Bild 5.3 dargestellten prozeßbezogenen Stärken und Verbesserungspotentiale.

Prozeß	Stärken	Verbesserungspotentiale
Produktneu-entwicklung	• Zusammenarbeit der Entwicklung mit der Fertigung bei Produktneuentwicklungen, • schriftliche Dokumentation aller Kundenkontakte,	• Spezialistentum in einigen Abteilungen, • Bauteilreduzierung bei Neuentwicklungen und verstärkte Verwendung von standardisierten Bauteilen notwendig,
Angebots-abwicklung	• frühzeitige Spezifikation der Kundenanforderungen, • direkte Kontakte zwischen Geschäftsleitung, Vertrieb, Entwicklung und dem Kunden,	• Flexibilität bei vom Kunden geforderten kurzen Lieferzeiten,
Produktions-planung und -steuerung	• Erfassung aller eingehenden Fertigungsaufträge in einer Auslieferungsliste, um die Übersicht über alle Kundenaufträge, auch bei kurzfristigem Eingang, zu wahren,	• nicht termingerechte Materialbeschaffung und damit verbundener hoher Umdipositionsaufwand bei fehlendem Material, • zu wenig Informationen über Verzögerungen bei der Materialbeschaffung,
Beschaffung	• Beschaffung bereits geprüfter Bauteile zur Reduzierung des Prüfaufwandes,	• Zeitverzögerungen bei Lieferungsausfällen oder verspäteter Lieferung, • teilw. zu niedrige Mindestbestände, • keine kurzfristige Materialbeschaffung möglich, • bessere Verfolgung fehlender Zukaufteile durch den Einkauf,
Produkt-erstellung	• Selbstprüfung bei der Fertigung bzw. Montage, • Arbeitserweiterung und Arbeitsbereicherung durch die Integration von Prüftätigkeiten für einige Beschäftigte,	• Bauteile, die bei der Montage fehlen und die dadurch eine erhöhte Flexibilität durch Umdisposition erforderlichen machen,
Prüfung	• systematisch durchgeführte Fehlererfassung und -auswertung bei der Prüfung der Bauteile,	• bessere Prüfspezifikationen, • Erstellung einer Werksnorm für Prüfspezifikationen,

Bild 5.3: Zusammenfassung von Stärken und Verbesserungspotentialen im Unternehmen

Weiterhin ist es positiv einzuschätzen, daß die Mitarbeiter Probleme im Team klären und sich in den einzelnen Abteilungen so weit wie möglich gegenseitig unterstützen. Die Organisation der Abläufe wird durch E-Mail-Boxen zur Informationsverteilung im Unternehmen, durch feste Ansprechpartner für Kunden und durch die Festlegung von Produktverantwortlichen in der Entwicklungsabteilung, die Ansprechpartner für alle Beschäftigten im Unternehmen zum jeweiligen Produkt sind, erleichtert.

Negativ wirken sich Arbeits- und Auftragsunterbrechungen in der Fertigung und Prüfabteilung durch kurzfristige Änderung von Kundenwünschen, Umdisposition durch fehlendes Material und die noch nicht genügend bewältigten erhöhten Anforderungen durch flexibles Reagieren auf Kundenwünsche aus. Weiterhin fiel die unzureichende Abstimmung bei der Festlegung von Lieferterminen zwischen Verkauf, Einkauf und Arbeitsvorbereitung auf.

5.4 Umsetzung des flexiblen Qualitätsmanagementsystems durch Prozeßmanagement

5.4.1 Ermittlung der aktuellen Prozeßstruktur und -organisation der Auftragsabwicklung

Die zu Beginn ausgewählten repräsentativen Aufträge wurden wieder herangezogen, um die jeweiligen Prozesse und Tätigkeiten zu identifizieren sowie zeitliche Abhängigkeiten und Zuständigkeiten in einem Prozeßdiagramm darzustellen. Dieses Vorgehen wurde in einer Gruppendiskussion im erweiterten Projektrahmen durchgeführt. Dabei waren die Mitglieder des Projektteams und Vertreter aller Abteilungen anwesend.

Anhand eines Standardartikels mit Variante wurden die unternehmensspezifischen Prozesse ermittelt und in einem Prozeßdiagramm festgehalten (siehe Bild 5.4). Die Zeitachse wurde in Kalenderwochen unterteilt. Anhand des ausgewählten Kundenauftrages wurden in der o.g. Gruppendiskussion der Beginn und das Ende der einzelnen Prozesse festgelegt. Die Durchlaufzeiten wurden dabei als Balken dargestellt. Die den Prozeß durchführende Abteilung wurde in die letzte Spalte eingetragen.

Weiterhin wurden vorhandene Schnittstellen zwischen den Prozessen und Tätigkeiten in der internen Kunden-Lieferanten-Beziehung ermittelt. Anschließend konnten die vorhandenen inhaltlichen und zeitlichen Abstimmungszeitpunkte mit Hilfe einer Checkliste als Meilensteine definiert werden. Die ermittelten Meilensteine wurden ebenfalls in das Prozeßdiagramm eingetragen. Das Ergebnis ist ein Prozeßdiagramm mit Meilensteinen 1 bis 4 für die Serienfertigung oder die Fertigung von Varianten.

Die Meilensteine 1 bis 4 werden folgendermaßen definiert:

- Meilenstein 1: Beginn der Serienfertigung,
- Meilenstein 2: Produktionsbeginn, d.h. Beginn von vorbereitenden Tätigkeiten für die Fertigung, z.B. Bestellen, Lagerhaltung, Wareneingangsprüfung,
- Meilenstein 3: Fertigungsbeginn, d.h. Beginn von Tätigkeiten zur Produkterstellung, also die Teilefertigung,

- Meilenstein 4: Liefertermin für das erste Los der Serie, d.h. Lieferung des Bauteiles an den Kunden und danach beginnende Kundenbetreuung.

Bild 5.4: Prozeßdiagramm mit Meilensteinen für die Serienfertigung eines Standardartikels mit Variante

Feststellung der Prozesse an den Meilensteinen

Um festzustellen, welche Prozesse an den jeweiligen Meilensteinen aufeinandertreffen und welche Prozesse miteinander in Einklang gebracht bzw. untereinander koordiniert werden müssen, wurden die Prozesse zum Zeitpunkt der jeweiligen Meilensteine aus dem Prozeßdiagramm mit Meilensteinen (Bild 5.4) abgelesen. Dabei wurden die Prozesse in abgeschlossene, fortzusetzende und beginnende Prozesse unterschieden. Diese Prozesse werden in den folgenden Bildern 5.5 bis 5.8 für die Meilensteine 1 bis 4 dargestellt. Dabei beziehen sich die Nummern auf die Prozeßbenennungen aus Bild 5.4.

Abgeschlossene Prozesse	**Beginnende Prozesse**	**Fortzusetzende Prozesse**
0 Kundenbestellung (Bedarf extern ausgelöst) 3.2 Entwicklung bis zur Serienreife des Prototypen 7.3 Erstellung der Fertigungsunterlagen für die Serie	1 Angebotsabwicklung (technisch, kaufmännisch, Angebotsverfolgung) 3 Produktdefinition für die Variante	6.2 Lagerhaltung für Neuteile 8.1 Prüfmittelüberwachung

Bild 5.5: Prozesse am Meilenstein 1: Beginn der Serienfertigung

Abgeschlossene Prozesse	**Beginnende Prozesse**	**Fortzusetzende Prozesse**
3 Produktdefinition für Varianten 6.2 Lagerhaltung für Neuteile 8.4 Sonderprüfungen für Varianten	4 Produktionsplanung- und steuerung 5.2 Bestellabwicklung	2.3 Auftragsüberwachung

Bild 5.6: Prozesse am Meilenstein 2: Produktionsbeginn für das erste Los der Serie - nach ca. 2 Wochen seit Beginn der Serienfertigung

Abgeschlossene Prozesse	**Beginnende Prozesse**	**Fortzusetzende Prozesse**
Auslöser: Starttermin des Fertigungsauftrages	7.1 Werkstattsteuerung 7.2 (Teile)fertigung	2.3 Auftragsüberwachung 5.2 Bestellabwicklung 5.3 Wareneingang 6.1 Bereitstellung Fertigung 6.2 Lagerhaltung 8.1 Prüfmittelüberwachung 8.2 Wareneingangsprüfung

Bild 5.7: Prozesse am Meilenstein 3: Fertigungsbeginn für das erste Los der Serie - nach ca. 6 Wochen seit Beginn der Serienfertigung

Abgeschlossene Prozesse	Beginnende Prozesse	Fortzusetzende Prozesse
2.3 Auftragsüberwachung 7.1 Werkstattsteuerung 8.3 Produktprüfung	2.4 Fakturierung/ Zahlungsüberwachung 7.4 Produktabnahme (durch den Kunden) 9 Versand 10 Kundenbetreuung	6.2 Lagerhaltung 8.1 Prüfmittelüberwachung

Bild 5.8: Prozesse am Meilenstein 4: Liefertermin für das erste Los der Serie - nach ca. 9 Wochen nach Beginn der Serienfertigung

Feststellung der internen Kunden-Lieferanten-Beziehung

Um die Tätigkeiten der einzelnen Abteilungen bzw. Beschäftigten besser koordinieren zu können und den Informationsaustausch an den Schnittstellen zu verbessern, wurde mit Hilfe des Prozeßdiagramms mit Meilensteinen festgestellt, wer interner Kunde und interner Lieferant zum Zeitpunkt der Meilensteine war. Diese interne Kunden-Lieferanten-Beziehung wurde in die nachfolgende Tabelle eingetragen.

Interner Lieferant	Interner Kunde
Meilenstein 1: Beginn der Serienfertigung	
Externer Kunde	Auftragseingang
Auftragseingang	Arbeitsvorbereitung
Arbeitsvorbereitung	Kunde
Arbeitsvorbereitung	Entwicklung
Entwicklung	Einkauf
Arbeitsvorbereitung, Entwicklung	Fertigung
Fertigung	Arbeitsvorbereitung
Fertigung	Arbeitsvorbereitung
Meilenstein 2: Produktionsbeginn für das erste Los der Serie	
Arbeitsvorbereitung	Auftragseingang
Arbeitsvorbereitung	Entwicklung
Arbeitsvorbereitung	Entwicklung
Einkauf	Arbeitsvorbereitung
Meilenstein 3: Fertigungsbeginn für das erste Los der Serie	
Arbeitsvorbereitung	Einkauf
Fertigung	Produktverantwortlicher
Fertigung	Arbeitsvorbereitung
Fertigung	Einkauf
Meilenstein 4: Liefertermin für das erste Los der Serie	
Fertigung	Einkauf
Arbeitsvorbereitung	Produktverantwortlicher
Materialwesen	Arbeitsvorbereitung
Fertigung	Arbeitsvorbereitung
Arbeitsvorbereitung	Fertigung, Einkauf
Entwicklung	Fertigung
Lager	Einkauf

Bild 5.9: Feststellung der internen Kunden-Lieferanten-Beziehung an den Meilensteinen

5.4.2 Ausgangssituation und Verbesserungspotentiale

Im Projektteam erfolgte nun die Ermittlung der Verbesserungspotentiale an den Meilensteinen. Es wurde ermittelt, ob alle Informationen, die an den Meilensteinen ausgetauscht werden müssen, auch erzeugt wurden und wenn ja, ob sie rechtzeitig ausgetauscht werden konnten. Es wurde festgestellt, daß an Meilenstein 2 'Produktionsbeginn für das erste Los der Serie' große Informationsdefizite bestanden. Es fehlten in der Arbeitsvorbereitung z.B. Informationen über in der Fertigung benötigtes Material bzw. noch vorhandenes Material, verfügbare und benötigte Fertigungskapazitäten, Zeiten für einzelne Arbeitsgänge sowie die Durchlaufzeit des gesamten Fertigungsauftrages.

Dieses Informationsdefizit hatte Auswirkungen auf den Meilenstein 1 'Beginn der Serienfertigung'. Am Meilenstein 3 'Fertigungsbeginn für das erste Los der Serie' bestand das Informationsdefizit darin, daß zwischen Einkauf, Arbeitsvorbereitung und Fertigung nur unzureichende Informationen weitergegeben wurden. Die Zusammenarbeit dieser Abteilungen mußte besser unterstützt werden. Es mußten die Voraussetzungen geschaffen werden, daß die Startphase zu Beginn der Serienfertigung optimal abläuft.

Die Situation zum Zeitpunkt des Beginns der Serienfertigung war dadurch gekennzeichnet, daß die Planung und Steuerung für zwei aufeinanderfolgende Fertigungsschritte, die Oberflächen- und die Durchsteckmontage, durch die Arbeitsvorbereitung gemeinsam erfolgte. Das bedeutete, daß die Auftragsplanung nur für den ersten Fertigungsschritt Oberflächenmontage durch die Arbeitsvorbereitung erfolgte und das Ende des ersten Fertigungsschrittes den zweiten Fertigungsschritt Durchsteckmontage auslöste.

Das Material wurde für beide Fertigungsschritte zu Beginn des ersten Fertigungsschrittes entnommen. Das bedeutete, daß die Entnahme für den zweiten Fertigungsschritt zu früh erfolgte und das Material damit zu früh abgebucht wurde. Dadurch entsprach die Situation, die vom System angezeigt wurde, nicht der realen Materialsituation.

Die Fertigungsaufträge wurden für beide Fertigungsschritte mit gleichen Losgrößen und zum gleichen Zeitpunkt ausgelöst. Dabei stieß das Ende des ersten Fertigungsschrittes Oberflächenmontage den zweiten Fertigungsschritt Durchsteckmontage in gleicher Losgröße an, so daß eine kundenauftragsspezifische Fertigung nicht möglich war.

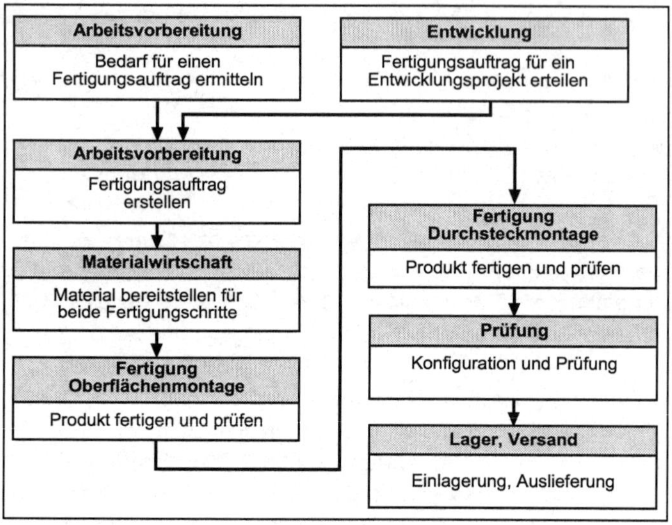

Bild 5.10: Ausgangssituation der Auftragsabwicklung

5.4.3 Neuorganisation des Prozesses Auftragsabwicklung

Die initiierte Veränderung bestand darin, daß die Produktionsplanung und -steuerung für beide Fertigungsschritte getrennt wurde. Es erfolgt nun eine getrennte Planung und Steuerung für den Fertigungsschritt Oberflächenmontage und den Fertigungsschritt Durchsteckmontage. Das bedeutet gleichzeitig, daß die Oberflächenmontage zu einer Serienfertigung in großen Stückzahlen und die Durchsteckmontage zu einer Fertigung in kleinen Losgrößen auf Kundenwunsch wird.

Diese Trennung der Produktionsplanung und -steuerung in die beiden Fertigungsschritte bewirkt neu initiierte Startphasen sowie geplante und ereignisgesteuerte Meilensteine.

Startphasen

Startphase für Lagerhaltung und Materialbereitstellung
Die Lagerhaltung und die Materialvorbereitung für Bauteile wurde zwischen den beiden Fertigungsschritten Oberflächen- und Durchsteckmontage ge-

trennt. Für die Oberflächenmontage erfolgt die Lagerhaltung und Materialbereitstellung nun direkt in der Abteilung und erweitert damit den Handlungsspielraum der Beschäftigten. Für die Durchsteckmontage erfolgt die Lagerhaltung und Materialbereitstellung weiterhin im Lager. Diese Vorgehensweise hat den Vorteil, daß bei Lagerentnahme jeweils für die Fertigungsschritte einzeln der Bedarf abgebucht wird, d.h. die Kenntnis des realen Bedarfs jetzt gewährleistet ist.

Die Materialbereitstellung im Fertigungsschritt Oberflächenmontage erfolgt nun in einer Startphase zu Prozeßbeginn. Dabei wird eine Liste mit Aufträgen für die nächsten zwei Wochen mit den jeweiligen Materialnummern für den Fertigungsschritt aus der Arbeitsvorbereitung an die Abteilung Oberflächenmontage weitergeleitet. Die Beschäftigten haben die Aufgabe, den Fertigungsprozeß in einer Startphase vorzubereiten. Das geschieht u.a. durch das Abgleichen des real vorhandenen Materials mit dem Materialbedarf. Stellen sie hierbei fest, daß der Lagerbestand geringer ist als der Bedarf, muß der Einkauf informiert werden, der dann wiederum die Aufgabe hat, das benötigte Material schnellstmöglich zu beschaffen. Dieses stellt kein Problem mehr dar, da zwei Wochen Vorlauf ausreichend sind.

Startphase für die Fertigungsschritte Oberflächen- und Durchsteckmontage
Zur Initiierung von erfolgreichen Startphasen zur Planung der Fertigungsschritte erfolgte die Trennung der Fertigungsaufträge für beide Fertigungsschritte. Die Aufträge für die nächsten zwei Wochen werden von der Arbeitsvorbereitung zum Fertigungsschritt Oberflächenmontage gegeben, dort in großen Stückzahlen (z.B. 100) bearbeitet und als Halbzeuge an den Fertigungsschritt Durchsteckmontage weitergegeben. Die Fertigungsaufträge für den Fertigungsschritt Durchsteckmontage fließen nun – wochengenau aus der Arbeitsvorbereitung kommend – mit dem dazugehörigen kommissionierten Material für den Fertigungsschritt Durchsteckmontage zusammen und werden hier in kleineren Stückzahlen (z.B. 10) bearbeitet. Nun ist es möglich, im zweiten Fertigungsschritt kundenauftragsspezifisch in kleinen Stückzahlen problemlos innerhalb von vier Wochen zu fertigen.

Die Bearbeitung der Aufträge wird nun jeweils in Startphasenbesprechungen für Oberflächen- und Durchsteckmontage mit allen Beschäftigten geplant. Dafür wird den Beschäftigten durch die Einführung eines Kanban-Systems mehr Verantwortung übertragen. Die Beschäftigten des Fertigungsschrittes Durchsteckmontage sind dafür zuständig, daß die Produktion von Halbfertigteilen im

Fertigungsschritt Oberflächenmontage ausgelöst wird. Wenn die Beschäftigten feststellen, daß eine bestimmte Materialmenge unterschritten ist, müssen sie die Fertigung von Neuteilen in der Arbeitsvorbereitung auslösen.

In der Startphasenbesprechung kann nun eine Transparenz über die

- Fertigungskapazitäten (Die Überschaubarkeit der Kapazitäten in der Fertigung ist besser gewährleistet, die tatsächliche Wochenkapazität der Fertigungsschritte Oberflächen- und Durchsteckmontage ist ersichtlich),
- Standarddurchlaufzeiten (Die Durchlaufzeiten durch die Fertigung sind durch die genaue Planung und Ausführung der Aufträge ersichtlich),
- Dispositionsübersicht (Die Disposition für das Material ist getrennt nach Fertigungsschritten möglich, das erlaubt eine genauere Disposition und Übersichtlichkeit)

hergestellt werden.

Geplante Meilensteine

Es wurde festgestellt, daß durch die Trennung des Meilensteins 3, d.h. durch die Trennung des Beginns der beiden Fertigungsschritte, neue wichtige inhaltliche Abstimmungen zu Beginn der Fertigungsschritte Oberflächen- und Durchsteckmontage notwendig sind.

Daraus ergeben sich neue Meilensteine,

- Meilenstein 3a: Fertigungsbeginn für Fertigungsschritt Oberflächenmontage für das erste Los der Serie - nach ca. 6 Wochen seit Beginn der Serienfertigung,
- Meilenstein 3b: Fertigungsbeginn für Fertigungsschritt Durchsteckmontage für spezifische Kundenaufträge - nach Beendigung des Fertigungsschrittes Oberflächenmontage.

Bild 5.11 zeigt einen Ausschnitt aus dem veränderten Ablauf der Elektonikfertigung mit den neuen Meilensteinen.

Die Verantwortung dafür, daß die Informationen zum Zeitpunkt des neuen Meilensteins vorliegen, erhalten – ebenso wie auch bei den bisherigen Meilensteinen – die Prozeßverantwortlichen. Koordinationsaufgaben an den Meilensteinen bestehen in der Koordination der beiden Fertigungsschritte Oberflächen- und Durchsteckmontage, der Koordination des Materials und der Koordination der kundenspezifischen Fertigung und erfolgen in den Startphasen.

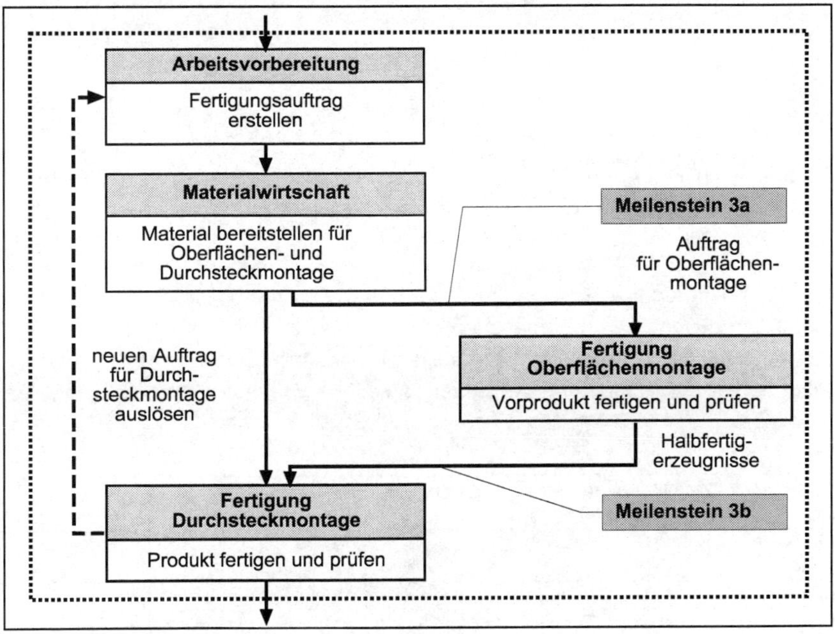

Bild 5.11: Veränderter Ablauf der Elektronikfertigung mit neuen Meilensteinen

Die folgenden Prozesse (Bilder 5.12 und 5.13) wurden für den Zeitpunkt der Meilensteine 3a und b neu festgelegt.

Abgeschlossene Prozesse	Fortzusetzende Prozesse	Beginnende Prozesse
Auslöser: Starttermin des Fertigungsauftrages für Fertigungsschritt Oberflächenmontage	2.3 Auftragsüberwachung 5.2 Bestellabwicklung 5.3 Wareneingang 6.1 Bereitstellung Oberflächenmontage 6.2 Lagerhaltung Oberflächenmontage 8.1 Prüfmittelüberwachung 8.2 Wareneingang Oberflächenmontage	7.1 Werkstattsteuerung 7.2 (Teile)fertigung

Bild 5.12: Prozesse am Meilenstein 3a: Fertigungsbeginn für Fertigungsschritt Oberflächenmontage

Abgeschlossene Prozesse	Fortzusetzende Prozesse	Beginnende Prozesse
7.2 Fertigungsschritt Oberflächenmontage Auslöser: Kundenaufträge für die jeweilige Woche	2.3 Auftragsüberwachung 5.2 Bestellabwicklung 5.3 Wareneingang 6.1 Bereitstellung Durchsteckmontage 6.2 Lagerhaltung Durchsteckmontage 8.1 Prüfmittelüberwachung 8.2 Wareneingang Lager Durchsteckmontage	7.1 Werkstattsteuerung 7.2 (Teile)-fertigung

Bild 5.13: Prozesse am Meilenstein 3b: Fertigungsbeginn für Fertigungsschritt Durchsteckmontage

In den folgenden Meilenstein-Informations-Checklisten (Bild 5.14 und 5.15) sind die notwendigen Informationen zum Zeitpunkt der neu definierten Meilensteine aufgelistet. Aus den Meilenstein-Informations-Checklisten wird ersichtlich, daß alle für einen reibungslosen Ablauf notwendigen Informationen vorliegen.

Quelle der Information	Beschreibung der Information	Abteilung, die Information benötigt	Status
Einkauf	Material	Fertigungsschritt Oberflächenmontage	erfolgt
Entwicklung	Fertigungsunterlagen	Arbeitsvorbereitung	erfolgt
Arbeitsvorbereitung	Termin für notwendige Materialwirtschaft	Materialwesen	erfolgt
Arbeitsvorbereitung	Start des Fertigungsauftrages	Fertigung Oberflächenmontage	erfolgt
Fertigung Oberflächenmontage Einkauf	Ergebnismeldung	Arbeitsvorbereitung	erfolgt

Bild 5.14: Checkliste für den Informationsaustausch am Meilenstein 3a: Fertigungsbeginn für Fertigungsschritt Oberflächenmontage

Quelle der Information	benötigte Information	Abteilung, die Information benötigt	Status
Einkauf	Material	Arbeitsvorbereitung	erfolgt
Arbeitsvorbereitung	Fertigungsunterlagen	Entwicklung	erfolgt
Arbeitsvorbereitung	Kundenaufträge für die jeweilige Woche	Fertigung Durchsteckmontage	erfolgt
Arbeitsvorbereitung	Kundenaufträge für die jeweilige Woche	Prüfabteilung	erfolgt
Fertigung Durchsteckmontage	gefertigte Erzeugnisse mit Aufträgen	Prüfabteilung	erfolgt
Entwicklung	Prüfanleitungen	Prüfabteilung	erfolgt

Bild 5.15: Checkliste für den Informationsaustausch am Meilenstein 3b: Fertigungsbeginn für Fertigungsschritt Durchsteckmontage

5.4.4 Lenkung eines Prozesses hinsichtlich Qualität, Kosten und Zeit

Störungen oder Abweichungen der geplanten Prozeßdurchführung erfordern u.U. die Einleitung von Maßnahmen und Abstimmungsbesprechungen außerhalb der geplanten Meilensteine in ereignisgesteuerten Meilensteinen. Dabei kommt es zu bedarfsabhängigen Problemlösungsbesprechungen im Rahmen des Problemlösungsprozesses, an denen alle Prozeßverantwortlichen und -zuständigen teilnehmen, die für die Störungsursache verantwortlich oder von den Auswirkungen und möglichen Änderungen betroffen sind. Innerhalb einer Problemlösungsbesprechung erfolgte z.B. die Überprüfung des Prozesses 'Produktneuentwicklung eines Industrierechners' mit Hilfe des Formblattes zur Überprüfung von Prozessen (Bild 5.16).

Ziele bei der Anwendung des Formblattes waren

- eine Überprüfung, ob die Produktdefinition im Vorfeld der Entwicklung ausreichend erfolgte,
- eine kontinuierliche Verifikation der Entwicklungsergebnisse und damit Sicherstellung aller geforderten Qualitätsmerkmale,
- eine Überprüfung der Zeit- und Kostenplanung,
- die frühzeitige Erkennung von Fehlentwicklungen und
- eine kontinuierliche Dokumentation der Entwicklung.

Überprüfung des Prozesses: Produktneuentwicklung eines Industrierechners							**Team:** Entwicklung	**Datum:**
Rückblick:			**Termin:**			**Beurteilung:**	**Indikator:**	**Maßnahme:**
rot	gelb	grün	rot	gelb	grün		**Zeitliche Beurteilung**	
		Produkt idee innovativ			X	+	**Konzeptionsphase** Definition der Nutzeranforderungen hinsichtlich Funktion, technische Randbedingungen, Dokumentation, Termine, Kosten, Ergebnis: Lastenheft	
	Preis zu hoch			X		+	**Definitionsphase** System-, Funktions- und Schnittstellenspezifikation, Ergebnis: Freigabe des Pflichtenheftes	Designreview Ziel: preiswertere Teile
Test liefert kein Prüfsignal				X Teststrategie		-	**Entwurfsphase** Verfeinerung Grobentwurf aus Pflichtenheft, Schnittstellenspezifikation, Teststrategie, Ergebnis: Freigabe des Entwurfs	Teststrategie verändern
Prototypenbau verzögert				X Prototypenbau		-	**Realisierungsphase** Modulrealisierung und -test, Prototypenbau und -test, Erstellen der Nutzerdokumentation, Ergebnis: Annahmebestätigung	Prototypenbau beschleunigen
		X			X	-	**Fertigungseinführungsphase für die Serienfertigung** Ressourcenplanung, Fertigungsunterlagen, Teilebeschaffung, Serientest, Ergebnis: Beginn der Serienfertigung	
						0	**Nutzungsphase** Produktankündigung durch den Vertrieb, Fertigung und Auslieferung	Vertrieb einbeziehen
							Kostenbezogene Beurteilung	
		X			X	+ Preis reduziert	**Ökonomische Anforderungen an das Produkt** Stückzahl, Preis, Marktvolumen	
Proto typen bau	Teststrategie					- überzogen	**Kosten der einzelnen Entwicklungsphasen**	PT-Bau und Teststrategie überarbeiten
Beschäftigte für Montage nötig						+	**Ressourcenplanung** Personal, Maschinen	2 Beschäftigte einstellen
Noch keine Aussage möglich						0	**Mängelbeseitigung, Kundenunterstützung, Weiterentwicklung**	Strategieen ausarbeiten
Kosten liegen im geplanten Rahmen						+	**Gesamtkosten**	

Bewertung:
rot Ziel wird nicht erreicht
gelb Ziel wird durch Korrekturen erreicht
grün Ziel wird erreicht

Beurteilung:
\+ positive Einschätzung
0 keine Einschätzung möglich
\- negative Einschätzung

Bild 5.16: Beurteilung der Produktneuentwicklung

Mit Hilfe des Formblattes zur Überprüfung des Prozesses wurde u.a. festgestellt,

- daß in der Definitionsphase des Produktes ein zu hoher Verkaufspreis geplant wurde, der durch den Einbau preiswerterer Bauteile reduziert werden konnte,
- daß in der Entwurfsphase die Teststrategie verändert werden mußte,
- daß sich in der Realisierungsphase der Prototypenbau verzögerte und
- daß für die Nutzungsphase noch keine Aussagen möglich sind, da umgehend der Vertrieb eingeschaltet werden muß, um das Produkt auf den Markt zu bringen.

Die kostenmäßige Beurteilung fiel, trotz Problemen mit Teststrategie und Prototypenbau, günstig aus, da nicht mehr als die für die Entwicklung eingeplanten Ressourcen benötigt wurden. Verbesserungspotentiale konnten aber in den beiden Bereichen Prototypenbau und Planung der Produkttests aufgedeckt werden, um noch kostengünstiger entwickeln zu können.

Mit Hilfe des Verfahrens zur Überprüfung der Prozesses, welches ein einfaches Controllinginstrument darstellt, erfolgte eine regelmäßige Überprüfung von Prozessen und Tätigkeiten hinsichtlich Qualität, Kosten und Zeit.

5.5 Umsetzung und Darlegung des flexiblen Qualitätsmanagementsystems

Für die Umsetzung des flexiblen Qualitätsmanagementsystems wurden alle zu beteiligenden Prozeßeigner informiert. Zusammen mit den Prozeßeignern wurden die entwickelten Maßnahmen präzisiert und umgesetzt. Die Prozeßeigner informierten ihre Mitarbeiter und arbeiteten nach den geänderten Regeln, z.B. für die Trennung der Planung und Steuerung für die Fertigungsschritte Oberflächen- und Durchsteckmontage.

Neben den in der DIN EN ISO 9001 beschriebenen Vorgehensweisen zur Darlegung von Qualitätsmanagementsystemen wurden die folgenden Schritte zur Darlegung des flexiblen Qualitätsmanagementsystems durchgeführt. Dabei war von Bedeutung, daß die Prozeßorientierung zu einer anderen Gestaltung des Qualitätsmanagementhandbuches führte. Auszüge aus der Darlegung für das ausgewählte Unternehmen befinden sich in Anhang I.

Der Hauptteil des Handbuchs für eine prozeßorientierte Darlegung wurde nach Unternehmensprozessen gegliedert:

- Kapitel 1: Managementprozesse,
- Kapitel 2: Haupt- und Serviceprozesse.

Die Einleitung zu Kapitel 2 'Haupt- und Serviceprozesse' schildert die Aufgabenfelder des Unternehmens und die Auswahl und Beschreibung der Dokumentationsformen für die einzelnen Prozesse. Die Darlegung der Prozesse erfolgt exemplarisch für den übergeordneten Prozeß der Auftragsabwicklung als flexiblen Prozeß und den Prozeß Produkterstellung für die Oberflächen- und Durchsteckmontage mit Hilfe eines Flußdiagramms.

5.6 Bewertung und Beurteilung des flexiblen Qualitätsmanagementsystems

5.6.1 Beurteilung der Umsetzung des flexiblen Qualitätsmanagementsystems durch Prozeßmanagement

Die Organisation der Fertigung wurde mit Hilfe des Konzeptes flexibler Prozesse umgestaltet. Dafür wurde eine neue Produktionsstruktur eingeführt. Diese zeichnet sich durch eine Vorproduktion, die variantenunabhängig in großen Losgrößen durchgeführt wird, und eine varianten- d.h. kundenspezifische Endproduktion in kleinen Losgrößen aus. Dabei ist die Startphase für beide Produktionsstufen mit der Sammlung und Auswertung aller prozeßrelevanten Informationen, wie z.B. Kundenforderungen, Dokumentationen ähnlicher Aufträge, verfügbare Kapazitäten und Ressourcen sowie Synergien und Kompatibilitäten zu anderen Prozessen und Tätigkeiten besonders wichtig, um zu Beginn Klarheit über die Aufgabe und ihre Inhalte im Detail sowie über die aktuellen Randbedingungen zu schaffen. Auf Basis dieser Informationen wurde die Eingliederung der Aufgabe in das bestehende Arbeitsvolumen und die aufgabenspezifische Prozeßstruktur und -organisation geplant.

Das Ergebnis der Startphase ist ein aufgabenspezifisch angepaßter Prozeßablaufplan für Vor- und Endfertigung, die aufgabenspezifische Festlegung oder Anpassung von Meilensteinen bzgl. Zeitpunkt, Inhalt, Kosten und Verantwortung, die Information der am Prozeß beteiligten Beschäftigten in der Fertigung sowie die Initiierung der Kommunikation, Koordination und Zusammenarbeit zwischen den Prozeßbeteiligten.

Die Einführung der neuen Produktstruktur führte zur Lieferung von Standardprodukten in beliebigen Varianten mit kurzer Lieferzeit durch eine auftragsbezogene Fertigung dieser Standardprodukte. Als Folge dieser Veränderungen entstanden auch Kanban-Liefervereinbarungen zur Erfüllung von Rahmenverträgen mit speziellen Kunden.

Für das Qualitätsmanagementsystem bedeuten die Maßnahmen eine Reduzierung von Schnittstellen (und damit weniger Beschreibung) durch die Übertragung von Verantwortung und Entscheidungsbefugnissen auf die Mitarbeiter sowie durch eine ganzheitliche Bearbeitung der Produkte und damit weniger Übergabepunkte.

5.6.2 Veränderung der Beurteilung der Arbeitssituation durch die Beschäftigten

Die zweite Untersuchung zur Beurteilung der Arbeitssituation durch die Beschäftigten fand ca. neun Monate nach der ersten Untersuchung statt. Ziel der zweiten Untersuchung war es, einen Vergleich der Beurteilung der Arbeitssituation durch die Beschäftigten vor der Einführung der Umstrukturierungsmaßnahmen für ein flexibles Qualitätsmanagement und danach durchzuführen. Die Beteiligung an der Befragung lag bei der zweiten Untersuchung bei ca. 84%. Zum Zeitpunkt des Projektbeginns hatte das Unternehmen 130 Mitarbeiter, zum Zeitpunkt der ersten Untersuchung 162 und zum Zeitpunkt der zweiten Untersuchung 187 Beschäftigte. Da die Daten anonymisiert erhoben wurden, war es nicht möglich, bei der zweiten Untersuchung ausschließlich die Beschäftigten zu befragen, die auch bei der ersten Untersuchung befragt wurden. Dies war auch nicht gewünscht, da auch neu eingestellte Beschäftigte ihre Arbeitssituation beurteilen sollten. Bei der Interpretation der Ergebnisse wurde die Tatsache, daß neue Beschäftigte zum Befragungskollektiv hinzugekommen waren, berücksichtigt.

Die Bewertung der Untersuchungsergebnisse erfolgte während der Ergebnispräsentation im Unternehmen durch eine Gruppendiskussion im Projektteam. Dabei wurde deutlich, daß wenn das erhaltene Ergebnis mit den firmeninternen Erwartungen übereinstimmte, das Zustandekommen der Befragungsergebnisse durch firmeninternes Wissen ergänzt werden konnte. Wich das Ergebnis von den Erwartungen ab, wurde deutlich, daß z.B. bereits eingeleitete Maßnahmen die Beschäftigten nicht in der gewünschten Form erreicht hatten oder daß in einigen Bereichen größere Defizite vorhanden waren als angenommen. In diesen Fällen wurde die Arbeitssituation als verbesserungswürdig eingestuft.

Ergebnisse

Die folgenden Bilder geben einen Überblick über die Veränderung der Beurteilung der Arbeitssituation durch die Beschäftigten. Es wurden aus den gestellten Fragen einige ausgewählt, d.h. solche, die für die Darstellung der ausgewählten Themenbereiche am wichtigsten sind und jene, die die Veränderungen am deutlichsten repräsentieren.

Die ausgewählten Fragen sind in der rechten Spalte und die von den Beschäftigten vorgenommenen Beurteilungen in der Mitte aufgezeigt. Dabei gibt die Zahl in der oberen Zeile jeweils die Ergebnisse der ersten Untersuchung und die Zahl in der unteren Zeile die Ergebnisse der zweiten Untersuchung an. Die Befragten hatten die Möglichkeit, mit Hilfe einer fünfer Skalierung 'stimmt auf jeden Fall', 'stimmt ziemlich', stimmt teils/teils', 'stimmt kaum' und 'stimmt überhaupt nicht' zu antworten. Für diese Auswertung wurden wegen der besseren Übersichtlichkeit die Kategorien 'stimmt auf jeden Fall' und 'stimmt ziemlich' zu 'stimmt' und die Kategorien 'stimmt kaum' und 'stimmt überhaupt nicht' zu 'stimmt nicht' zusammengefaßt.

Informationsfluß

Insgesamt 69,9% der Beschäftigten, also 3,5% mehr, sind inzwischen über wichtige Dinge, die ihre Arbeit betreffen (Frage 53), besser informiert. Die Frage, ob die Information rechtzeitig kommen (Frage 56), haben 66,5% der Beschäftigten, d.h. 13,4% mehr als bei der ersten Untersuchung, als 'ziemlich' bzw. 'auf jeden Fall' zutreffend beantwortet. Gründe dafür liegen im veränderten Informationsmanagement z.B. durch die Einrichtung von Startphasenbesprechungen. Weiterhin hat die abteilungsbezogene Rückmeldung an die einzelnen Abteilungsleiter dazu beigetragen, daß diese ihre Mitarbeiter inzwischen besser informieren.

Über wichtige Dinge, die den Betrieb betreffen (Frage 55), sind inzwischen 70,3% der Beschäftigten 'ziemlich' bzw. 'immer ausreichend' informiert. Das sind 6,5% mehr als vorher. Grund dafür ist u.a., daß das Unternehmen inzwischen über eine hausinterne Zeitung verfügt, die über neue Strategien, neue Produkte, neue Beschäftigte und Unternehmensbilanzen berichtet. Diese Zeitung verschafft den Beschäftigten den Eindruck, daß sie nun über viele Dinge im Unternehmen in schriftlicher Form informiert werden, die man früher nur mündlich von anderen Kollegen erfahren hat.

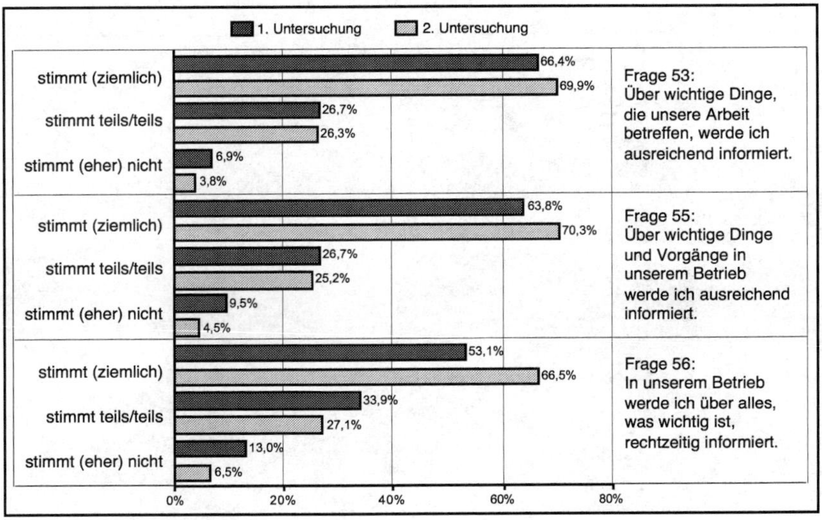

Bild 5.17: Bewertung des Informationsflusses

Transparenz

Bei der Frage, ob die Beschäftigten wissen, wie die Arbeit in der eigenen Abteilung abläuft (Frage 22), ist der Anteil der mit 'stimmt (ziemlich)' Antwortenden um 3,1% auf 83,4% abgesunken. Demgegenüber ist der Anteil der mit 'teils/teils' Antwortenden größer geworden. Bei der Frage, ob die Beschäftigten wissen, was mit dem Ergebnis ihrer Arbeit geschieht (Frage 38), ist der Anteil der mit 'stimmt (ziemlich)' Antwortenden ebenfalls leicht (um 4,9% auf 71,6%) gesunken. Die Ursache besteht darin, daß durch Neueinstellungen die Abteilungsgröße wächst und es für die Beschäftigten schwieriger ist, die Arbeit der gesamten Abteilung zu überblicken. Beschäftigte, die es bisher gewohnt waren, einen Überblick über die gesamte Abteilung zu haben, haben diesen Überblick nicht mehr im gewohnten Maße. Auch für neue Mitarbeiter ist die

Transparenz schwierig. Es antworteten ca. 20 Mitarbeiter auf die Frage nach ihrer Beschäftigungsdauer im Unternehmen, daß sie seit weniger als einem Jahr im Unternehmen sind. Für das Unternehmen ist es besonders wichtig, in der derzeitigen Phase des Wachstums der Beschäftigtenzahlen auch neue Mitarbeiter in den Informationsfluß im Unternehmen einzubinden und die Transparenz bei allen Mitarbeitern wieder zu erhöhen.

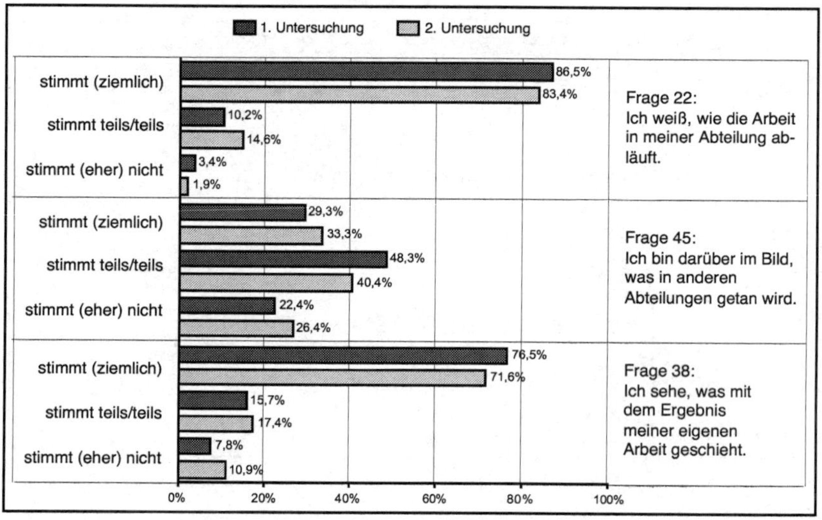

Bild 5.18: Bewertung der Transparenz

Bei der Frage, ob die Beschäftigten wissen, was in anderen Abteilungen getan wird (Frage 45), hat sich das Ergebnis dagegen etwas verbessert. Der Anteil derer, die darüber im Bild sind, hat sich um 4% auf 33,3% erhöht. Die Ursache besteht darin, daß durch die Dokumentation der Abläufe des gesamten Unternehmens für das Qualitätsmanagement und die hausinterne Zeitung der Überblick der Beschäftigten über das gesamte Unternehmen leicht gestiegen ist.

Handlungsspielraum

Bei der Frage, ob die Beschäftigten selbständig Entscheidungen treffen müssen (Frage 13), haben dies 10,0% der Beschäftigten mehr, d.h. insgesamt

70,1%, bejaht. Allerdings haben auch 2,8% weniger Beschäftigte dies deutlich verneint. Bei der Frage nach den Freiräumen, um die Arbeit zufriedenstellend zu erledigen (Frage 67), haben 9,6% mehr, d.h. inzwischen 81,4% der Beschäftigten dies mit 'stimmt (ziemlich)' bejaht. Das bedeutet, daß das Konzept von mehr Handlungs- und Entscheidungsspielraum und mehr Verantwortung, z.B. in der Elektronikfertigung aufgegangen ist und das die Beschäftigten diese Freiräume auch nutzen.

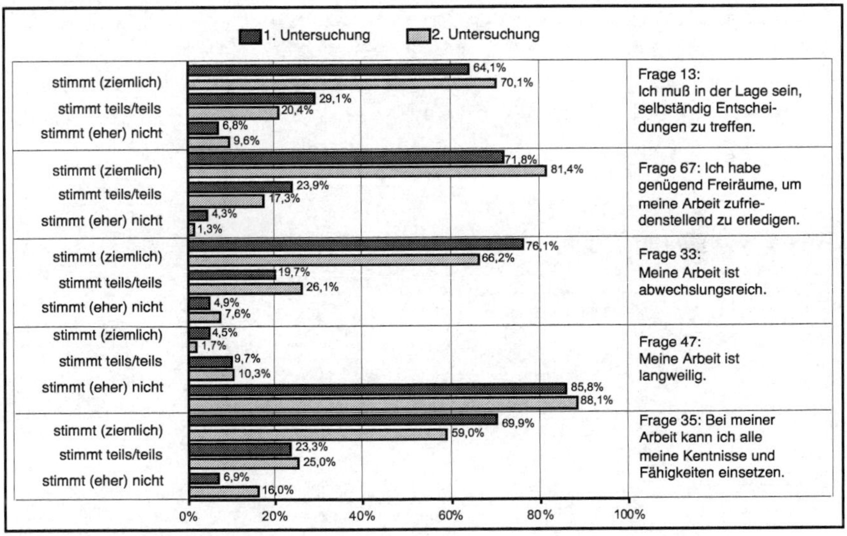

Bild 5.19: Bewertung des Handlungsspielraums

Bei der Frage, ob die Arbeit abwechslungsreich ist (Frage 33), sagen 7,7% der Befragten, daß ihre Arbeit nicht abwechslungsreich ist. Außerdem hat sich der Anteil der 'teils/teils' Antwortenden um 6,4% erhöht. Das bedeutet, daß der Abwechslungsreichtum der Arbeit der Beschäftigten stark abgenommen hat. Dieses Ergebnis ist so zu verstehen, daß die Arbeitsbelastung durch gleichartige Tätigkeiten z.B. in der Elektronikfertigung zugenommen hat. So bestückt ein Beschäftigter z.B. eine Leiterplatte inzwischen mit allen Bauteilen im Gegensatz zur früheren Situation, in welcher der Beschäftigte lediglich ein oder zwei Bauteile bestückte. Auch die Seriengröße hat sich gegenüber vorher mit ca. 10 Stück auf inzwischen ca. 50 bis 100 Stück erhöht. Das bedeutet aber auch, daß nun weniger Organisationsaufwand durch die Organisation neuer Bauteile oder die Übergabe an andere Beschäftigte zu erledigen ist und das dies den Abwechslungsreichtum der Arbeit einschränkt. Das derzeitig stattfindende Wachstum des Unternehmens und die damit verbundenen größeren Serien führen damit zu dem „Phänomen der stärkeren Zunahme gleichartiger Interaktionen“ (Freriks 1996, S. 171) für die Beschäftigten. Erfreulicherweise antworteten trotzdem 88,1% der Beschäftigten (gegenüber vorher 85,8%), daß ihre Arbeit nicht langweilig ist (Frage 47).

Bei der Frage, ob die Beschäftigten für ihre Tätigkeit alle Kenntnisse und Fähigkeiten einsetzen können (Frage 35), hat sich der Anteil derjenigen, die voll und ganz zustimmen, um 10,9% auf 59,0% reduziert. Auf Grund der Arbeitsmarktlage sind einige neu eingestellte Beschäftigte für ihre Tätigkeit überqualifiziert oder verfügen über mehr bzw. andere Kenntnisse und Fähigkeiten, als erforderlich sind.

Kooperation mit Kollegen

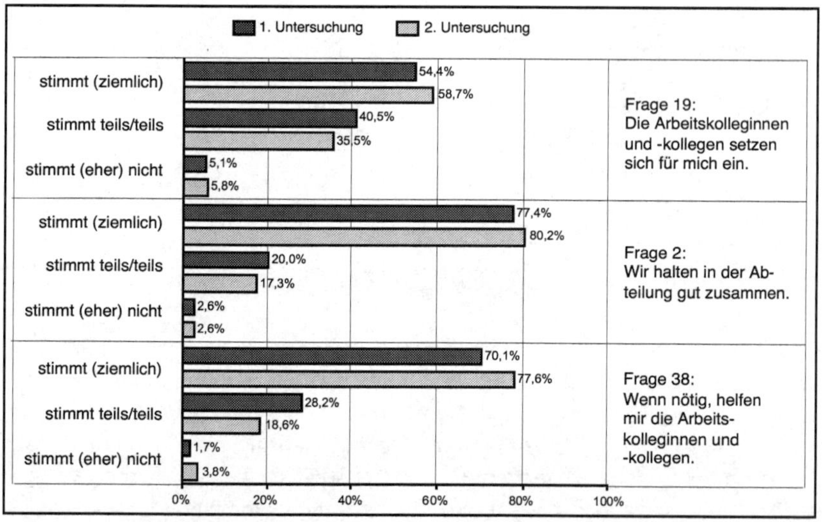

Bild 5.20: Bewertung der Kooperation mit den Kollegen

Bei der Beurteilung des Einsatzes der Arbeitskollegen untereinander (Frage 19), des Abteilungszusammenhaltes (Frage 2) und der gegenseitigen Hilfe (Frage 38) hat sich der Anteil der mit ‘stimmt (ziemlich)’ Antwortenden erhöht, aber auch der Anteil der mit 'stimmt (eher) nicht' Antwortenden ist in zwei Bereichen leicht gestiegen. Bei der abteilungsspezifischen Betrachtung zeigt sich, daß das Verhältnis untereinander in vielen Abteilungen besser geworden ist, aber auch in einigen Abteilungen schlechter wurde. Dies kann verschiedene Ursachen haben, z.B. eine noch unvollständige Integration neuer Beschäftigter, ein weiterhin bestehende Überlastung durch erhöhten Arbeitsanfall oder ein ungünstiges Abteilungsklima. In den Abteilungen, die ein schlechteres Abteilungsklima aufwiesen, wurde bei der Rückmeldung an die Abteilungsleiter darauf hingewiesen.

Beteiligung

Die Beteiligung der Beschäftigten ist in allen betrachteten Bereichen besser geworden. Inzwischen sind 11,6% der Beschäftigten der Meinung, daß ihre Ideen und Vorschläge durch den direkten Vorgesetzten (Frage 57) berücksichtigt werden. 13,9% der Beschäftigten mehr sind der Ansicht, daß ihre Ideen und Vorschläge durch die Leitung (Frage 58) berücksichtigt werden und 6,3% mehr sind überzeugt, daß bei langfristigen Planungen diejenigen beteiligt werden, die die Auswirkungen zu tragen haben (Frage 59).

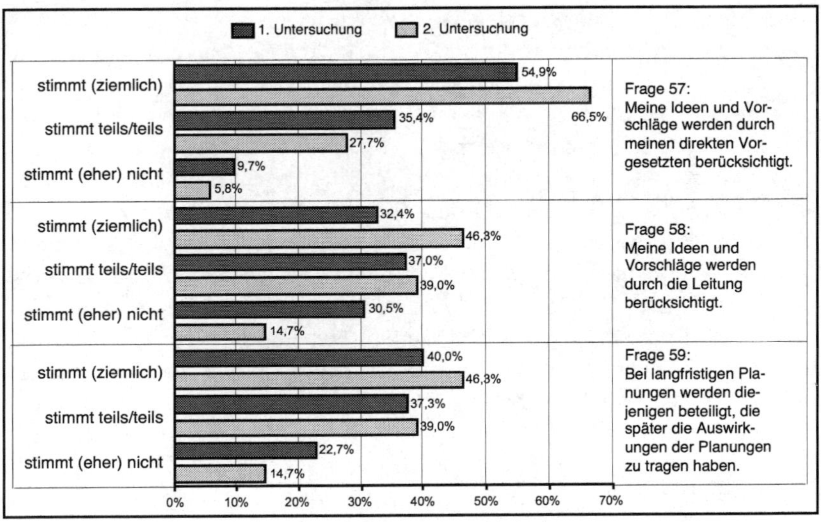

Bild 5.21: Bewertung der Beteiligungsmöglichkeiten

Die Ursachen für dieses positive Ergebnis bestehen darin, daß wiederum die Gespräche mit den Abteilungsleitern bei der ersten Untersuchung und deren Sensibilisierung für die Bedürfnisse der Beschäftigten dieses Ergebnis ausgelöst haben. Außerdem wurden die Beschäftigten in Problemlösungsprozesse sowie in die Erstellung von Checklisten und umfangreichen Unterlagen für das Qualitätsmanagement mit einbezogen. Weiterhin werden dadurch, daß es dem Unternehmen inzwischen wirtschaftlich noch besser geht, Vorschläge und Ideen der Beschäftigten, für die größere finanzielle Mittel benötigt werden, erfüllt. Dies stellt wichtige Faktoren dar, warum die Beschäftigten mit ihren Beiteiligungsmöglichkeiten zufriedener sind.

Qualitätsmanagementsystem

Die Fragen nach dem Qualitätsmanagement wurden von den Beschäftigten uneinheitlich beantwortet.

Bei der Frage, ob die Informationen über die Einführung des Qualitätsmanagementsystems ausreichend sind (Frage 60), hat sich gegenüber der ersten Untersuchung nichts wesentliches verändert. Es sind immer noch relativ viele Beschäftigte der Meinung, daß dies nicht (19,4%) oder nur 'teils/teils' (32,0%) ausreichend ist. Auf der Suche nach Ursachen wurde festgestellt, daß die Informationen im Unternehmen immer noch nicht jeden Mitarbeiter erreicht haben und daß, wenn es Veränderungen gibt, der Bezug zum QM-System nicht ausreichend vorhanden ist. Auf jeden Fall müssen weitere Schulungen über das QM-System durchgeführt werden.

Bei der Frage, ob der Vorgesetzte das qualitätsbewußte Arbeiten mit Rat und Tat unterstützt (Frage 61), zeigt sich, daß die positiven Beurteilungen gegenüber der ersten Untersuchung um 5,5% auf 74,4% gestiegen sind. Es sind somit mehr Mitarbeiter der Meinung, daß der Vorgesetzte z.B. durch Hinweise auf kritische Prozesse, durch die Initiierung von Startphasenbesprechungen oder Problemlösungsprozessen das qualitätsbewußte Arbeiten unterstützt. Allerdings hat sich auch die Einschätzung, daß er dies nicht tut, um 0,9% geringfügig verschlechtert.

Bei der neu hinzugekommenen Frage, ob die Beschäftigten merken, wie sich ihre Arbeit durch das Qualitätsmanagement verändert (Frage 68), haben 30,1% der Beschäftigten mit 'stimmt (ziemlich)' und 37,7% der Beschäftigten mit 'stimmt (eher) nicht' geantwortet. Dieses Ergebnis wird so interpretiert, daß die Beschäftigten die durchgeführten Veränderungen, z.B. die Erarbeitung von Checklisten oder den Problemlösungsprozeß, nicht mit der Einführung des Qualitätsmanagementsystems in Verbindung bringen. Veränderungen durch die Umstrukturierung der Abläufe und Dokumentation der veränderten Prozesse werden hinsichtlich ihrer Verbindung zum Qualitätsmanagement und damit auch hinsichtlich ihrer Auswirkungen auf die Arbeit gesehen. Es ist positiv zu bewerten, daß die Beschäftigten nicht ihre Arbeit völlig umstellen müssen, weil jetzt plötzlich ein flexibles Qualitätsmanagementsystem eingeführt wird, welches mit der eigentlichen Arbeit nichts zu tun hat, sondern daß das neu eingeführte QM-System lediglich einige – wenn auch spürbare – Auswirkungen auf die tägliche Arbeit hat, z.B. durch die Durchführung von Startphasen- und Problemlösungsbesprechungen.

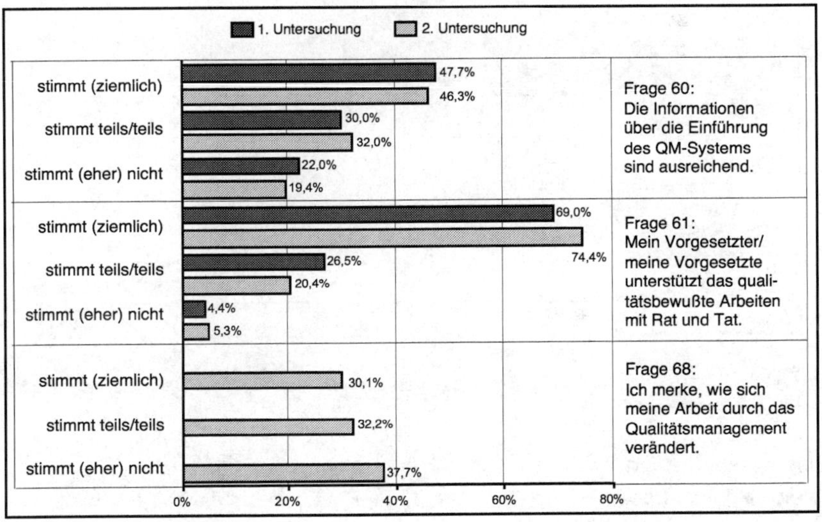

Bild 5.22: Bewertung der Informationen über das Qualitätsmanagementsystem

Zusammenfassung der Ergebnisse

Bei der Zusammenfassung der Ergebnisse werden die Mittelwerte sämtlicher Fragen des Fragebogens in den einzelnen Befragungskomplexen errechnet und vergleichend dargestellt (Bild 5.23). Dabei wurden

- die Antwortkategorien 'stimmt auf jeden Fall' und 'stimmt ziemlich' betrachtet, wenn die Frage positiv formuliert war, z.B. bei der Frage „In unserem Betrieb werde ich über alles, was wichtig ist, rechtzeitig informiert" oder
- die Antwortkategorien 'stimmt überhaupt nicht' und 'stimmt kaum' betrachtet, wenn die Frage negativ formuliert war, z.B. bei der Frage „Der Vorgesetzte kritisiert mich auch in Gegenwart anderer".

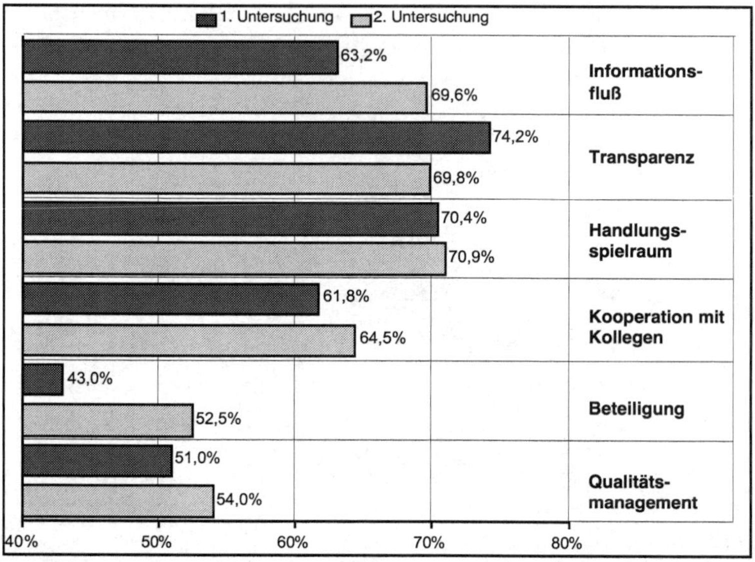

Bild 5.23: Zusammenfassung der Ergebnisse zur Beurteilung der Arbeitssituation durch die Beschäftigten

Insgesamt wird eingeschätzt, daß der *Informationsfluß* durch ein verändertes Informationsmanagement im Zusammenhang mit der Einführung flexibler Prozesse und die hausinterne Zeitung verbessert wurde. Die *Transparenz* im Unternehmen ist – bedingt durch das schnelle Beschäftigtenwachstum der letzten Zeit – rückläufig und muß als großes Verbesserungspotential im Auge behalten werden. Der *Handlungsspielraum* der Beschäftigten ist insgesamt betrachtet einerseits durch mehr Entscheidungsspielräume und mehr Freiräume bei der Arbeit gestiegen, aber durch weniger abwechslungsreiche Tätigkeiten und geringeren Einsatz der Kenntnisse und Fähigkeiten gesunken, d.h. er ist relativ gleich geblieben. Die *Kooperation der Kollegen* untereinander hat sich insgesamt verbessert. In einzelnen Abteilungen ist es allerdings auch schlechter geworden. Bei diesen Abteilungen besteht weiterhin Verbesserungspotential.

Insgesamt gesehen ist die positive Beurteilung der *Beteiligung* stark gestiegen. Die Ursachen sind z.B. durch die Einbeziehung in Problemlösungsprozesse oder die Einbeziehung bei der Erstellung von Checklisten und QM-Unterlagen zu sehen. Es kann festgestellt werden, daß die positive Beurteilung des vorhandenen *Qualitätsmanagementsystems* leicht gestiegen ist, daß aber viele Beschäftigte die Verbindung zwischen positiven Veränderungen und flexiblem QM-System noch nicht herstellen können.

5.6.3 Beurteilung der Aufgabenorientierung

Die Beurteilung der Aufgabenorientierung erfolgte mit den Beschäftigten im projektbegleitenden Arbeitskreis im Unternehmen anhand der folgenden Kriterien.

Ganzheitlichkeit und Anforderungsvielfalt

Es wurde von den Beschäftigten positiv beurteilt, daß die Arbeitsabläufe durch die Einführung des flexiblen Qualitätsmanagementsystems klarer und übersichtlicher geworden sind und daß jetzt Verantwortlichkeiten für einzelne Abläufe festliegen und dies die Arbeit erleichtert.

Es wurden Arbeitsabläufe festgelegt, die mehr die Erstellung von Qualität und ein größeres Bewußtsein für die eigene Arbeit ermöglichen. Außerdem schätzten die Beschäftigten ein, daß ihnen inzwischen ein besserer Überblick über den Aufgabenzusammenhang möglich ist, da die Arbeitsabläufe inzwischen stärker strukturiert sind und einige Abläufe in ihrer Wichtigkeit und Bedeutung anders bewertet und deren Zeitbedarfe höher eingeschätzt werden als zuvor, z.B. die Umsetzung von Änderungsmitteilungen in der Arbeitsvorbereitung, in der Montage oder in der Prüfabteilung.

Weiterhin wurde die Arbeitsteilung in der Fertigung Durchsteckmontage weitgehend abgeschafft und Gruppenarbeit eingeführt. Die Mitglieder der Gruppe sind für die Sicherstellung des definierten Materialbestandes in Materialwagen und die Planung, Ausführung, Kontrolle und Freigabe der Aufträge zuständig.

Diese Arbeitsgruppen sind für einen strukturierten Prozeßrückblick – eine in regelmäßigen Zeiträumen stattfindende Prozeßbeurteilung – verantwortlich, die die Möglichkeit zur Bewertung der kundenspezifischen Fertigung und des Zusammenspiels der Vorproduktion Oberflächenmontage und der kundenspezifischen Endproduktion Durchsteckmontage schafft.

Möglichkeiten der sozialen Interaktion

Die Möglichkeit der Kooperation und Kommunikation mit anderen Beschäftigten – in der eigenen Abteilung und abteilungsübergreifend – ist durch die Durchführung der strukturierten Startphasen zu Prozeßbeginn und der Problemlösungsprozesse inzwischen gegeben.

Die Bereitstellung der für die Aufgabenbearbeitung notwendigen Informationen über Abläufe und Strukturen bei der Auftragsabwicklung sowie die klare Definition von Verantwortlichkeiten ist nun durch das dokumentierte flexible Qualitätsmanagementsystem möglich und wurde durch die Beschäftigten positiv hervorgehoben.

Das dokumentierte Qualitätsmanagementsystem führt dazu, daß notwendige Vorschriften, wie z.B. für die Lieferantenauswahl oder Materialbestellungen, besser beachtet werden können. Durch die Festschreibung dieser Verfahren, die aber immer noch die notwendige Flexibilität gewährleisteten, werden reibungslose Abläufe sichergestellt. Die Pflicht zur Dokumentation des QM-Systems führte zur Aufdeckung und zur Beseitigung von Mängeln in den Unternehmensabläufen und damit auch zu einer Verbesserung der Möglichkeiten der sozialen Interaktion der Beschäftigten, da z.B. Ansprechpartner, Abläufe, Verfahren und Zuständigkeiten besser transparent werden.

Autonomie und Handlungsspielraum

Positiv beurteilten die Beschäftigten den erweiterten Handlungs- und Entscheidungsspielraum durch das Zuweisen von Verantwortlichkeiten (z.B. in der Startphase oder durch die notwendige Überwachung des Bedarfs an Halbfertigteilen und das Auslösen von Fertigungsaufträgen) sowie den Einsatz von selbst erarbeiteten Checklisten (z.B. für die Suche von Fertigungsunterlagen oder regelmäßig wiederkehrenden Tätigkeiten in der Arbeitsvorbereitung im

Vertretungsfall). Dies ermöglicht die Fehlervermeidung und erhöht die Identifikation der Beschäftigten mit ihrer Arbeit.

Lern- und Entwicklungsmöglichkeiten

Lern- und Entwicklungsmöglichkeiten liegen für viele Beschäftigte auch darin begründet, daß kritische Arbeitsabläufe, die bisher nur in den Köpfen einiger Mitarbeiter existierten, inzwischen in Form von Anweisungen dokumentiert sind. Jeder Beschäftigte hat im Bedarfsfall Zugriff darauf und kann aus den beschriebenen Abläufen und Erfahrungen anderer Beschäftigter lernen. So sind z.B. die Tätigkeiten in der Arbeitsvorbereitung oder das Vorgehen beim Suchen von Fertigungsunterlagen in Form von Checklisten dokumentiert, die bei Krankheit oder Urlaub benutzt werden können.

Die Möglichkeit des Lernens und der eigenen Weiterentwicklung liegt auch in der Schulung im Rahmen des einzuführenden flexiblen Qualitätsmanagementsystems und in der eigenständigen Erarbeitung von Arbeits- und Verfahrensanweisungen durch die Beschäftigten begründet.

Beteiligung an der Gestaltung der Aufgabenbearbeitung

Die Beteiligung der Beschäftigten erfolgte bei der Erarbeitung von Arbeits- und Verfahrensanweisungen, bei der Startphase des Prozeßbeginns und der Problemlösung. Dies wurde von den Beschäftigten positiv beurteilt.

Negativ beurteilt wurde allerdings, daß durch die vorbereitenden Aktivitäten für die Zertifizierung nach DIN EN ISO 9001 und zahlreiche QM-Dokumente sowie Verfahrens- und Arbeitsanweisungen, die noch erstellt werden mußten, ziemlich viel Aufwand für die einzelnen Beschäftigten entstand.

5.6.4 Beurteilung der Wirtschaftlichkeit

Die Beurteilung der Wirtschaftlichkeit des im Aufbau befindlichen flexiblen Qualitätsmanagementsystems erfolgte am Ende der Begleitung des Unternehmens und anhand vorher definierter Wirtschaftlichkeits- und Qualitätskennzahlen. Dabei wurden die Veränderungen prozentual erfaßt und beziehen sich auf den Zeitraum zwischen Projektbeginn (1994) und Projektende (1997). Die wichtigsten Zahlen sind in den Bildern 5.24 und 5.25 dargestellt.

Allgemeine Wirtschaftlichkeits- und Qualitätskennzahlen

Der *Umsatz* betrug im Jahr 1994 18,2 Mio./Jahr, für das Jahr 1997 ist ein Umsatz von 40 Mio./Jahr geplant. Im Zeitraum von 1994 bis 1997 ist damit eine Umsatzsteigerung von 45,5% zu verzeichnen. Die *Arbeitsproduktivität* konnte um 25% gesteigert werden. Die *Durchlaufzeit durch das gesamte Unternehmen*, d.h. die gesamte Zeit Auftragseingang bis zur Auslieferung, verringerte sich um 50%, d.h. die Durchlaufzeit wurde von 6 bis 8 Wochen auf 3 bis 4 Wochen reduziert.

Die durchgeführten Maßnahmen hatten teilweise positive Auswirkungen auf die *Kundenzufriedenheit*. Die Zahl der Käufer, die nochmals beim Unternehmen kauften, stieg um 10%. Die durchgeführten Maßnahmen hatten keinen Einfluß auf die Zahl der Beanstandungen, die bereits vor Beginn des Projektes gering und damit nicht Ziel der durchzuführenden Maßnahmen waren.

Keine Veränderungen ergaben sich bei den *Kulanz-, Garantie-, Gewährleistungs- und Serviceanteilen* sowie beim *Wartungsumfang.*

Kennzahl	**Meßgröße**	**Bezugsgröße**	**Einheit**	**Veränderung**
Umsatz	Menge der verkauften Teile	Preis	Mio./Jahr	+45%
Arbeitsproduktivität	hergestellte Teile	Anzahl der Beschäftigten (Arbeitsstunden)	%	+25 %
Durchlaufzeit durch das gesamte Unternehmen	gesamte Zeit vom Auftragseingang bis zur Auslieferung		%	-50%
Kundenzufriedenheit	Wiederkäuferzahl	Anzahl aller Kunden	%	+ 10%
Kundenzufriedenheit	Beanstandungen	Zeiteinheit	%	+/- 0%
Beanstandungen	Umsatz	Anzahl der Reklamationen	%	waren schon vorher gut
Kulanzanteil	Kulanzkosten	Umsatz	%	+/- 0%
Garantieanteil	Garantiekosten	Umsatz	%	+/- 0%
Gewährleistungsanteil	Gewährleistungsaufwand	Umsatz	%	+/- 0%
Serviceanteil	Servicekosten	Umsatz	%	+/- 0%
Wartungsumfang	Wartungsaufwand	Produktkosten	%	+/- 0%

Bild 5.24: Veränderungen der allgemeinen Wirtschaftlichkeits- und Qualitätskennzahlen im Unternehmen

Qualitätskennzahlen für Fertigung und Montage

Die Kennzahlen in Fertigung und Montage zeigen ebenfalls positive Veränderungen. Die *Durchlaufzeit* durch Fertigung und Montage, also die gesamte Zeit vom ersten Fertigungsschritt bis zur Fertigstellung, konnte um ca. 66 %, d.h. von drei Wochen auf eine Woche reduziert werden. Weiterhin konnte die *Kapazitätsauslastung* um ca. 50 % reduziert werden. Dabei verschlechterte sich weder der Anteil an *Nacharbeit*, *Ausschuß* oder die *Maschinenverfügbarkeit*. Diese Anteile blieben unverändert. Durch die Maßnahmen in der Oberflächen- und Durchsteckmontage, den Beschäftigten mehr Verantwortung bei der Erstellung und Prüfung der Produkte zu übertragen, konnte der Anteil der Beschäftigten, die nur Produkte prüfen (*Prüferzahl*) um 30% reduziert werden.

Kennzahl	Meßgröße	Bezugsgröße	Einheit	Veränderung
Durchlaufzeit durch die Fertigung	gesamte Zeit vom ersten Fertigungsschritt bis zur Fertigstellung		%	- 66%
Kapazitätsauslastung	tatsächliche Kapazität	durchschnittlicher Lagerbestand	%	- 50%
Nacharbeit	Anzahl der nachgearbeiteten Teile	gesamte gefertigte Teile	%	+/- 0%
Ausschuß	Anzahl der Teile	gesamte gefertigte Teile	%	+/- 0%
Maschinenverfügbarkeit	Ausfallzeit	Sollaufzeit	%	+/- 0%
Prüferzahl	Anzahl der Prüfer	Gesamtanzahl direkter Beschäftigter	%	- 30%

Bild 5.25: Veränderungen der Qualitätskennzahlen für Fertigung und Montage

Zusammenfassend kann festgestellt werden, daß sich die wirtschaftliche Situation des Unternehmens im Laufe von Konzeption und Aufbau des flexiblen Qualitätsmanagementsystems deutlich verbessert hat. Dies zeigt sich anschaulich z.B. am gestiegenen Umsatz, der verbesserten Kundenzufriedenheit, der Reduzierung der Durchlaufzeiten, der Erhöhung der Arbeitsproduktivität und der Reduzierung der Anzahl der Prüfer.

5.7 Erfahrungen aus den ausgewählten Unternehmen und Ausblick

Empirische Untersuchungen im ausgewählten Unternehmen

Grundlage der Analyse der arbeitsorganisatorischen Rahmenbedingungen, der Prozesse der Auftragsbearbeitung sowie der vorhandenen betrieblichen Flexibilität in den empirischen Untersuchungen waren bearbeitete Aufträge, die vom Projektteam ausgewählt wurden. Dabei spiegelte die Auswahl das Auftragsspektrum des Unternehmens wider. Bei der Festlegung der zu interviewenden Beschäftigten zeigte sich, daß bei den Projektteammitgliedern nicht immer eindeutige Kenntnisse über die Zuständigkeiten bei der Auftragsbearbeitung in den einzelnen Funktionsbereichen vorhanden waren. Während der Untersuchungen mußte zum Teil die Reihenfolge der Interviewpartner geändert und weitere Beschäftigte hinzugezogen werden.

Bei den durchgeführten Präsentationen der Untersuchungsergebnisse vor den an den Interviews beteiligten Beschäftigten sowie leitenden Beschäftigten zeigte sich ein reges Interesse, die gesamte Auftragsbearbeitung und deren Stärken und Verbesserungspotentiale genauer kennenzulernen und das eigene Wissen über ihren Abschnitt des Produktentstehungsprozesses durch das vorgetragene Wissen über den gesamten Produktentstehungsprozeß zu ergänzen. Teilweise wurde deutlich, daß die Beschäftigten die Gelegenheit nutzten, dem mittleren Management und der Geschäftsleitung objektive Aussagen über vorhandene Stärken und Verbesserungspotentiale von externer Seite zu präsentieren und damit das Management von der eigenen Meinung überzeugen zu können. Dabei begünstigte das Vertrauen der Beschäftigten in die Unternehmensleitungen, die Aussagen nicht gegen sie zu verwenden, die Identifikation und Diskussion der vorhandenen Schwächen.

Ermittlung von Verbesserungspotentialen und Gestaltungsbedarf

Aus der Analyse der arbeitsorganisatorischen Rahmenbedingungen, der Prozesse der Auftragsbearbeitung, der in den Unternehmen vorhandenen betrieblichen Flexibilität und der Arbeitssituation der Beschäftigten wurden im Projektteam ermittelte Stärken und Verbesserungspotentiale sowie ihre Ursachen analysiert, bewertet und für die Ableitung eines Handlungsbedarfs priorisiert. Wesentlich für die Auswahl zu gestaltender Prozesse war dabei das Verhältnis von Aufwand zu Nutzen, der zeitliche Aufwand zur Umsetzung der Maßnahmen, der Beitrag zur Gestaltung des flexiblen Qualitätsmanagementsystems sowie die Wahrscheinlichkeit für eine erfolgreiche Umsetzung der Maßnahmen.

Umsetzung der Flexibilität auf normativ-stategischer Ebene des Qualitätsmanagementsystems

Im ausgewählten Unternehmen wurden Maßnahmen zum Aufbau eines flexiblen Qualitätsmanagementsystems in der normativ-strategischen Ebene umgesetzt. Es wurden Entscheidungen bezüglich einer *flexiblen Unternehmensorganisation* durch eine Unternehmenspolitik,

- die selbstverantwortliche Beschäftigte und
- eine Flexibilisierung durch die Schaffung von Organisationseinheiten bzw. Strukturen, die sich aus mehreren Personen zusammensetzen,

realisiert. Im Bereich der *Flexibilität der Produktionsorganisation* wurden selbststeuernde Regelkreise durch die Einführung eines Kanban-Systems für die Auslösung von Fertigungsaufträgen geschaffen.

Auf der normativ-strategischen Ebene wurde die *Arbeitsorganisation flexibilisiert.* Dies geschah durch die prinzipielle Entscheidung, das Konzept des flexiblen Qualitätsmanagementsystems und flexibler Prozesse umzusetzen. Dies bewirkte auch die *Flexibilität der Beschäftigten* bei Veränderung der Arbeitsaufgaben und notwendigen Handlungen durch eine Verbesserung der Aufgabenorientierung der Tätigkeiten.

Umsetzung der Flexibilität auf operativer Ebene des Qualitätsmanagementsystems

Die auf der normativ-strategischen Ebene getroffenen Entscheidungen wurden auf der operativen Ebene konkretisiert.

Für die Realisierung der *Flexibilität der Unternehmensorganisation* wurden mit den Beschäftigten Projektgruppen zur Weiterentwicklung des Modells des flexiblen Qualitätsmanagementsystems und zur Umsetzung der Problemlösungsprozesse gebildet. Für die Umsetzung der *Flexibilität der Produktionsorganisation* existieren nun zu Beginn von neu gestalteten Prozessen Planungsphasen, in denen die benötigten Kapazitäten festgestellt werden. Für eine fortlaufende Prüfung des Kapazitätsbedarfes existieren inzwischen während des Prozesses geplante Meilensteine.

Die Umsetzung der *Flexibilität der Arbeitsorganisation* geschah einerseits durch die Festlegung von Prozeßeignern und deren Verantwortlichkeiten. Andererseits dadurch, daß in der Startphase des Prozesses an den geplanten Meilensteinen

- alle für die Aufgabenbearbeitung notwendigen Informationen,
- Schnittstellen zum Austausch von Informationen, zur Koordination der Tätigkeiten und dem Abgleich der Kosten sowie
- Termine zur Überwachung der Aufgabenbearbeitung

festgelegt und überprüft werden.

Die Realisierung der *Flexibilität der Beschäftigten* bei Veränderung der Arbeitsaufgaben und der notwendigen Handlungen erfolgte durch die Gestaltung der Aufgaben im Prozeß, da der Prozeß für die Beschäftigten nun planende, ausführende, kontrollierende und freigebende Tätigkeiten enthält. Weiterhin geschieht dies durch Qualifizierungsmaßnahmen u.a. über den Aufbau der Produkte, zeitliche sowie inhaltliche Zusammenhänge der flexiblen Aufgabenbearbeitung, die Beteiligung der Beschäftigten am Aufbau und der Weiterentwicklung des flexiblen Qualitätsmanagementsystems.

Umsetzung des flexiblen Qualitätsmanagementsystems

Im ausgewählten Unternehmen wurde das flexible Qualitätsmanagementsystem und die flexiblen Prozesse Auftragsabwicklung sowie Produktionsplanung und -steuerung konzipiert und umgesetzt. Die Aktivitäten während der Begleitung des Unternehmens bei der Umsetzung der Maßnahmen wirkten auch nach Projektabschluß weiter. So entwickelte das Unternehmen weitere flexible Prozesse, z.B. für die Prüfplanung in der Prüfabteilung und für den Ablauf von Änderungsmitteilungen im Unternehmen. Im Herbst 1997 wurde das Unternehmen erfolgreich nach DIN EN ISO 9001 zertifiziert.

Ausblick

Das Unternehmen plant für die Zukunft die Erhaltung und den Ausbau der vorhandenen Flexibilität sowie den weiteren Aufbau des flexiblen Qualitätsmanagementsystems zu realisieren. Einen Schwerpunkt stellt dabei die Problematik des weiteren Unternehmenswachstums dar. Damit verbunden sind meist „interne Koordinationsprobleme", „markt- und produktstrukturspezifische Koordinationsprobleme mit externen Austauschpartnern sowie die Probleme der Koordination externer und interner Leistungserstellung" (Freriks 1996, S. 171).

Die internen Probleme der Kommunikation und Transparenz sind bereits sichtbar und müssen bewältigt werden. Möglichkeiten der Bewältigung bestehen u.a. darin, daß „an die Stelle der vertikalen Orientierung ... eine horizontale Orientierung" treten muß. „Das heißt, dass die Mitarbeiterinnen und Mitarbeiter in erster Linie auf die externen und internen Kunden und Lieferanten und auf den Arbeitsfluss gerichtet sind und nicht auf den Vorgesetzten" (Glasl & Lievegoed 1993, S. 71). Es muß ein gemeinsames Interesse daran entstehen, den Informations- und Materialfluß durch das Unternehmen und damit durch alle Abteilungen optimal zu gestalten. Die Entwicklung des Managements auf den normativen, strategischen und operativen Wirkungsebenen und die weitere Aufgabenerweiterung und -bereicherung für die Beschäftigten müssen die Fähigkeiten des Unternehmens weiter steigern. Fortwährende Erneuerung von Produkten, Märkten, Strukturen, Abläufen usw. soll damit zur normalen Situation und die Organisation zum lernenden System werden.

6 Zusammenfassung

Die vorliegende Dissertation beschäftigt sich damit, wie in kleinen und mittleren Unternehmen des Maschinen- und Anlagenbaus mit hoher Kundenorientierung, mittlerer bis hoher Fertigungstiefe und Endprodukten in kleinen Losgrößen ein flexibles Qualitätsmanagementsystem konzipiert und umgesetzt werden kann, daß die Forderungen der Normenreihe DIN EN ISO 9000ff. erfüllt und eine menschengerechte Arbeitsgestaltung für die Beschäftigten ermöglicht.

Die Überprüfung der Kriterien der menschengerechten Arbeitsgestaltung erfolgte innerhalb der gesamten Arbeit anhand der Erfüllung der Kriterien einer Aufgabenorientierung der gestalteten Arbeitsaufgaben (u.a. nach Emery & Torsrud 1982). Dies geschah deshalb, da die Arbeitsaufgabe bei der Konzeption und Umsetzung des flexiblen Qualitätsmanagementsystems eine hohe Bedeutung für die Beschäftigten besitzt. Wenn die Arbeitsaufgaben einer Aufgabenorientierung unterliegen, dann existiert ein Zustand des Interesses und des Engagement der Beschäftigten. Es können aus der Aufgabe heraus Anforderungen oder Herausforderungen entstehen, die auf die Aufgabenbewältigung einwirken. Die Überprüfung der Aufgabenorientierung erfolgte anhand der Kriterien Ganzheitlichkeit, Anforderungsvielfalt, Möglichkeiten zur sozialen Interaktion, Autonomie, Lern- und Entwicklungsmöglichkeiten sowie Beteiligung an der Gestaltung der Arbeitsaufgaben.

Grundlage für die Konzeption der betrieblichen Flexibilität war die Entwicklung eines Modells der Flexibilität der Unternehmens-, Produktions-, Personal- und Arbeitsorganisation, der Flexibilität der Beschäftigten bei Veränderungen der Arbeitsaufgaben und der Arbeitszeit sowie der Flexibilität der funktionalen Einheiten.

In der ersten Untersuchungsphase wurden in einer allgemeinen empirischen Untersuchung in 10 Unternehmen insgesamt 119 Beschäftigte aus verschiedenen Funktionsbereichen und Hierarchieebenen zu arbeitsorganisatorischen Rahmenbedingungen, Prozessen der Auftragsbearbeitung und vorhandener betrieblicher Flexibilität befragt. Diese Fallstudien wurden in bezug auf die Beschreibung der Wettbewerbssituation und die organisatorischen Rahmendaten aller Unternehmen, die Beurteilung der betrieblichen Flexibilität, die Ermittlung der arbeitsorganisatorischen Rahmenbedingungen als Voraussetzung für die vorhandene Flexibilität, die Beurteilung der Prozesse der Auftragsbearbeitung qualitativ und quantitativ ausgewertet. Es wurde aufgezeigt, daß für die Prozesse Produktdefinition, Beschaffung, Produkterstellung sowie Produktionsplanung und -steuerung ein erhöhter Gestaltungsbedarf für flexible Prozesse in einem flexiblen Qualitätsmanagementsystem besteht.

In einer zweiten Untersuchungsphase, der Detailanalyse, erfolgte in einem ausgewählten Unternehmen die Ermittlung der vorhandenen betrieblichen Flexibilität und des Flexibilitätsbedarfes, ein Vergleich zu den Ergebnissen aus der ersten Untersuchungsphase sowie die Beurteilung der Arbeitssituation durch die Beschäftigten.

Unter Berücksichtigung charakteristischer Strukturen kleiner und mittlerer Unternehmen, auf der Grundlage des Modells für betriebliche Flexibilität, der Kriterien der menschengerechten Arbeitsgestaltung und der Ergebnisse aus den betrieblichen Fallstudien erfolgte die Konzeption des flexiblen Qualitätsmanagementsystems. Das Ziel des flexiblen Qualitätsmanagementsystems besteht darin, die Flexibilität auf den einzelnen Wirkungsebenen des Managements zu verankern und gleichzeitig – unter Beachtung wirtschaftlicher Aspekte – die Forderungen der DIN EN ISO 9000ff. zu erfüllen, um flexible, normenkonforme und kostengünstige Abläufe sicherzustellen. Die QM-Darlegung des flexiblen Systems stellt eine Möglichkeit zur Beschreibung von flexiblen Prozessen dar, die konform zu den Forderungen der ISO 9000-Familie ist.

Die Umsetzung und Bewertung bzw. Beurteilung des flexiblen Qualitätsmanagementsystems erfolgte exemplarisch in einem Unternehmen. Dieses Unternehmen wurde anhand der Prozesse der Auftragsbearbeitung, die einem besonderen Bedarf an Flexibilität unterliegen, ausgewählt. Es wurden die flexiblen Prozesse Auftragsabwicklung sowie Produktionsplanung und -steuerung konzipiert und umgesetzt.

Im ausgewählten Unternehmen konnten Maßnahmen zur Verankerung der betrieblichen Flexibilität auf den Wirkungsebenen des Managements umgesetzt werden. Dabei war die wichtigste Entscheidung zur Flexibilisierung der Unternehmensorganisation auf normativ-strategischer Ebene, das flexible Qualitätsmanagementsystem einzuführen und die Beschäftigten an der Umsetzung zu beteiligen.

Die Überprüfung, ob das flexible Qualitätsmanagementsystem den aufgestellten Kriterien für eine menschengerechte Arbeitsgestaltung gerecht wird, erfolgte durch die Beurteilung der Arbeitssituation durch die Beschäftigten. Dabei wurde festgestellt, daß die *Transparenz* im Unternehmen – bedingt durch das schnelle Wachstum der Beschäftigtenanzahl der letzten Zeit – rückläufig ist und als großes Verbesserungspotential im Auge behalten werden muß.

Der *Handlungsspielraum* der Beschäftigten ist durch mehr Entscheidungsspielräume und mehr Freiräume bei der Arbeit gestiegen. Die *Kooperation und Kommunikation* untereinander hat sich in den meisten Abteilungen verbessert, teilweise wurde aber der Informationsfluß noch nicht entsprechend angepaßt. Die positive Beurteillung der *Beteiligung* durch die Beschäftigten ist stark gestiegen, was als sehr positiv beurteilt werden kann.

Es wurde zwar festgestellt, daß die positive Beurteilung des vorhandenen *Qualitätsmanagementsystems* leicht gestiegen ist, viele Beschäftigte erkennen allerdings noch nicht, daß die positiven Veränderungen auf die Einführung des flexiblen Qualitätsmanagementsystems zurückgeführt werden können.

Das flexible Qualitätsmanagementsystem wird den Kriterien für eine Aufgabenorientierung der Arbeitsaufgaben und damit der geplanten Verbesserung der Arbeitssituation der Beschäftigten gerecht. Die im Unternehmen umgesetzten flexiblen Prozesse unterstützen *ganzheitliche und vollständige Arbeitsaufgaben* der Beschäftigten, da eine Einheit von Planung, Ausführung, Überprüfung und Freigabe der Tätigkeiten und Arbeitsergebnisse durch die Struktur der flexiblen Prozesse besteht.

Die *Möglichkeit der sozialen Interaktion* der Beschäftigten wird durch Kommunikation und Kooperation zwischen den Beschäftigten in den internen Kunden-Lieferanten-Beziehungen und die Transparenz über die ablaufenden Prozesse und Tätigkeiten durch die QM-Darlegung gefördert.

Die *Autonomie* und ein erweiterter *Handlungsspielraum* der Beschäftigten wird durch die Klärung der Verantwortlichkeiten und Zuständigkeiten erreicht. *Lern- und Entwicklungsmöglichkeiten* werden durch Schulungen im Rahmen des Aufbaus des flexiblen QM-Systems und durch die Struktur der flexiblen Prozesse mit ereignisgesteuerten Meilensteinen und dem Prozeßrückblick ermöglicht bzw. unterstützt.

Die *Beteiligung* der Beschäftigten erfolgt durch die Einbeziehung bei der Erarbeitung von flexiblen Verfahrens- und Arbeitsanweisungen und die Gestaltung und Weiterentwicklung der Prozesse im Sinne eines kontinuierlichen Verbesserungsprozesses. Eine weitere wichtige Möglichkeit der Beteiligung ist für die Beschäftigten in den Problemlösungsprozessen und ereignisgesteuerten Meilensteinen zu sehen.

Anhand der Qualitäts- und Wirtschaftlichkeitskennzahlen wurde festgestellt, daß sich die Wirtschaftlichkeit und die Qualität durch

- die Einführung des flexiblen Qualitätsmanagementsystems und
- die damit verbundene Analyse der Abläufe sowie Ermittlung und Beseitigung von Verbesserungspotentialen

verbessert haben.

7 Verzeichnisse

7.1 Literaturverzeichnis

Adams, H. W. & Wolf, G. (Hrsg.). (1996). Qualitätsmanagement der Wertschöpfung: Sicherheit – Effizienz – Motivation. Frankfurt/Main: Frankfurter Allgemeine Zeitung.

Aggteleky, B. (1987). Fabrikplanung: Werksentwicklung und Betriebsrationalisierung. Band 1: Grundlagen, Zielplanung, Vorarbeiten. München, Wien: Hanser.

Aggteleky, B. (1990a). Fabrikplanung: Werksentwicklung und Betriebsrationalisierung. Band 2: Betriebsanalyse und Feasibility-Studie: technisch-wirtschaftliche Optimierung von Anlagen und Bauten. München: Hanser.

Aggteleky, B. (1990b). Fabrikplanung: Werksentwicklung und Betriebsrationalisierung. Band 3: Ausführungsplanung und Projektmanagement. München: Hanser.

Aiginger, K.& Tichy, G. (1985). Die Größe der Kleinen: Die überraschenden Erfolge kleiner und mittlerer Unternehmen in den achziger Jahren. Wien: Signum.

Arlt, G. & Bachthaler, M. (1997). Qualitätsmanagement lohnt. Ergebnisse einer empirischen Untersuchung zu Zertifizierungskosten, Aufwand, Nutzen und erzielten Verbesserungen im industriellen Bereich. Qualität und Zuverlässigkeit, 42 (4), 410-414.

Bea, F. X., Dichtl, E.& Schweitzer, M. (Hrsg.). (1993). Allgemeine Betriebswirtschaftslehre. Band 2: Führung. Stuttgart: Fischer.

Behrbohm, P. (1985). Flexibilität in der industriellen Produktion: Grundüberlegungen zur Systematisierung und Gestaltung der produktionswirtschaftlichen Flexibilität. Franfurt/Main: Lang.

Berg, B. (1989). Qualitative Research Methods for the Social Science. Boston: Allyn and Bacon.

Berger, J., Domeyer, V. & Funder, M. (Hrsg.). (1990). Kleinbetriebe im wirtschaftlichen Wandel. Frankfurt/Main: Campus.

Berkel, K. (1978). Konflikte und Konfliktverhalten. In A. Mayer (Hrsg.), Organisationspsychologie (S. 305-331). Stuttgart: Poeschel.

Bitterwolf, W. (1992). Flexibilität des Handelns. Empirische Untersuchungen zu einem Persönlichkeitskonstrukt. Regensburg: Roederer.

Bleicher, K. (1992). Das Konzept integriertes Management. Frankfurt/Main: Campus.

Bolte, A. & Martin, H. (1993). Flexibilität durch Erfahrung. Computergestützte erfahrungsgeleitete Arbeit in der Produktion. Kassel: Institut für Arbeitswissenschaft.

Bortz, J. & Döring, N. (1995). Forschungsmethoden und Evaluation. Berlin: Springer.

Brockhaus (1988). Brockhaus-Enzyklopädie in vierundzwanzig Bänden. Band 7. Mannheim: Brockhaus.

Bruggemann, A., Groskurth, P. & Ulich, E. (1975). Arbeitszufriedenheit. Schriften zur Arbeitspsychologie Nr. 17. Bern: Huber.

Bullinger, H.-J. (Hrsg.). (1986). Systematische Montageplanung: Handbuch für die Praxis. München: Hanser.

Bullinger, H.-J. (Hrsg.). (1995). Qualitätsmanagement und Arbeitsgestaltung. Zeitschrift für Arbeitswissenschaft, 49(3), 143-148.

Bürgi, J. (1995). Evaluation von Qualitätssicherungssystemen in der Schweiz. In Vorbereitung.

Campella, J. & Cocoran, F. J. (1987). Principles of Quality Costs. In J. Campella (Hrsg.), Ideas and Applications Vol. 1 (S. 563ff.). Wisconsin: Quality Press.

Cerns, A. (1976). The principles of organizational design. Human Relations, 29, 783-792.

Cerns, A. (1989). Die Travistock-Untersuchungen und ihre Auswirkungen. In S. Greif, H. Holling & N. Nickolson (Hrsg.). Arbeits- und Organisationspsychologie. Internationales Handbuch in Schlüsselbegriffen (S. 483-488). München: Psychologie Verlags Union.

Clemens, R.& Kayser, G. (1995). Mittelstand verliert an Boden - Mittelstandskonjunktur zur Jahresmitte 1995. Bonn: Institut für Mittelstandsforschung.

CORDIS Community Research and Development Information Service (1996). CORDIS focus. Community Research and Development Information Service Nr. 69/1996. Luxembourg: Commission of the European Comunities.

Crosby, Ph. B. (1986). Qualität bringt Gewinn. Hamburg: McGraw Hill.

Crosby, Ph. B. (1990). Qualität ist machbar. Hamburg: McGraw Hill.

Denzin, N. & Lincoln, Y. (Eds.). (1994). Handbook of Qualitative Research. Thousands Oaks: Sage.

DGQ (Deutsche Gesellschaft für Qualität e.V.) (1985). Qualitätskosten. Berlin: Beuth.

DGQ (Deutsche Gesellschaft für Qualität e.V.) (1995). Begriffe zum Qualitätsmanagement. Berlin: Beuth.

Dicke, H. (1994). Wirtschaftliche und politische Standortbedingungen für kleine und mittlere Unternehmen in Deutschland. Kieler Arbeitspapier Nr. 661. Kiel: Institut für Weltwirtschaft.

DIN 55350-11 (1995). Begriffe zu Qualitätsmanagement und Statistik, Teil 11: Begriffe des Qualitätsmanagements. Berlin: Beuth.

DIN 69900-1 (1987). Projektwirtschaft, Netzplantechnik, Begriffe. Berlin: Beuth.

DIN 69900-2 (1987). Projektwirtschaft, Netzplantechnik, Darstellungstechnik. Berlin: Beuth.

DIN 69901 (1987). Projektwirtschaft, Projektmanagement, Begriffe. Berlin: Beuth.

DIN 69902 (1987). Projektwirtschaft, Einsatzmittel, Begriffe. Berlin: Beuth.

DIN 69905 (1990). Projektwirtschaft, Projektabwicklung, Begriffe. Berlin: Beuth.

DIN 69905 A1 (1995). Projektwirtschaft, Projektabwicklung, Begriffe, Ergänzungen zu DIN 69905. Berlin: Beuth.

DIN EN ISO 8402 (1995). Qualitätsmanagement Begriffe. Berlin: Beuth.

DIN EN ISO 9000-1 (1994). Normen zum Qualitätsmanagement und zur Qualitätssicherung/QM-Darlegung - Teil 1: Leitfaden zur Auswahl und Anwendung. Berlin: Beuth.

DIN EN ISO 9000-2 (1994). Allgemeiner Leitfaden zur Anwendung von ISO 90001/2/3. Berlin: Beuth.

DIN EN ISO 9001 (1994). Qualitätsmanagementsysteme. Modell zur Qualitätssicherung / QM-Darlegung in Design, Entwicklung, Produktion, Montage und Wartung. Berlin: Beuth.

DIN EN ISO 9002 (1994). Qualitätsmanagementsysteme. Modell zur Qualitätssicherung / QM-Darlegung in Produktion, Montage und Wartung. Berlin: Beuth.

DIN EN ISO 9003 (1994). Qualitätsmanagementsysteme. Modell zur Qualitätssicherung / QM-Darlegung bei der Endprüfung Berlin: Beuth.

DIN EN ISO 9004-1 (1994). Qualitätsmanagement und Elemente eines Qualitätsmanagementsystems. Leitfaden. Berlin: Beuth.

DIN EN ISO 9004-4 (1994). Qualitätsmanagement und Elemente eines Qualitätssicherungssystems, Leifaden für Qualitätsverbesserung. Berlin: Beuth.

DIN ISO 10013 (1994). Leitfaden für die Erstellung von Qualitätsmanagement-Handbüchern. Berlin: Beuth.

Dörner, D. (1993). Die Logik des Mißlingens. Strategisches Denken in komplexen Situationen. Reinbek: Rowohlt.

Duden (1996). Rechtschreibung der deutschen Sprache. Mannheim: Dudenverlag.

EFQM (European Foundation for Quality Management) (Hrsg.). (1997). Selbstbewertung anhand des Europäischen Modells für Umfassendes Qualitätsmanagement 1997. Brüssel: The European Foundation for Quality Management.

Eillinger, T. (1988). Ablaufplanung. Stuttgart: Poeschel.

Eissing, G. (1993). Arbeitsorganisation in Klein- und Mittelbetrieben: das Taschenbuch für den Praktiker. Köln: Wirtschaftsverlag Bachem.

Emery, F. E. & Emery, M. (1974). Participative Design. Canberra: Centre for Continuing Education, Australian National University.

Emery, F. E. & Thorsrud, E. (1982). Industrielle Demokratie. Bericht über das norwegische Programm der industriellen Demokratie. Bern: Huber.

Eversheim, W. (1981). Organisation in der Produktionstechnik. Düsseldorf: VDI.

Eversheim, W. (1989). Simultaneous Engineering – eine organisatorische Chance. VDI-Berichte 758: Simultaneous Engineering – Neue Wege des Projektmanagements. Düsseldorf: VDI.

Eversheim, W. (1990). Organisation in der Produktionstechnik. Band. 1. Grundlagen. Düsseldorf: VDI.

Eversheim, W. (Hrsg.) (1995). Prozeßorientierte Unternehmensorganisation. Konzepte und Methoden zur Gestaltung „Schlanker" Organisationen. Berlin: Springer.

Eversheim, W. (Hrsg.), Bochtler, W. & Laufenberg, L. (1995). Simultaneous Engineering. Erfahrungen aus der Industrie für die Industrie. Berlin, Heidelberg, New York: Springer.

Feigenbaum, A. V. (1958). Total Quality Control. New York: McGraw Hill.

Feigenbaum, A. V. (1961). Total Quality Control. New York: McGraw Hill.

Fieten, R. & Schmidt, A. (1994). Zulieferindustrie in Deutschland – Untersuchung im Auftrag der Kommission der europäischen Gemeinschaften. Bonn: Institut für Mittelstandsforschung.

Fischer, L. (1989). Strukturen der Arbeitszufriedenheit. Göttingen: Hogrefe.

Fischer, L. (Hrsg.). (1991). Arbeitszufriedenheit. Stuttgart: Verlag für angewandte Psychologie.

Fischer, L. (1997). Klassische Motivationstheorien und Arbeitszufriedenheit. In H. Luczak & W. Volpert (Hrsg.). (1997). Handbuch Arbeitswissenschaft (S. 266-270). Stuttgart: Poeschel.

Fleig, J. & Schneider, R. (1995). Erfahrung und Technik in der Produktion. Berlin: Springer.

Fourier, S. (1993). Qualitätsmanagement im Chaos – ein Führungsproblem: Die Qualität des Führens erneuern. Gablers Magazin, 10, 44-49.

Franke, J. & Wilmes, J. (1996a). Welchen Nutzen hat die Zertifizierung? Erfahrungen deutscher Unternehmen mit der Zertifizierung nach DIN EN ISO 9001 bis 9003 – Teil 1. Qualität und Zuverlässigkeit, 41(6), 663-667.

Franke, J. & Wilmes, J. (1996b). Welchen Nutzen hat die Zertifizierung? Erfahrungen von Unternehmen mit einem zertifizierten Managementsystem nach DIN EN ISO 9001. Qualität und Zuverlässigkeit, 41(7), 792-794.

Franke, J. (Hrsg.). (1985). Betriebliche Innovation als interdisziplinäres Problem. Stuttgart: Poeschel.

Franke, R. (1986): Einführung in die Techniken der Qualitätssicherung. Sindelfingen: Expert.

Frehr, H.-U. (1994). Total Quality Management - Unternehmensweite Qualitätsverbesserung. München, Wien: Hanser.

Freriks, R. (1996). Theoretische Modelle der Betriebsgröße im Maschinenbau. Koordination und Kontrollmechanismen bei organisatorischem Wachstum. Diss., Universität Bochum. Opladen: Leske + Budrich.

Frese, E. & Noetel, W. (1992). Kundenorientierung in der Auftragsabwicklung. Strategie, Organisation und Informationstechnologie. Düsseldorf: VDI.

Frese, E. (Hrsg.). (1997). Handwörterbuch der Organisation. Stuttgart: Poeschel.

Friedrichs, J. (1990). Methoden empirischer Sozialforschung. Opladen: Westdeutscher Verlag GmbH.

Frieling, E. & Sonntag, Kh. (1987). Lehrbuch Arbeitspsychologie . Bern: Huber.

Fröhner, K.-D. (1991). Arbeits- und Betriebsorganisation bei flexiblen Strukturen. St. Gallen: gfmt.

Fromm, H. (1992). Das Management von Zeit und Variabilität in Geschäftsprozesse. CIM-Management, 5, 7-14.

Gablers Wirtschafts-Lexikon (1988a). Bd. 3 G-K. Wiesbaden: Gabler.

Gablers Wirtschafts-Lexikon (1988b). Bd. 4 L-P. Wiesbaden: Gabler.

Gaitanides, M. (1983). Prozeßorganisation. München: Franz Vahlen.

Gaitanides, M., Scholz, R., Vrohlings, A. & Raster, M. (1994). Prozeßmanagement: Konzepte, Umsetzungen und Erfahrungen des Reengineerings. München: Hanser.

Gaugler, E., Kolbe, M. & Ling, B. (1977). Humanisierung der Arbeitswelt und Produktivität. Literaturanalyse, praktizierte Beispiele, Empfehlungen für die Praxis. Ludwigshafen: Kiehl.

Geißler, H., Krahmann-Baumann, B. & Lehnhoff, A. (Hrsg.). (1996). Umdenken im Management – Management des Umdenkens. Frakfurt/Main: Peter Lang.

Glaap, W. (1993). TQM in der Praxis leichtgemacht - Hilfen und Hinweise für die Einführung von QM-Systemen. München: Hanser.

Glasl, F. & Lievegoed, B. (1993). Dynamische Unternehmensentwicklung: Wie Pionierbetriebe und Bürokratien zu Schlanken Unternehmen werden. Stuttgart: Haupt.

Grob, R. & Haffner, H. (1982). Planungsleitlinien Arbeitsstrukturierung: Systematik zur Gestaltung von Arbeitssystemen. Berlin: Siemens-Aktiengesellschaft.

Grochla, E. (Hrsg.). (1980). Handwörterbuch der Organisation. Stuttgart: Poeschel.

Gruhler, W. (1984). Wirtschaftsfaktor Mittelstand. Zu Wesen und Bedeutung kleiner und mittlerer Unternehmen in der Bundesrepublik Deutschland. Köln: Deutscher Instituts-Verlag.

Gumpp, G. & Wallisch, F. (1996). ISO 9000 entschlüsselt. Landsberg: Moderne Industrie.

Hacker, W. (1978). Allgemeine Arbeits- und Ingenieurpsychologie. Bern: Huber.

Hacker, W. (1986). Arbeitspsychologie. Psychische Regulation von Arbeitstätigkeiten. Bern: Huber.

Hackman, J. R. & Oldham, G. R. (1976). Motivation througt the design of work. Organizational Behavior and Human Performance, 60, 250-279.

Hackmann, J. R. & Lawler, E. E. (1971). Employee reactions to job characteristics. Journal of Applied Psychology, 55, 259-286.

Hackstein, W. (1977). Arbeitswissenschaft im Umriß. Band 2: Grundlagen und Anwendung. Essen: Giradet.

Hahner, A. (1981). Qualitätskostenrechnung als Informationssystem zur Qualitätslenkung. Diss., Technische Universität Berlin. München: Hanser.

Haist, F. & Fromm, H. (1989). Qualität im Unternehmen. München: Hanser.

Hamer, E. (1987). Das mittelständische Unternehmen. Eigenarten, Bedeutung, Risiken und Chancen. Stuttgart: Poller.

Hamer, M. & Stanton, S. A. (1995). Die Reengineering-Revolution: Handbuch für die Praxis. Frankfurt/Main, New York: Campus.

Heeg, F.J., Ihlenfeldt, F. & Landwehr, J. (1995). Aufbau von Qualitätsmanagementsystemen in kleinen und mittleren Unternehmen (KMU) unter besonderer Berücksichtigung arbeitswissenschaftlicher Aspekte. Zeitschrift für Arbeitswissenschaft, 49(3), 165-174.

Heine, J. (1995). Prozeßorientierte Methodik zur Einführung eines Qualitätsmanagementsystems. Ein Beitrag zur Optimierung von Geschäftsprozessen in Unternehmen, die in kleinen und mittleren Stückzahlen komplexe Produkte fertigen. Diss., Rheinisch-Westfälische Technische Hochschule Aachen. Aachen: Shaker.

Heitger, B., Schmitz, C.& Gester, P.-W. (Hrsg). (1995). Managerie: 3. Jahrbuch für systemisches Denken und Handeln im Management. Heidelberg: Auer.

Hering, E., Triemel, J. & Blank, H.P. (1993). Qualitätssicherung für Ingenieure. Düsseldorf: VDI.

Herzberg, F., Mausner, B. & Snyderman, B. (1959). The motivation to work. New York: Wiley.

Hilbert, J. & Sperling, H.-J. (1993). Die kleine Fabrik: Beschäftigung, Technik und Arbeitsbeziehungen. München: Hampp.

Hindle, T. & Sadler, P. (1994). Management und Management-Theorie von A bis Z. München: The Economist.

Hirsch-Kreinsen, H., Schultz-Wild, R., Köhler, Ch. & Behr, M. v. (1990). Einstieg in die rechnerintegrierte Produktion. Alternative Entwicklungspfade der Industriearbeit im Maschinenbau. Frankfurt: Campus.

Hoffmann, M. & Rosenstiel, L. v. (Hrsg.). (1988). Funktionale Managementlehre. Berlin, Heidelberg: Springer.

Höhn, R. (1987). Führungsmodelle – Harzburger Modell. In A. Kieser (Hrsg.), Handwörterbuch der Führung (S. 614-621). Stuttgart: Poeschel.

Hopfenbeck, W. (1996). Allgemeine Betriebswirtschafts- und Managementlehre. Das Unternehmen im Spannungsfeld zwischen ökonomischen, sozialen und ökologischen Interessen. Landsberg: Moderne Industrie.

Hopfmann, L. (1989). Flexibilität im Produktionsbereich: Ein dynamisches Modell zur Analyse und Bewertung von Flexibilitätspotentialen. Frankfurt/Main: Lang.

Hornung, M., Staiger, Th. & Wißler, F. (1996). Prozesse mitarbeitergerecht dokumentieren, Entscheidungskriterien für die Wahl der Dokumentationsform. Qualität und Zuverlässigkeit, 41(12), 1374-1380.

Horvàth, P. & Urban, G. (1990). Qualitätscontrolling. Stuttgart: Poeschel.

Horvàth, P. (1986). Controlling. München: Vahlen.

Hummel, R. (1992). Aufbau von Qualitätssicherungssystemen in kleinen und mittleren Unternehmen. Ergebnisbericht des Forschungsvorhabens „Hilfsmittel zur Einführung von Qualitätssicherungssystemen in kleinen und mittleren Unternehmen der Maschinenbaus". Frankfurt: VDMA.

IBM (1984). Business Systems Planning. Atlanta: IBM-Forum GE 20-052-4.

Jost, H. (1996). Kosten- und Leistungsrechnung: praxisorientierte Darstellung. Wiesbaden: Gabler.

Juran, J. M. (1989). Handbuch der Qualitätsplanung. Landsberg: Moderne Industrie.

Juran, J. M., Gryna, F. M. & Bringham, R. S. (1974). Quality Control Handbook, New York: McGraw Hill.

Kamiske, G. F. & Brauer, J.-P. (1993). Qualitätsmanagement von A bis Z - Erläuterung moderner Begriffe des Qualitätsmanagements. München: Hanser.

Kamiske, G. F. (1992). Das untaugliche Mittel der Qualitätskostenrechnung. Qualität und Zuverlässigkeit, 37(3), 11-12.

Kayser, I. (1986). Definitorische Ansätze zur Klärung der Begriffe kleine und mittlere Unternehmen. In Bundesministerium für Wirtschaft (Hrsg.), Unternehmensgrößenstatistiken, Daten und Fakten. Bonn: BMWi Referat Öffentlichkeitsarbeit.

Kilz, G. & Reh, D. (1996a). Die Neugestaltung der Arbeitszeit als Gegenstzand des betrieblichen Innovationsmanagements. Baden-Baden: Nomos.

Kilz, G. & Reh, D. (1996b). Innovative Arbeitszeitsysteme nach dem neuen Arbeitszeitrecht. Berlin: Spitz.

Kirsch, W. (1990). Managementsysteme. Planung und Kontrolle. Herrsching: Kirsch.

Köhler, O. (1994). DIN ISO 9000-Manie – Wie europäisches Qualitätsmanagement funktioniert. Die Mitbestimmung, 40(2), 61-62.

Kolbinger, J. (1980). Die Betriebswirtschaftslehre als Lehre der sozialen Leistungsordnung. Berlin: Duncker und Humblot.

Konrad, U. (1992). Ingenieurpsychologische Untersuchungen zum diagnostischen Problemlösen in technischen Systemen. Arbeitspapier A2-3/92 des Sonderforschungsbereiches 187. Bochum: Ruhr-Universität.

Kotthof, H. & Reindel. J. (1990). Die soziale Welt kleiner Betriebe. Wirtschaften, Arbeiten und Leben im mittelständischen Industriebetrieb. Göttingen: Schwarz.

Krecmar, H. & Buresch, A. (1994). IV-Controlling. Ein Rahmenkonzept für die Praxis. Controlling, (5)94, 295-305.

Kromrey, H. (1991). Empirische Sozialforschung. Modelle und Methoden der Datenerhebung und Datenauswertung. Opladen: Leske + Budrich.

Krume, H. (1989). Business Management and Quality Cost: The Japanese View. In J. Campella (Hrsg.), Ideas and Applications Vol. 2 (S. 90-93). Wisconsin: Quality Press.

Krummenacher, St. (1993). Prozeßmanagement und Quality Engineering als Bausteine von Total Quality Management für die Maschinenindustrie. Diss., Hochschule für Wirtschafts-, Rechts- und Sozialwissenschaft. Ebikon: Druckerei der Schindler Aufzüge AG.

Laatz, W. (1993). Empirische Methoden. Ein Lehrbuch für Sozialwissenschaftler. Thun: Deutsch.

Lamnek, S. (1995a). Qualitative Sozialforschung. Band 1: Methodologie. Weinheim: Beltz.

Lamnek, S. (1995b). Qualitative Sozialforschung. Band 2: Methoden und Techniken. Weinheim: Beltz.

Landy, F. J. (1989). Psychology of Work Behavior. Belmont: Wadsworth.

Lang, R. (1995). Unternehmenskultur und Managementbildung im ostdeutschen Transformationsprozeß. Arbeitspapier. Chemnitz: Technische Universität Chemnitz/Zwickau, Lehrstuhl für Organisation und Arbeitswissenschaft.

Lawler, E. E. (1973). Motivation in work organization. Monterey: Brooks/Cole.

Legewie, H. (1995). Feldforschung und teilnehmende Beobachtung. In U. Flick et al. (Hrsg.), Handbuch qualitative Sozialforschung (S. 189-193). München: Beltz.

Lehmann, R. (1993). Dezentrale Fertigungssteuerung nach arbeitsorientierten Gestaltungsprinzipien. Diss., Universität Gesamthochschule Kassel. Hildesheim: Franzbekker.

Leontjew, A. (1979). Tätigkeit, Bewußtsein, Persönlichkeit. Berlin: VEB Verlag Volk und Wissen.

Leuenberger, Th. (1981). Lebenskonzepte: Brauchen wir neue Leitbilder? Zürich: Edition Interfrom.

Linnenkohl, K., Kilz, G., Rauchenberg, H.-J. & Reh. D.A. (1990). Möglichkeiten der Gestaltung flexibler Arbeitszeiten. Personalwirtschaft, 1/90, 15-21

Linnenkohl, K., Kilz, G., Rauchenberg, H.-J. & Reh. D.A. (1991). Der Begriff des Arbeitnehmers und die „informationelle Abhängigkeit". Arbeit und Recht, 7/91, 203-210.

Lorage, P. & Probst, G. (1987). Effective Strategic Planning Processes in the Multinational Corperation. Brüssel: EIASM.

Luczak, H. (1993). Arbeitswissenschaft. Berlin: Springer.

Luczak, H. & Volpert, W. (Hrsg.). (1997). Handbuch Arbeitswissenschaft. Stuttgart: Poeschel.

Luczak, H., Volpert, W., Raithel, A. & Schwier, W. (1987). Arbeitswissenschaftliche Kerndefinition-Gegenstandskatalog-Forschungsergebnisse. Frankfurt/Main: RKW.

Luhmann, N. (1994). Soziale Systeme. Grundriß einer allgemeinen Theorie. Frankfurt/Main: Surkamp.

Madauss, B. J. (1994). Handbuch Projektmanagement. Mit Handlungsanleitungen für Industriebetriebe, Unternehmensberater und Behörden. Stuttgart: Schäfer-Pöschel.

Martin, E., Ackermann, U., Oegerli, K. & Udris, I. (1980). Monotonie in der Industrie. Bern: Huber.

Martin, H. (1985). Technische Aspekte industrieller Arbeit. In W. Georg, L. Kißler & U. Sattel (Hrsg.), Arbeit und Wissenschaft: Arbeitswissenschaft? Eine Einführung (S. 37-85). Bonn: Verlag neue Gesellschaft.

Martin, H. (1994). Grundlagen der menschengerechten Arbeitsgestaltung. Handbuch für die betriebliche Praxis. Köln: Bund.

Martin, H. (Hrsg.). (1995). CeA-Computergestützte erfahrungsgeleitete Arbeit. Berlin: Springer.

Masing, W. (1993). Nachdenken über qualitätsbezogene Kosten. Qualität und Zuverlässigkeit, 33(3), 149-153.

Masing, W. (1994). Handbuch Qualitätsmanagement. München: Hanser.

Maslow, A. H. (1954). Motivation and Personallity. New York: Harper & Row.

Maslow, A. H. (1970). Motivation and Personallity. 2. Auflage. New York: Harper & Row.

Maßberg, W. (Hrsg.) (1993). Fertigungsinseln in CIM-Strukturen: Leitfaden zum Erfolg. Köln: TÜV Rheinland.

Mayer, E. (Hrsg.) & Creusen, U. C. (1993). Controlling-Konzepte. Wiesbaden: Gabler

Mayring, Ph. (1993). Qualitative Inhaltsanalyse. Grundlagen und Techniken. Weinheim: Dt. Studien-Verlag.

McGregor, D. M. (1957). The human side of enterprise from: „Adventure in thougt and action" proceedings of the fifth anniversary convonation of the school of industrial management, Massachusets institute of technology. Cambr. Mass.: Mass. Institute of Technologie.

McGregor, D. M. (1960). The human side of enterprise. New York: McGraw-Hill.

McGregor, D. M. (1970). Der Mensch im Unternehmen. Düsseldorf: Econ.

Meffert, H. (1985). Größere Flexibilität als Unternehmenskonzept. Zeitschrift für betriebswirtschaftliche Forschung, 37(2), 121-137.

Mehan, H. & Wood, H. (1979). Fünf Merkmale der Realität. In E. Weingarten (Hrsg.), Ethnomethodologie. Beiträge zu einer Soziologie des Alltagshandelns (S. 29-63). Frankfurt/Main: Suhrkamp.

Mengedoht, F.-W. (1997). Erfahrungsgeleitetes Prozeß- und Qualitätsmanagement in kleinen und mittleren Unternehmen. Diss., Universität Gesamthochschule Kassel. Kassel: Verlag Institut für Arbeitswissenschaft.

Mengedoht, F.-W., Großmann, A., Robeck, A. & Fiestas Cueto, H. (1997). Flexibilisierung von Qualitätsmanagementsystemen nach DIN EN ISO 9001ff. im Zusammenhang mit simultaner Aufgabenbearbeitung im gesamten Produktentstehungsprozeß in kleinen und mittleren Unternehmen (KMU). Abschlußbericht zum FKM-Forschungsvorhaben Nr. 196. Frankfurt: Forschungskuratorium Maschinenbau.

Metzger, R. & Gründler, H.-Ch. (1994). Zurück zum Spitzenniveau: Ein integratives Modell zur Unternehmensführung, Frankfurt: Springer.

Mitteilungen für den Maschinenbau (Nr. 4/1993). Sonderforschungsbereich 187 der Ruhr-Universität Bochum in Zusammenarbeit mit der icon Wirtschaftsforschung Nürnberg.

Mitteilungen für den Maschinenbau (Nr. 11/1995). Sonderforschungsbereich 187 der Ruhr-Universität Bochum in Zusammenarbeit mit der icon Wirtschaftsforschung Nürnberg.

Mitteilungen für den Maschinenbau (Nr. 12/1995). Sonderforschungsbereich 187 der Ruhr-Universität Bochum in Zusammenarbeit mit der icon Wirtschaftsforschung Nürnberg.

Mitteilungen für den Maschinenbau (Nr. 14/1996). Sonderforschungsbereich 187 der Ruhr-Universität Bochum in Zusammenarbeit mit der icon Wirtschaftsforschung Nürnberg.

Mitter, G. A., Galanter, E. & Pribram, K. H. (1973). Plans and the Structure of Behavior. 1960. Deutsche Übersetzung: Strategien des Handelns. Pläne und Strukturen des Verhaltens. Stuttgart: Holt, Rinehart & Winston.

Mugler, J. (1995). Betriebswirtschaftslehre der Klein- und Mittelbetriebe. Wien: Springer.

Müller, A. (1996). Grundzüge eines ganzheitlichen Controllings. München: Oldenbourg.

Neuberger, O. & Allerbeck, M. (1978). Messung und Analyse von Arbeitszufriedenheit. Erfahrungen mit dem Arbeitsbeschreibungsbogen ABB. Bern: Huber.

Neuberger, O. (1985). Arbeit. Begriff, Gestaltung, Motivation, Zufriedenheit. Stuttgart: Enke.

NUTEC (1994). Flexible Enterprise. Stockholm: Swedish National Board for Industrial and Technical Development.

Olshagen, Ch. (1991). Prozeßkostenrechnung – Aufbau und Einsatz. Wiesbaden: Gabler.

Pascale, R. T. & Athos, A. G. (1982). Geheimnis und Kunst des japanischen Managements. München: Heyne.

Pauli, J. (1987). So wird ihr Unternehmen flexibel. Leitlinien und Maßnahmen. Zürich: Industrie Organisation.

Peters, Th. & Watermann, R. H. (1982). In Search of Excellence. Lessons from America's best-run companies. New York: Harper & Row.

Petrick, K. & Eggert, R. (Hrsg.) (1995). Umwelt- und Qualitätsmanagementsysteme: eine gemeinsame Herausforderung.München: Hanser.

Pfeifer, T. (1993). Qualitätsmanagement, Strategien, Methoden, Techniken. München: Hanser.

Porter, L. W. & Lawler, E. E. (1968). Managerial attitudes and performance. Homewood: Irwin.

Porter, L. W. , Lawler, E. E. & Hackmann, J. R. (1975). Behavior in Organizations. New York: McGraw Hill.

Preißler, P. (1995). Controlling: Lehrbuch und Intensivkurs. München: Oldenbourg.

Reichwald, R.; Behrbohm, P. (1983). Flexibilität als Eigenschaft produktionswirtschaftlicher Systeme. Zeitschrift für Betriebswirtschaft, 53(9), 831-853.

Reschke, H., Schelle, H. & Schnopp, R. (Hrsg.). (1989). Handbuch Projektmanagement. Köln: TÜV Rheinland.

Richter, H. M. (1990). CIM richtig auswählen und einführen. Düsseldorf: VDI.

Rieckmann, H. (1982). Auf der gruenen Wiese. Organisationsentwicklung einer Werksneugründung. Soziotechnisches Design und Offene-System-Planung. Bern: Haupt.

RKW (1976). Menschengerechte Arbeit – Erfahrungsaustausch zwischen Forschung und betrieblicher Praxis. Dokumentation zum RKW Kongreß am 6. und 7. April 1976 in Essen. Dortmund: REFA Verband für Arbeitsstudien e.V.

Rohmert, W. (1972). Aufgabe und Inhalt der Arbeitswissenschaft. Die berufsbildende Schule, 1, 3-14.

Ropohl, G. (1980). Ein systemtheoretisches Beschreibungsmodell des Handelns. In H. Lenk (Hrsg.), Handlungstheorie interdisziplinär, Band 1 (S. 332-360). München: Fink.

Rosenstiel, L. v. (1992). Grundlagen der Organisationspsychologie: Basiswissen und Anwendungshinweise. Stuttgart: Schäffer-Poeschel.

Roth, E. (Hrsg.). (1989). Organisationspsychologie. Göttingen: Hogrefe.

Runge, J. H. (1994). Schlank durch Total Quality Managment: Strategien für den Standort Deutschland. Frankfurt/Main: Campus.

Sattes, I., Brodbeck, H., Lang, H.-C. & Domeisen, H. (Hrsg.). (1995). Erfolg in kleinen und mittleren Unternehmen. Ein Leitfaden für die Führung und Organisation in KMU. Stuttgart: Teubner.

Scharf, P. (1976). Strukturen flexibler Fertigungssysteme - Gestaltung und Bewertung. Mainz: Krausskopf.

Schildknecht, R. (1992). Total Quality Management. Konzeption und State of the Art. Frankfurt: Campus.

Schindler, W., Hartmann, E. & Fuchs-Frohnhofen, P. (1995). Handlungsorientierte und facharbeitergerechte Gestaltung von Arbeitsabläufen, Arbeit, 4(2), 185-206.

Schmuck, P. (1996). Die Flexibilität menschlichen Verhaltens: Differentialdiagnose mit objektiven Tests. Frankfurt/Main: Lang.

Schneider, H. J. (Hrsg.). (1992). Mensch und Arbeit. Taschenbuch für die Personalpraxis. Köln: Bachem.

Schneider-Winden, K. (1992). Industrielle Planungstechniken. Eine Einführung. Düsseldorf: VDI.

Schnell, R., Hill, P. & Esser, E. (1993). Methoden der empirischen Sozialforschung. München: Oldenbourg.

Schuler, H. (1993). Lehrbuch Organisationspsychologie. Bern: Huber.

Schwaninger, M. (1994): Managementsysteme. Frankfurt/Main: Campus.

Schweizer, M. (1990). Industriebetriebslehre: Das Wirtschaften in Unternehmen. München: Vahlen.

Seghezzi, H.-D. (1994). Qualitätsmanagement, Ansatz eines St. Galler Konzepts, Integriertes Qualitätsmanagement. Stuttgart: Schäffer-Poeschel.

Seghezzi, H.-D. (1996). Integriertes Qualitätsmanagement. Das St. Gallener Konzept. München: Hanser.

Sihn, W. (Hrsg.). (1995). Unternehmensmanagement im Wandel: Erfolg durch Kunden-, Mitarbeiter- und Prozeßorientierung. München: Hanser.

Six, B. & Kleinbeck, U. (1989). Arbeitsmotivation und Arbeitszufriedenheit. In E. Roth (Hrsg.). Organisationspsychologie (S. 348-398). Göttingen: Hogrefe.

Sommerlatte, T. & Wedekind, E. (1990). Leistungsprozesse und Organisationsstruktur. In A. D. Little (Hrsg.), Management der Hochleistungsorganisation (S. 23-42). Wiesbaden: Gabler.

Spänle, W. (1991). Strategischer und operationaler Nutzen des Datenverbundes zwischen Automobil- und Zulieferindustrie. In Verein Deutscher Ingenieure (Hrgs.), VDI Berichte 911 (S. 53-68). Düsseldorf: VDI.

Spinas, Ph., Troy, N. & Ulich, E. (1983). Leitfaden zur Einführung und Gestaltung von Arbeit mit Bildschirmsystemen. München: CW-Publikationen.

Spöhring, W. (1989). Qualitative Sozialforschung. Stuttgart: Teubner.

Stauss, B. (1994). Qualitätsmanagement und Zertifizierung - Von DIN ISO 9000 zum Total Quality Management. Wiesbaden: Gabler.

Steers, R. M. & Porter, L. W. (1983). Motivation and work behavior. New York: McGraw Hill.

Steers, R. M. (1984). Introduction to organizational behavior. Glenview: Scott, Foresman & C.

Strasser, H. (1982). Arbeitswissenschaftliche Methoden der Beanspruchungsermittlung. Stuttgart: Gentner.

Striening, H.-D. (1988). Prozeßmanagement. Frankfurt: Lang.

Stroebe, R. W.; Stroebe G. H. (1992). Führungsstile: Situatives Führen und Management by Objectives. Heidelberg: Sauer.

Thielen, C. A. L. (1993). Management der Flexibilität. Diss., Hochschule für Wirtschafts-, Rechts- und Sozialwissenschaften St. Gallen. Bamberg: Difo-Druck GmbH.

Tomaszewski. T. (1978). Tätigkeit und Bewußtsein. Betrtäge zur Einführung in die polnische Tätigkeitspsychologie. Weinheim: Beltz.

Tomys, A.-K. (1995). Kostenorientiertes Qualitätsmanagement: Qualitätscontrolling zur ständigen Verbesserung der Unternehmensprozesse. München: Hanser.

Töpfer, A. (1992). Total Quality Management der Schlüssel zum Erfolg. Personalwirtschaft, 8, 45-57.

Ulich, E. (1980). Psychologischer Aspekt der Arbeit mit elektronischen Datenverabreitungssystemen. Schweizerische Technische Zeitschrift, 75, 6-66.

Ulich, E. (1988). Neustrukturierung der Arbeit in der Produktion. Sonderdruck. Arbeitsmedizin aktuell, 6(88), 7-29.

Ulich, E. (1992). Arbeitspsychologie. Stuttgart: Poeschel.

Ulich, E. (1995). Qualitätsmanagement und Arbeitsorganisation. Zeitschrift für Arbeitswissenschaft, 49(3), 138-142.

Ulich, E., Conrad-Betschart, H.& Baitsch, C. (1989). Zum Begriff der persönlichkeitsförderlichen Arbeitsgestaltung. Zeitschrift für Arbeitswissenschaft, 34(4), 211-213.

Ulrich, H. & Krieg, W. (1974). St. Galler Management-Modell. Bern: Haupt.

Ulrich, H. & Probst, G. (1988). Anleitung zum ganzheitlichen Denken und Handeln. Bern: Huber.

Ulrich, H. (1978). Unternehmungspolitik. Bern: Haupt

Ulrich, H. (1984). Skizze eines Bezugsrahmens für die Managementlehre. In H. Ulrich et al (Hrsg.), Grundlegung einer allgemeinen Theorie der Gestaltung, Lenkung und Entwicklung zweckorientierter sozialer Systeme (S. 1-30). St. Gallen: Institut für Betriebswirtschaft an der Hochschule St. Gallen.

Ulrich, P. & Fluri, E. (1992). Management. Bern: Haupt.

VDI-Nachrichten (1997, 14. Februar). Politisches Prisma. KMU-Förderung, elektronische Kinderbetreuung und europäische Fördermittel. VDI-nachrichten, S. 12.

VDMA (Hrsg.). (1995). Maschinen- und Anlagenbau im Zentrum des Fortschritts. Frankfurt: Maschinenbauverlag.

VDMA (Hrsg.) (1995a). Zwischenbetrieblicher Vergleich Personalstruktur. Ergebnisse 1995. Frankfurt: VDMA.

VDMA (Hrsg.). (1996). Statistisches Handbuch für den Maschinenbau 1996. Frankfurt: Maschinenbauverlag.

Vollmer, Th. & Engroff, B. (1994). Menschengerechter und wirtschaftlicher Einsatz von CNC-Systemen. Ein Leitfaden für die betriebliche Planung. Kassel: Institut für Arbeitswissenschaft.

Vollmer, Th. (1995). Belastungen und Beanspruchungen an Arbeitsplätzen mit CNC-Werkzeugmaschinen. Ziele, Methoden und Ergebnisse einer Falluntersuchung. Kassel: Institut für Arbeitswissenschaft.

Volpert, W. (1974). Handlungsstrukturanalyse als Beitrag zur Qualifikationsforschung. Köln: Pahl-Rugenstein.

Volpert, W. (1992). Wie wir handeln – was wir können. Ein Disput als Einführung in die Handlungstheorie. Heidelberg: Asanger.

Volpert, W. (Hrsg.). (1980). Beiträge zur psychologischen Handlungstheorie. Bern: Huber.

Vromm, V. (1974). Work and motivation. New York: Wiley.

Wagner, D. (1989). Organisation, Führung und Personalmanagement: neue Perspektiven durch Flexibilisierung und Individualisierung. Freiburg: Haufe.

Warnecke, H.-J. (1984). Der Produktionsbetrieb: Eine Industriebetriebslehre für Ingenieure. Berlin: Springer.

Warnecke, H.-J. (1995a). Der Produktionsbetrieb 1 – Organisation, Produkt, Planung. Berlin: Springer.

Warnecke, H.-J. (1995b). Der Produktionsbetrieb 2 - Produktion, Produktionssicherung. Berlin: Springer.

Warnecke, H.-J. (1996). Die Fraktale Fabrik. Revolution der Unternehmenskultur. Hamburg: Rowohlt.

Wassermann, W. (1988). Arbeit, Gesundheit und neue Technik in Klein- und Mittelbetrieben: Struktur- und Handlungsprobleme der betrieblichen Interessenvertretung. Düsseldorf: Ministerium für Arbeit, Gesundheit und Soziales des Landes Nordrhein-Westfalen.

Weimer, St. (1990). Arbeitsbedingungen und neuere Entwicklungstendenzen. In J. Berger, V. Domeyer & M. Funder (Hrgs.). (1990). Kleinbetriebe im wirtschaftlichen Wandel (S. 87-99). Frankfurt/Main: Campus.

Weisflog, D. (1996). Unternehmenssteuerung in unruhiger, chaotischer Zeit: Change-Management. Bern: Haupt.

Weiss, M. (1995). Marketing als Prozeß - die Prozesse des Marketing. In B. Heitger, C. Schmitz & P.-W. Gester (Hrsg), Managerie: 3. Jahrbuch für systemisches Denken und Handeln im Management (S. 24-40). Heidelberg: Auer

Werbik, H. (1978). Handlungstheorien. Stuttgart: Kohlhammer.

Werne, U. v. (1994). Gestaltungsempfehlungen für ein dienstleistungsspezifisches Total Quality Management. Hallstadt: Rosch.

Westermann, R. & Gerjets, P. (1994). Induktion. In T. Hermann & W. Tack (Hrsg.), Methodologische Grundlagen der Psychologie. Enzyklopädie der Psychologie, Themenbereich B, Serie I, Band 1 (S. 428-472). Göttingen: Hogrefe.

Wiendahl, H.-P. (1989). Betriebsorganisation für Ingenieure. München: Hanser.

Wiendahl, H.-P. (1990). Analyse und Neuordnung der Fabrik. Berlin: Springer.

Wiswede, G. (1995). Einführung in die Wirtschaftspsychologie. München: UTB Reinhardt.

Wittig, K.-J. (1994). Qualitätsmanagement in der Praxis - DIN EN ISO 9000, Lean Production, Total Quality Management - Einführung eines QM-Sytems im Unternehmen. Stuttgart: Teubner.

Wöhe, G. (1986). Einführung in die allgemeine Betriebswirtschaftslehre. München: Vahlen.

Wojda, F.; Hacker, W. (1995). Arbeitswissenschaft und Qualitätsmanagement. Zeitschrift für Arbeitswissenschaft, 49(3), 126-130.

Womack, J. P., Jones, D. T. & Roos, D. (1991). Die zweite industrielle Revolution in der Automobilindustrie. Frankfurt: Campus.

Wonigeit, J. (1994). Total Quality Management - Grundzüge und Effizienzanalyse. Wiesbaden: Deutscher Universitäts-Verlag GmbH.

Zäpfel, G. (1989). Strategisches Produktions-Management. Berlin: de Gruyter.

Zimbardo, P. (1988). Psychologie. Berlin: Springer.

Zink, K. J. (1979). Begründung einer zielgruppenspezifischen Organisationsentwicklung auf Basis von Untersuchungen von Arbeitszufriedenheit und Arbeitsmotivation. Köln: O. Schmidt.

Zink, K. J. (1992). Qualität als Herausforderung. In K. J. Zink (Hrsg.), Qualität als Managementaufgabe (Total Quality Management). Landsberg: Moderne Industrie.

Zink, K. J. (1993). Neuere Konzepte in der Automobil- und Zulieferindustrie. Berlin: Technik + Kommunikation Verl.-GmbH.

Zink, K. J. (1995a). TQM als intergriertes Managementkonzept. Das europäische Qualitätsmodell und seine Umsetzung. München: Hanser.

Zink, K. J. (1995b). Arbeitswissenschaftliche Inhalte internationaler Quality Assessment Konzepte – eine Chance für die Umsetzung. Zeitschrift für Arbeitswissenschaft, 49(3), 131-137.

7.2 Bilderverzeichnis

Kapitel 2

Kapitel 3

Kapitel 4

Kapitel 5

8 Anhang

Verzeichnis der Anhänge

Prozeßsystematik der Haupt-, Serviceprozesse und Tätigkeiten

	Haupt- und Serviceprozesse	**Tätigkeiten**
0	**Produktneuentwicklung**	Produktfindung (0.1) Produktplanungsverfolgung (0.2) Produktüberwachung (0.3)
1	**Angebotsabwicklung**	Kaufmännische Angebotserstellung (1.1) Technische Angebotserstellung (1.2) Angebotsverfolgung (1.3)
2	**Auftragsabwicklung**	Vertragsprüfung (2.1) Auftragsannahme (2.2) Auftragsüberwachung (2.3) Fakturierung, Zahlungsüberwachung (2.4)
3	**Produktdefinition**	Technische Produktspezifikation (3.1) Entwicklung (3.2) Konstruktion (3.3) Prototypenbau, Nullserie (3.4) Werksnormung (3.5) Prüfplanung (3.6)
4	**Produktionsplanung und -steuerung**	Produktionsplanung (4.1) Produktionsteuerung (4.2)
5	**Beschaffung**	Lieferantenauswahl (5.1) Bestellabwicklung (5.2) Wareneingang (5.3)
6	**Produktionslogistik**	Bereitstellung Fertigung (6.1) Bereitstellung Montage (6.2) Lagerhaltung (6.3)
7	**Produkterstellung**	Werkstattsteuerung (7.1) Fertigung (7.2) Montage (7.3) Technische Dokumentation (7.4) Produktabnahme durch den Kunden (7.5) Inbetriebnahme beim Kunden (7.6)
8	**Prüfung**	Prüfmittelüberwachung (8.1) Sonderprüfungen (8.2)
9	**Versand**	Versandabwicklung (9.1) Verpackung (9.2) Warenausgang (9.3)
10	**Kundenbetreuung**	Produktschulung (10.1) Wartung (10.2) Reklamations-, Reparaturabwicklung (10.3) Ersatzteilabwicklung (10.4) Produktrücknahme (10.5)

Definition von einzelnen Prozessen zur Auftragsbearbeitung

0. Produktneuentwicklung

Der Serviceprozeß Produktneuentwicklung bzw. Produktentwicklung befaßt sich mit der Neuentwicklung von Bauteilen oder Produkten. Diesem Prozeß wird im Rahmen der Analyse und Auswertung höhere Aufmerksamheit geschenkt, weil die Situation der untersuchten Unternehmen von der Nachfrage nach individuellen Produkten geprägt ist, die ständig dem Wandel der technologischen Entwicklung angepaßt und in hochwertiger Qualität in immer kürzeren Zyklen entwickelt und produziert werden müssen (Eversheim 1989, S. 33). Aus diesem Grund besteht die Notwendigkeit der Optimierung der Produktneuentwicklung. Die Produktneuentwicklung umfaßt (nach Eversheim 1990, S. 34) die

- 0.1 Produktfindung,
- 0.2 Produktplanungsverfolgung und
- 0.3 Produktüberwachung.

Die Aufgabe der *Produktfindung* ist es, rechtzeitig neue zukunftsträchtige Produkte zu planen. Dazu ist die Beschaffung und Aufarbeitung einer Vielzahl von externen und internen Informationen erforderlich. Das Ergebnis der Produktfindung sind Entwicklungsvorschläge, die die Beschreibung von Funktion, Arbeitsprinzip und Eigenschaften der zukünftigen Produkte beinhalten. Die einzelnen Phasen der Produktfindung sind die Vorbereitung, die Ideenfindung, die Bewertung und Auswahl von Produktideen und die Erstellung von Entwicklungsvorschlägen. Die *Produktplanungsverfolgung* soll Änderungen an Produkten, die sich durch veränderte Anforderungen ergeben, ermitteln und die Produktentstehungsphase kontrollieren. Die Kontrolle des langfristigen Absatzverhaltens nach der Markteinführung ist Aufgabe der *Produktüberwachung* (Eversheim 1990, S. 34ff.).

1. Angebotsabwicklung

Der Kernprozeß Angebotsabwicklung besteht aus Prüfen der Anfrage, kaufmännische und technische Informationsbeschaffung und -aufarbeitung, Ermittlung der konstruktiven Lösung, des Liefertermins, der Kosten und des Preises sowie Festlegen der Lieferkonditionen und Schreiben des Angebots (nach Warnecke 1995a, S. 148ff.). Dabei ist aufgrund der Vielzahl der beteiligten Unternehmensbereiche ein einheblicher Kommunikations- und Koordinationsaufwand zwischen den Abteilungen, wie z.B. Konstruktion, Arbeitsvorbereitung und Rechnungswesen notwendig. Die Aufgaben der Angebotsabwicklung werden in

1.1 kaufmännische Angebotserstellung,
1.2 technische Angebotserstellung und
1.3 Angebotsverfolgung

definiert.

2. Auftragsabwicklung

Die Aufgabe des Kernprozesses Auftragsabwicklung „...ist die termingerechte und wirtschaftliche Abwicklung aller Hardware-, Software- und Dienstleistungsverträge, die vom Vertrieb oder externen Handelspartnern generiert werden. Der Leistungsumfang beinhaltet die Bearbeitung von Verträgen, die Disposition von Leistungen/Produkten, die Bereitstellung von Produkten/Leistungen und die ordnungsgemäße Rechnungsstellung sowie die Zuordnung der Kundenzahlungen“ (Gaitanides et al. 1994, S. 45). Die Auftragsabwicklung fungiert als Bindeglied zwischen Kunden und Unternehmen.

Die Aufgaben der Auftragsabwicklung werden definiert als:

2.1 Vertragsprüfung,
2.2 Auftragsannahme,
2.3 Auftragsüberwachung und
2.4 Fakturierung/Zahlungsüberwachung.

Nach DIN EN ISO 8402 werden unter *Vertragsprüfung* systematische Tätigkeiten verstanden, die sicherstellen sollen, daß die Qualitätsforderungen angemessen festgelegt, frei von Unklarheiten dokumentiert und durch den Lieferanten realsierbar sind. Bei der Vertragsprüfung wird der Kunde hinsichtlich Identität und Bonität überprüft. Weiterhin wird der Auftrag im Hinblick auf die Warenart und die Lieferbedingungen geprüft und die technischen und zeitlich-kapazitiven Anforderungen analysiert. (DIN EN ISO 8402 1995, S. 19; Frese & Noetel 1992, S. 119).

Nach der erfolgreichen Vertragsprüfung wird die *Auftragsannahme* durchgeführt. Der Auftrag wird für die Einsteuerung in die Fertigung freigegeben. Er wird hinsichtlich Disposition, Transport, Lager, Verpackung und Versand bear-

beitet und dem Kunden wird eine Auftragsbestätigung zugestellt.
Die *Auftragsüberwachung* oder auch Auftragsverwaltung kontrolliert den Auftrag in bezug auf den Stand der Auftragsbearbeitung, sorgt für die Weitergabe von Informationen an den Kunden (z.B. Terminauskünfte) und die Weiterleitung von Fertigungsunterlagen (Frese & Noetel 1992, S. 119).

Ist die technische Auftragsabwicklung abgeschlossen, erfolgt die *Fakturierung und Zahlungsüberwachung*. Die kaufmännische Abwicklung des Auftrages endet mit der Rechnungslegung (Abgleichen der Bestellung mit dem Lieferschein, Rechnungserstellung usw.) und der anschließenden Zahlungsüberwachung (Einhaltung des Zahlungstermins, Mahnwesen usw.).

3. Produktdefinition

Der Serviceprozeß der Produktdefinition umfaßt eine vollständige Bestimmung eines Produktes (Standardprodukt oder kundenspezifische Neuentwicklung). Dabei werden die einzelnen Aufgaben der Produktdefinition zu

- 3.1 Technische Produktspezifikation,
- 3.2 Entwicklung,
- 3.3 Konstruktion,
- 3.4 Prototypenbau, Nullserie,
- 3.5 Werksnormung und
- 3.6 Prüfplanung

definiert.

In der *technischen Produktspezifikation* wird das neu zu entwickelnde Produkt in bezug auf die vom Kunden bzw. vom Markt gestellten Anforderungen konkretisiert. Bei Standarderzeugnissen mit und ohne Varianten handelt es sich um Marktforschungs- und Produktentwicklungsaufgaben, bei kundenspezifischen Aufträgen stehen die Vorstellungen des Kunden im Mittelpunkt (Frese & Noetel 1992, S. 122).

Die Aufgabe der *Entwicklung* besteht in der Lösung grundsätzlicher Probleme, die aufgrund der gestellten Anforderungen an das Produkt bei der Entwicklung und Konstruktion auftreten (Warnecke 1995a, S. 127ff.). Die *Konstruktion* setzt die Ergebnisse der Entwicklungsarbeit durch Entwurfs- und Detaillösungen in Produkte um (Wiendahl 1990, S. 21). Aus den erstellen Konstruktionsunterlagen werden anschließend Muster der Produkte gefertigt. Bei Serienprodukten werden die sogenannten *Nullserien* und bei Einzelprodukten bzw. Kleinserien *Prototypen* hergestellt. Mit Hilfe dieser Produkte wird der Soll-Ist-Vergleich durchgeführt, d.h. die Erfüllung der gestellten Anforderungen wird überprüft.

Die *Werksnormung* führt eine einheitliche Festlegung von Begriffen, Arten, Größen, Kennzeichen usw. im Betrieb durch. Unter die Normung fallen z.B. die Zeichungs- und Stücklistenorganisation, das Führen einer Teilekartei und des Ident-Nummernverzeichnisses sowie die Ausgabe der Ident-Nummern (Warnecke 1995a, S. 144f.).

In der *Prüfplanung* wird die Anwendung der Qualitätssicherungsmethoden festgelegt, um die Prozesse sicher zu gestalten und fehlerfreie Fertigungsunterlagen für die Produktion zu gewährleisten. Auch die Kaufteile sollten in die Prüfplanung mit einbezogen werden (Warnecke 1995b). Weitere Aufgaben sind die Festlegung von Prüfkriterien, Prüfumfang und Prüfzeitpunkten sowie die Einweisung des Prüfpersonals.

4. Produktionsplanung und -steuerung

Die Produktionsplanung und -steuerung wird parallel zur Produktdefinition und Produkterstellung durchgeführt und stellt einen Serviceprozeß für andere Prozesse dar. Sie hat alle technische und organisatorischen Aufgaben zu erfüllen, die zur Herstellung der Produkte in der Fertigung und Montage erforderlich sind (Warnecke 1995a, S. 245).

Die Aufgaben der Produktionsplanung und -steuerung werden in

- 4.1 Produktionsplanung und
- 4.2 Produktionssteuerung

unterschieden.

Die Aufgaben der *Produktionsplanung* umfassen die Produktionsablaufplanung, -stättenplanung, -mittelplanung, -zeitplanung, -fristenplanung und -kostenplanung sowie Bedarfsplanung je Produktionseinheit (Wiendahl 1990, S. 24). Die *Produktionssteuerung* umfaßt die Programm- und Auftragsplanung, Auftragsbearbeitung, Disposition, Fristenplanung und Terminierung, Bereitstellung, Arbeitsverteilung, Arbeitsfortschritts- und Wirtschaftlichkeitsüberwachung (Wiendahl 1990, S. 24).

5. Beschaffung

Der Serviceprozeß Beschaffung hat die Aufgabe, die zur innerbetrieblichen Leistungserstellung erforderlichen Güter (z.B. Rohmaterial, Zukaufteile und Betriebsmittel) und Dienstleistungen (z.B. Reparaturen) bereitzustellen. Die Prozesse der Beschaffung werden in

5.1 Lieferantenauswahl,
5.2 Bestellabwicklung und
5.3 Wareneingang

unterteilt.

Die *Lieferantenauswahl* wird durchgeführt, um geeignete Lieferanten auszuwählen. Wichtige Kriterien sind hierbei Preis, Qualität und Qualitätsfähigkeit, Liefertreue, Gesamtkapazität, Service, Vertragskonditionen und geographische Lage. Nach der Lieferantenauswahl erfolgt in der *Bestellabwicklung* die eigentliche Bestellung. Die Bestellangaben (Artikel, Menge, Preis, Zahlungsbedingungen, Liefertermin, Vertragsgestaltung usw.) werden ermittelt und durch die Bestellung an den Lieferanten mitgeteilt. Im Anschluß an die Bestellung wird der Liefertermin überwacht. Beim *Wareneingang* wird die gelieferte Ware identifiziert und in bezug auf Transportschäden, Menge usw. überprüft (Warnecke 1995a, S. 189).

6. Produktionslogistik

Der Serviceprozeß Produktionslogistik plant, steuert und überwacht den Materialfluß durch die Fertigung vom Rohteillager bis zum Fertigwarenlager (Wiendahl 1990, S. 29). Die Aufgaben der Produktionslogistik werden hier unterteilt in:

6.1 Bereitstellung Fertigung / Montage
6.2 Lagerhaltung.

Die *Bereitstellung Fertigung und Montage* sorgen dafür, daß das richtige Material bzw. die richtigen Teile zum richtigen Zeitpunkt in ausreichender Menge am entsprechenden Ort zur Verfügung stehen (Wiendahl 1990, S. 29). Die *Lagerhaltung* wird benötigt, um ein Unternehmen ständig produktions- und einsatzbereit zu halten. Sie ist ein Mittel, um den Materialfluß zwischen zwei Systemen (z.B. Kunden und Lieferant) zu stabilisieren, bei denen der Ausstoß des ersten

Systems zeitlich nicht mit dem Bedarf des zweiten Systems übereinstimmt (Warnecke 1995a, S. 224).

7. Produkterstellung

Unter dem Serviceprozeß Produkterstellung bzw. Produktion wird die Erzeugung von Gütern und Dienstleistungen verstanden, die durch das Zusammenwirken von Produktionsfaktoren erfolgt (Wiendahl 1990, S. 25). Die Aufgaben der Produkterstellung werden hier definiert zu:

- 7.1 Werkstattsteuerung,
- 7.2 Fertigung,
- 7.3 Montage,
- 7.4 technische Dokumentation,
- 7.5 Produktabnahme durch den Kunden und
- 7.6 Inbetriebnahme beim Kunden.

Die *Werkstattsteuerung* setzt die Vorgaben der Produktionsplanung und -steuerung auf der Ebene der Fertigungsbereiche um. Sie umfaßt die Feinplanung der Arbeitsvorgänge. Die wichtigsten Elemente sind die Werkstattinformation, Belegungsplanung und -erstellung, Betriebsdatenerfassung, Ermittlung und Bewertung von Kennzahlen, Auftragsverwaltung und Systemfunktion. In der *Fertigung* erfolgt dann die Herstellung von Einzelteilen für die Montage oder zur Lieferung an den Kunden. Im Anschluß an die Fertigung erfolgt die *Montage*. Sie umfaßt den Zusammenbau der Einzelteile zu Baugruppen oder Produkten (Wiendahl 1990, S. 25f.).

Im Prozeß *technische Dokumentation* werden Montageanleitungen, Bedienungsanleitungen, Wartungspläne, Betriebsanleitungen usw. erstellt und zugeordnet. Weiterhin werden Produkte (z.B. Fahrgestellnummer, Prüfplaketten) gekennzeichnet. Bei Produkten, die beim Kunden montiert und in Betrieb genommen werden (z.B. Investitionsgüter, Sondermaschinen) erfolgt die *Abnahme und die Inbetriebnahme durch bzw. beim Kunden*. Dabei wird das Produkt vorgeführt und vom Kunden hinsichtlich der zu erfüllenden Forderungen überprüft (Wiendahl 1990, S. 25f.).

8. Prüfung

Dieser Serviceprozeß Prüfungen umfaßt die Prozesse

8.1 Prüfmittelüberwachung und
8.2 Sonderprüfungen.

Bei der *Prüfmittelüberwachung* wird der Zustand der Prüfmittel kontrolliert. Die Prüfmittel werden gekennzeichnet und der Kennzeichnungsstatus wurd dokumentiert (DIN EN ISO 9004-1 1994, S. 40). *Sonderprüfungen* sind meist einmalige Prüfungen, die durchgeführt werden, um spezielle Produkteigenschaften von Varianten bzw. Sonderkonstruktionen zu überprüfen.

Die Eingangsprüfung der Produkte wird als eine Aufgabe der Tätigkeit Wareneingang betrachtet. Die Zwischen- und Endprüfungen sind dabei jeweils die Aufgaben der Prozeßverantwortlichen und -durchführenden, die sie als Selbstprüfung durchführen.

9. Versand

Der Serviceprozeß Versand hat die Aufgabe, die Produkte termingerecht in der verlangten Menge und Qualität an den richtigen Ort zu versenden. Als Teilbereiche wurden

9.1 Versandabwicklung,
9.2 Verpackung und
9.3 Warenausgang

definiert.

Die *Versandabwicklung* übernimmt die Auslieferung der Produkte. Die *Verpackung* hat sicherzustellen, daß das Produkt in optimaler Qualität beim Kunden ankommt. Der *Warenausgang* beinhaltet die Übergabe der Produkte und der zugehörigen Papiere an den Transporteur. Die Überbringung der Ware an den Kunden wird vom Transport ausgeführt.

10. Kundenbetreuung

Der Hauptprozeß der Kundenbetreuung umfaßt die Tätigkeiten:

10.1 Produktschulung,
10.2 Wartung,
10.3 Reklamations-, Reparaturabwicklung,
10.4 Ersatzteilabwicklung und
10.5 Produktrücknahme.

Die Betreuung des Kunden beginnt bei der Gewinnung eines neuen Kunden durch das Angebot der Produktpalette oder spezieller Angebote. Bei Bedarf erfolgen *Produktschulungen* des Lieferanten an den Kunden. Zum weiteren Service gehört die ständige Ansprechbarkeit bei Problemen sowie die *Wartung* und Pflege des Produktes. Bei anfallenden *Reklamationen* muß das Problem den Kunden exakt erfaßt und analysiert werden. Nur so ist eine einwandfreie Problembeseitigung möglich. Für den Fall einer *Reparatur* ist die Verfügbarkeit von Ersatzteilen zu gewährleisten, um für den Kunden kostspielige Produktionsausfälle zu vermeiden. Zur umfassenden Kundenbetreuung gehört die *Produktrücknahme* und die umweltgerechte Entsorgung des Produktes.

Fragebogen zur Erfassung der organisatorischen Rahmendaten

Rechtsform:
Fluktuation:
Krankenstand:
Weiterbildung:
Betriebszugehörigkeit:

Kriterium	**Ausprägungen**						
	1	**bis 10**	**bis 100**	**bis 200**	**bis 500**	**bis 1000**	**größer 1000**
Anzahl der Beschäftigten am Standort							
Zahl der Kunden							
Auftragsvolumen pro Jahr (Anzahl)							
durchschnittliche Auftragsgröße (Stückzahl pro Auftrag)							
durchschnittliche Losgröße (EP=Endprodukte/ BG=Baugruppen)							
Zahl der Zulieferer							
durchschnittliche Anzahl von Teilen/Komponenten pro Produkt							
Zahl der Varianten							
	< 5%	**bis 25%**	**bis 40%**	**bis 50%**	**bis 60%**	**bis 80%**	**> 80%**
Anteil eigengefertigter Teile/Baugruppen vom Auftragsvolumen							
Anteil fremdbezogener Teile/Baugruppen vom Auftragsvolumen							
völlig neuentwickelte Teile/Baugruppen vom Auftragsvolumen							
Reklamationen innerhalb der Garantiezeit bezogen auf Auftragsvolumen							
Reparaturen bezogen auf Auftragsvolumen							
	< 1 Jahr	**bis 3 Jahre**	**bis 5 Jahre**	**bis 10 Jahre**	**bis 20 Jahre**	**> 20 Jahre**	
durchschnittliche Produktlebensdauer							
durchschnittlich Produktlaufzeit							

Kriterium	Ausprägungen			
Erzeugnisspektrum (Anteil an der Gesamtproduktion in %)	Kunden-spezifisch	typisierte Erzeugnisse, kundenspezifische Varianten	Standard-erzeugnisse ohne Varianten	Standard-erzeugnisse mit Varianten
Auftragsauslösungsart	Produktion auf Bestellung mit Einzelaufträgen	Produktion auf Bestellung mit Rahmenvertrag	kundenanonyme Vorproduktion / kundenauftragsbezogene Endproduktion	Produktion auf Lager (Endprodukte)
Viele Erzeugnisse, Lösungen gehen über den Stand der Technik hinaus	ja		nein	
Nachfrage	gleichmäßig	saisonal schwankend	ungleichmäßig	
Kundenänderungseinflüsse während der Fertigung	im großen Umfang	gelegentlich	unbedeutend	
Erzeugnisstruktur	mehrteilige und komplexe Struktur	mehrteilige und einfache Struktur	geringteilig	
Automatisierungsgrad	niedrig	mittel	hoch	
Organisation der Arbeitsplätze	Verrichtungs-prinzip	Fließprinzip	Reihenprinzip	Inselprinzip
Arbeitsstruktur	Job Rotation	Job Enlargement	Job Enrichement	Gruppenarbeit

Interviewleitfaden

Frage 1: „Bitte beschreiben Sie Ihre Aufgaben und Tätigkeiten jeweils für die ausgewählten Aufträge!"

Frage 2: Welche Informationen oder Produkte lösen Ihre Tätigkeiten aus?

Frage 3: Welche tätigkeitsbeeinflussenden Vorgaben und Vereinbarungen müssen Sie beachten?

Frage 4: Wie bewerten Sie die eingehenden Informationen und Produkte?

Frage 5: Welche Informationen oder Produkte fehlen Ihnen bei Ihrer Arbeit und wie und von wem beschaffen Sie sich die Informationen oder Produkte?

Frage 6: Warum, wie und wann treffen Sie Entscheidungen, die das Ergebnis Ihrer Arbeit beeinflussen
- allein oder
- in Abstimmung mit anderen?

Frage 7: Was sind die Ergebnisse Ihrer Arbeit und an wen geben Sie diese weiter?

Frage 8: Welche Möglichkeiten haben Sie, die ausgehenden Informationen oder Produkte zu bewerten?

Frage 9: Welche Flexibilitätsforderungen werden aus Ihrer Sicht an das Unternehmen und an Sie gestellt?
Wie reagieren Sie auf die Forderungen?

Frage 10: Was beurteilen Sie bei Ihrer Arbeit besonders positiv und was negativ?

Kategoriensysteme

1. Kategoriensystem zur Beurteilung der Flexibilitätsforderungen an die Unternehmen

Merkmal	Operationalisierungsbeispiel
Wettbewerbs-situation bzw. Kun-denforderungen	• kurze Lieferzeiten, • variantenreiche Produkte, • preisgünstige Produkte, • Veränderungen der Wettbewerbssituation, • sprunghafte Veränderung der Nachfrage • wechselnde Forderungen an die Produktbeschaffen-heit, • Änderungen während der Auftragsbearbeitung
Beschaffungsmarkt	• Veränderungen am Beschaffungsmarkt, • Abweichung von Lieferzeiten, • Ausfall von Lieferungen, • Qualitätsmängel
Betriebsmittel	• Kapazitätsänderungen, • Störungen
Organisations-mitglieder	• Qualifikation, • Erfahrungswissen, • Krankheit, • Fluktuation
Änderung rechtlicher Rahmenbedingungen	• Produkthaftung, • Betriebsgenehmigungen

2. Kategoriensystem zur Beurteilung der betrieblichen Flexibilität in den untersuchten Unternehmen

Merkmal		Operationalisierungsbeispiel
Flexibilität als Eigenschaft der Unternehmensorganisation	• Organisation und damit verbundene Struktur eines Unternehmens, um verschiedenartige Ziele (z.B. Gewinn, Umsatz, Macht, Arbeitszufriedenheit) zu erreichen.	• Flexibilisierung durch Managementtechniken, • Management by walking about oder wandering around, • Flexibilisierung durch Organisationseinheiten aus mehreren Personen, • Bildung von kleinen, unternehmerischen, meist temporären Einheiten
Flexibilität als Eigenschaft der Personalorganisation	• Maßnahmen zum bzw. zur Personalbestand, -bedarf, -kapazitäten, -beschaffung, -einsatz, -entwicklung, -erhaltung, -freistellung	• kurzfristige Personalbeschaffung, • flexibler Personaleinsatz, • rechtzeitige Einarbeitung neuer Beschäftigter, • Qualifikation der Beschäftigten, • Benennung von Stellvertretern, • Traineeprogramme für neue Mitarbeiter, • Weiterbildung (Fachkompetenz, Methodenkompetenz, Sozialkompetenz)
Flexibilität als Eigenschaft der Produktionsorganisation	• wirtschaftliche, technologische, organisatorische Maßnahmen zur Be- und Verarbeitung von Stoffen • Maßnahmen zur Erhöhung der Produktivität, Anpassung der Kapazitäten, Werkstattplanung und -steuerung, • Beschaffung und Einsatz der Betriebsmittel	• universell einsetzbare Produktionsmittel, • Komplettbearbeitung von Teilen und Baugruppen, • selbststeuernde Regelkreise (Kanban, Holprinzip)

Merkmal		Operationalisierungsbeispiel
Flexibilität als Eigenschaft der Arbeitsorganisation	• Gestaltung von – Arbeitsaufgaben, – Aufgabenverteilung, – Entscheidungsstrukturen, – Kooperationsbeziehungen, – zeitliche Abläufe und räumliche Aufteilung, • Festlegung von Arbeitszeitmodellen und • Arbeitsstrukturierung.	• Stellengliederung entsprechend Aufgaben, • flexible Arbeitsaufgabenverteilungen, transparente Entscheidungsstrukturen, Kooperationsbeziehungen und zeitliche Abläufe und Aufteilungen, • flexible Arbeitszeiten, • Arbeitserweiterung, Arbeitsbereicherung, Arbeitswechsel, (Teil)autonome Gruppenarbeit
Flexibilität der Beschäftigten bei Veränderungen der Arbeitszeit und Arbeitsaufgaben	• Beschäftigte haben durch Nutzung verschiedener Modelle der Arbeitszeitflexibilisierung die Möglichkeit, auf veränderte Kapazitäten oder Arbeitsausfälle flexibel zu reagieren, • Beschäftigte sind so qualifiziert, daß sie auf neue Anforderungen bei veränderten Arbeitsaufgaben, der Aufgabenkomplexität oder notwendigen Handlungen flexibel reagieren können.	• vorhandene Modelle der Arbeitszeitflexibilisierung, • Grad der Nutzung der angebotenen Modelle, • Ganzheitlichkeit, Anforderungsvielfalt, Möglichkeiten der sozialen Interaktion, Autonomie, Lern- und Entwicklungsmöglichkeiten, • großer Handlungs- und Entscheidungsspielraum für die Beschäftigten
Flexibilität als Eigenschaft der funktionalen Einheiten	• technische Systeme (z.B. Werkzeuge, Maschinen, Anlagen, Aggregate und Fertigungssysteme) und • technische Komponenten (z.B. Leuchten, Lärmschutzkapseln).	• einfaches Handhaben der Werkstücke, • einfache Bedienung, Überwachung bzw. Steuerung; problemloser Werkzeugwechsel, • vielfältige Einsetzbarkeit der Betriebsmittel, • Unempfindlichkeit gegenüber Fehlbedienung, abwechselnde Rohstoffqualität, Schwankungen in den Ver- und Entsorgungssystemen

3. Kategoriensystem zur Beurteilung der Prozesse in den untersuchten Unternehmen

Merkmal		Operationalisierungsbeispiel
Prozeß-qualität	Prozeß-effektivität	• interne oder externe Kunden sind zufrieden mit dem Prozeßergebnis, da es ihren Anforderungen entspricht, • Anzahl der Reklamationen interner und externer Kunden ist gering, • Höhe der Garantiekosten ist gering, • Umfang der Nacharbeit oder des Ausschusses ist gering
	Prozeß-flexibilität	• Prozeß ist so strukturiert und organisiert, daß der Prozeßeigner schnell auf wechselnde Anforderungen reagieren kann, ohne die Prozeßorganisation sofort grundlegend ändern zu müssen, • durchschnittliche Zeit bis ein Sonderwunsch eines Kunden in Abweichung zum Standardablauf befriedigt werden kann - gemessen an der Zufriedenheit der Kunden - ist relativ kurz, • Anteil der abgewiesenen Sonderwünsche am Auftragsvolumen ist gering, • ausreichende Kompetenzen (Entscheidungsbefugnis sowie Methoden-, Fach- und Sozialkompetenz) der Mitarbeiter als Prozeßeigner, um bei Änderungen und Störungen einschreiten zu können
	Prozeß-effizienz	• die Qualität des Prozeßergebnisses kann mit wirtschaftlichem Aufwand erreicht werden, • der Prozeß ist als effizient einzustufen, wenn die aufgewendeten Ressourcen im Einklang mit den für den Prozeß notwendigen Ressourcen stehen, • die Menge der zusätzlich zum geplanten Ressourcenaufwand benötigten Ressourcen (Arbeit, Kapital), um die gewünschte Prozeßqualität sicherzustellen (der Ressourcenaufwand ergibt sich aus langfristigen Planungen), • Anteile für nicht wertschöpfende Aktivitäten (Warte-, Transport- und Liegezeiten)
Beziehungen zwischen den Prozessen	Qualität der Prozeßbeziehungen	• Zufriedenheit in der internen Kunden-Lieferanten-Beziehung, • Zufriedenheit mit dem Informationsaustausch an den Schnittstellen, • Zufriedenheit mit den Kommunikations- und Kooperationsbeziehungen

Ergebnisse der Untersuchung der organisatorischen Rahmendaten

Unternehmen	**Ergebnis insgesamt**
Rechtsform	9 GmbH, 1 AG
Veränderung der Mitarbeiterzahl im letzten Kalenderjahr (%) (+ Zunahme/- Abnahme)	zwischen - 15% und +30%
Fluktuation (%)	zwischen 0% und 5%
Krankenstand (%)	zwischen 2% und 5%
Anzahl der MA, die sich in den letzten 5 Jahren weitergebildet haben bzw. umgeschult wurden	zwischen 5% und 100% Durchschnitt 43,4%
Anzahl der MA, die sich innerhalb des letzten Jahres weitergebildet haben bzw. umgeschult wurden	zwischen 6,7% und 75% Durchschnitt 37%
Durchschnittliche Betriebszugehörigkeit der Mitarbeiter (Jahre)	zwischen 5 und 14 Jahre, Durchschnitt 9
Mitarbeiter mit Hoch- und Fachschulabschluß	zwischen 3,5 und 25% Durchschnitt 5,7%

Kriterium	**Ausprägungen**						
	1	**bis 10**	**bis 100**	**bis 200**	**bis 500**	**bis 1000**	**größer 1000**
Anzahl der Beschäftigten am Standort			**30%**	**70%**			
Zahl der Kunden	**10%**		**10%**	**30%**	**20%**	**10%**	**20%**
Auftragsvolumen pro Jahr (Anzahl)			**10%**	**10%**	**20%**	**30%**	**30%**
durchschnittliche Auftragsgröße (Stückzahl pro Auftrag)	**23%**	**23%**	**38,6%**	**7,7%**		**7,7%**	
durchschnittliche Losgröße	**16,7%**	**33,4%**	**33,4%**	**5,5%**		**5,5%**	**5,5%**
Zahl der Varianten			**60%**	**10%**			**30%**
Zahl der Zulieferer			**70%**	**30%**			
durchschnittliche Anzahl von Teilen/Komponenten pro Produkt		**10%**	**40%**	**10%**	**10%**	**20%**	**10%**
Erzeugnisstruktur	mehrteilige und komplexe Struktur		mehrteilige und einfache Struktur		geringteilig		
	66,7%		**25%**		**8,3%**		
	< 5%	**bis 25%**	**bis 40%**	**bis 50%**	**bis 60%**	**bis 80%**	**> 80%**
Anteil eigengefertigter Teile/Baugruppen vom Auftragsvolumen			**40%**	**30%**	**30%**		
Anteil fremdbezogener Teile/Baugruppen vom Auftragsvolumen			**30%**	**30%**	**40%**		
völlig neuentwickelte Teile/Baugruppen vom Auftragsvolumen	**60%**	**10%**	**30%**				

Kriterium	Ausprägungen						
	< 5%	bis 25%	bis 40%	bis 50%	bis 60%	bis 80%	> 80%
Reklamationen innerhalb der Garantiezeit bezogen auf Auftragsvolumen	90%	10%					
Reparaturen bezogen auf Auftragsvolumen	90%	10%					
	< 1 Jahr	bis 3 Jahre	bis 5 Jahre	bis 10 Jahre	bis 20 Jahre	> 20 Jahre	
durchschnittliche Produktlebensdauer			30%	20%	40%	10%	
durchschnittlich Produktlaufzeit		20%	20%	30%	30%		

Erzeugnisspektrum (Anteil an der Gesamtproduktion in %)	Kundenspezifisch	typisierte Erzeugnisse, kundenspezifische Varianten	Standarderzeugnisse mit Varianten	Standarderzeugnisse ohne Varianten
	20,8%	**33,4%**	**29,1%**	**16,7%**
Auftragsauslösungsart	Produktion auf Bestellung mit Einzelaufträgen	Produktion auf Bestellung mit Rahmenvertrag	kundenanonyme Vorproduktion / kundenauftragsbezogene Endproduktion	Produktion auf Lager (Endprodukte)
	29,2%	**25%**	**25%**	**20,8%**

viele Erzeugnisse bzw. Lösungen gehen über den Stand der Technik hinaus	ja	nein
	80%	**20%**

Nachfrage	gleichmäßig	saisonal schwankend	ungleichmäßig
	20%	**30%**	**50%**
Kundenänderungseinflüsse während der Fertigung	im großen Umfang	gelegentlich	unbedeutend
	10%	**60%**	**30%**
Automatisierungsgrad	niedrig	mittel	hoch
	63,6%	**36,4%**	

Organisation der Arbeitsplätze	Verrichtungsprinzip	Fließprinzip	Reihenprinzip	Inselprinzip
	47%	**5,9%** Montage	**11,8%**	**35,3%**
Arbeitsstruktur	Job Rotation	Job Enlargement	Job Enrichement	Gruppenarbeit
	26,3%	**21,1%**	**21,1%**	**31,5%**

Fragebogen zur Flexibilität der Unternehmensorganisation

		Gewichtung	Beurteilung	Wert		
	Checkpunkte	g	p	g x p		
	Haben Sie in Ihrem Unternehmen ...				**Warum?**	**Mögliche Maßnahmen**
1	... den Einsatz von Managementtechniken, wie z.B. ... Führung durch Zielvereinbarungen? ... Führung durch Delegation von Verantwortung und Entscheidungskompetenzen? ...Führung nach dem Prinzip der Ausnahme, wo Führungskräfte nur in Ausnahmefällen eingreifen?					
2	... Management durch Herumlaufen der Führungskräfte innerhalb des Unternehmens (Management by walking about)?					
3	... Organisationseinheiten, die sich aus mehreren Personen zusammensetzen, z.B. ... Projektgruppen? ... Teamworkkonzepte? ... Projektmanagement?					
4	... flexible Organisationsmodelle z.B. mit ... Produktmanagement? ...strategischen Geschäftseinheiten? ...rechtlicher Verselbständigung von Unternehmensbereichen?					
5	... eine simultane Aufgabenbearbeitung z.B. ... mit paralleler Bearbeitung von Aufgaben und Tätigkeiten? ...überlappender Fertigung und Konstruktion? ...Projektgruppen? ...Simultanous Engineering in der Konstruktion?					
6	... eine Streuung der Unternehmensaktivitäten auf unterschiedlichen Märkten?					
7	... die Möglichkeit der Risikoabwälzung auf die Marktpartner, z.B. Zulieferer?					
8	... finanzielle bzw. kapazitive Freiheitsgrade, um in schwierigen, nicht vorhersehbaren Situationen optimal reagieren zu können?					
		Σ = 1	Σ (g x p) =			

Ergebnis:

$$W = \frac{\Sigma(g \times p)}{\Sigma\, g \times p_{max}} = \frac{\Sigma(g \times p)}{1 \times 2} = \frac{\quad}{1 \times 2}$$

Bitte ankreuzen:

O W>0,6: geringer Handlungsbedarf

O 0,6>W>0,2: einzelne gezielte Maßnahmen nötig

O W<0,2: umfangreiche Maßnahmen nötig

Fragebogen zur Flexibilität der Produktionsorganisation

	Checkpunkte	Gewichtung g	Beurteilung p	Wert g x p	Warum?	Mögliche Maßnahmen
	Haben Sie in Ihrer Produktion ...					
1	... eine Produktionsorganisation durch selbststeuernde Regelkreise, z.B Kanban-Prinzip?					
2	... universell einsetzbare Produktionsmittel, z.B. wenig Einzweckmaschinen?					
3	... keine langen Umrüstzeiten?					
4	... personelle und maschinelle Kapazitäten vorrätig?					
5	... eine Komplettbearbeitung von Teilen und Baugruppen, d.h. alle Arbeitsgänge an einem Werkstück werden auf einer Maschine durchgeführt?					
6	... eine Steuerung und Logistik, die schnell auf kurzfristige Änderungen reagiert?					
7	... eine dezentrale Fertigungssteuerung in der Werkstatt (Werkstattsteuerung)?					
8	... die Bildung von Teilefamiliengruppen zur Teilefamilienfertigung?					
9	... den Einsatz von Bearbeitungszentren?					
10	... die Bildung von ... Flexiblen Fertigungszellen? ... Fertigungsinseln? ... Flexiblen Fertigungslinien? ... Flexiblen Fertigungssystemen? ... Flexiblen Montagesystemen?					
		Σ = 1	Σ (g x p) =			

Ergebnis:

$$W = \frac{\Sigma(g \times p)}{\Sigma g \times p_{max}} = \frac{\Sigma(g \times p)}{1 \times 2} = \frac{\quad}{1 \times 2}$$

Bitte ankreuzen:

O W>0,6: geringer Handlungsbedarf
O 0,6>W>0,2: einzelne gezielte Maßnahmen nötig
O W<0,2: umfangreiche Maßnahmen nötig

Fragebogen zur Flexibilität der Personalorganisation

		Gewichtung	Beurteilung	Wert		
	Checkpunkte	g	p	g x p		
	Haben Sie in Ihrem Unternehmen				**Warum?**	**Mögliche Maßnahmen**
1	... die Möglichkeit der kurzfristigen Personalbeschaffung aus innerbetrieblichen Bereichen?					
2	... die Möglichkeit der kurzfristigen Personalbeschaffung aus externen Bereichen, z.B. durch Zeitarbeitsfirmen, Saisonarbeitskräfte?					
3	.. einen flexiblen Einsatz an verschiedenen Arbeitsplätzen für Beschäftigte, die dies wünschen?					
4	... rechtzeitige Einarbeitung neuer Mitarbeiter zur Nutzung des Erfahrungswissens älterer Mitarbeiter?					
5	... die Benennung von Stellvertretern für alle Mitarbeiter?					
6	... Trainingsprogramme für neue Mitarbeiter, um das gesamte Unternehmen kennenzulernen?					
7	... Mitarbeiterschulungen?					
8	... Schulungen über Kenntnisse und Fertigkeiten, die die Beschäftigten zur konkreten Ausführung des Berufes benötigten (Fachkompetenz)?					
9	... Schulungen über Methoden, um aus dem Wissens- und Erfahrungsbestand Ähnlichkeiten zu neuen Situationen bilden zu können und bewährte Arbeitsmethoden zu neuen Handlungsabläufen kombinieren zu können (Methodenkompetenz)?					
10	... Schulungen über soziales, d.h. solidarisches, kooperatives, rücksichtsvolles Verhalten im Betrieb (Sozialkompetenz)?					
		Σ = 1	Σ (g x p) =			

Ergebnis:

$$W = \frac{\Sigma(g \times p)}{\Sigma\, g \times p_{max}} = \frac{\Sigma(g \times p)}{1 \times 2} = \frac{\qquad}{1 \times 2}$$

Bitte ankreuzen:

O W>0,6: geringer Handlungsbedarf
O 0,6>W>0,2: einzelne gezielte Maßnahmen nötig
O W<0,2: umfangreiche Maßnahmen nötig

Fragebogen zur Flexibilität der Arbeitsorganisation (I)

	Checkpunkte	Gewichtung g	Beurteilung p	Wert g x p		
	Haben Sie in Ihrem Unternehmen ...				**Warum?**	**Mögliche Maßnahmen**
1	... eine klare horizontale und vertikale Aufgabenverteilung (Wer macht was)?					
2	... klare Entscheidungebefugnisse (Wer darf was entscheiden)?					
3	... die Verteilung von Verantwortung auf verschiedene Personen?					
4	... eine flexible Aufgabenverteilung (z.B. durch Gruppenarbeit, Projektteams) in den **planenden** Abteilungen (z.B. Entwicklung)?					
5	... eine flexible Aufgabenverteilung (z.B. durch Gruppenarbeit, Projektteams) in den **verwaltenden** Abteilungen?					
6	... eine flexible Aufgabenverteilung (z.B. durch Gruppenarbeit, Projektteams) in den **ausführenden** Abteilungen (z.B. Fertigung)?					
7	... flexible Arbeitszeiten in den **planenden** Abteilungen (z.B. Entwicklung)?					
8	... flexible Arbeitszeiten in den **verwaltenden** Abteilungen?					
9	... flexible Arbeitszeiten in den **ausführenden** Abteilungen (z.B. Fertigung)?					

Fortsetzung nächste Seite

Fragebogen zur Flexibilität der Arbeitsorganisation (II)

	Checkpunkte	Gewichtung g	Beurteilung p	Wert g x p		
	Haben Sie in Ihrem Unternehmen ...				**Warum?**	**Mögliche Maßnahmen**
10	... Stellenbeschreibungen mit definierten Zielen, Aufgaben, Funktionen, Verantwortlichkeiten und Kompetenzen?					
11	... eine Arbeitserweiterung durch die Zusammenlegung gleichartiger Tätigkeiten an einem Arbeitsplatz?					
12	... Arbeitsbereicherung durch die Kombination von Tätigkeitselementen unterschiedlicher Anforderungen an einem Arbeitsplatz realisiert?					
13	... einen Arbeitswechsel von verschiedenen Arbeitsinhalten an verschiedenen Arbeitsplätzen realisiert?					
14	... die Verantwortung für die Entwicklung eines bestimmten Produktes auf Gruppen bzw. Teams übertragen, die die Arbeitsaufteilung selbst bestimmen?					
15	... die Verantwortung für einen gesamten Produktionsabschnitt bzw. Teile der Produktion an Gruppen bzw. Teams übertragen?					
		Σ = 1	Σ (g x p) =			

Ergebnis:

$$W = \frac{\Sigma(g \times p)}{\Sigma\, g \times p_{max}} = \frac{\Sigma(g \times p)}{1 \times 2} = \frac{\qquad}{1 \times 2}$$

Bitte ankreuzen:

O W>0,6: geringer Handlungsbedarf
O 0,6>W>0,2: einzelne gezielte Maßnahmen nötig
O W<0,2: umfangreiche Maßnahmen nötig

Fragebogen zur Flexibilität der Beschäftigten bei Veränderungen der Arbeitszeit und der Arbeitsaufgabe

		Gewichtung	Beurteilung	Wert		
	Checkpunkte	g	p	g x p		
	Die Mitarbeiter in Ihrem Unternehmen ...				**Warum?**	**Mögliche Maßnahmen**
1	... können unterschiedliche Fähigkeiten, Kenntnisse und Fertigkeiten einsetzen?					
2	... können Schwierigkeiten gemeinsam im Team bewältigen?					
3	... verfügen über Lern- und Entwicklungsmöglichkeiten im Unternehmen, um berufliche Qualifikationen zu erhalten und weiterzuentwickeln?					
4	... haben flexible Arbeitszeiten?					
5	... haben ein Gleizeitmodell?					
6	... haben Schichtarbeit? 1-Schicht 2-Schicht 3-Schicht					
7	... wünschen sich flexiblere Arbeitszeitmodelle?					
8	... befürworteten und unterstützten vorhandene flexible Arbeitszeitmodelle?					
9	... haben eine Bereitschaft zur Übernahme von Verantwortung?					
8	... sind motiviert bei der Arbeit und werden durch eine interessante Arbeit motiviert ?					
		Σ = 1	Σ (g x p) =			

Ergebnis:

$$W = \frac{\Sigma(g \times p)}{\Sigma\, g \times p_{max}} = \frac{\Sigma(g \times p)}{1 \times 2} = \frac{\quad}{1 \times 2}$$

Bitte ankreuzen:

O W>0,6: geringer Handlungsbedarf
O 0,6>W>0,2: einzelne gezielte Maßnahmen nötig
O W<0,2: umfangreiche Maßnahmen nötig

Fragebogen zur Flexibilität der funktionalen Einheiten

		Gewichtung	Beurteilung	Wert		
	Checkpunkte	g	p	g x p		
	Die Betriebsmittel in Ihrem Unternehmen sind ...				**Warum?**	**Mögliche Maßnahmen**
1	... einfach und schnell auf andere Erzeugnisse umzustellen?					
2	... vielfältig einsetzbar und für die Herstellung zukünftiger Produktgenerationen zu verwenden (Universalität der Betriebsmittel)?					
3	... unempfindlich z.B. gegenüber Fehlbedienung, wechselnde Rohstoffqualität, Temperatur- oder Druckschwankungen?					
	Haben Sie bei Ihren Betriebsmitteln ...					
4	... eine einfache Handhabung der Werkstücke?					
5	... eine einfache Bedienung, Überwachung bzw. Steuerung der Betriebsmittel?					
6	... einen Werkzeugwechsel, der problemlos funktioniert?					
7	... eine einfache Umstellung der Zu- und Abführung von Material oder Spänen bzw. Kühlschmierstoffen?					
8	... einen einfachen Anschluß an die Transportsysteme, z.B. Förderanlagen?					
9	... vor- und nachgelagerte Puffermöglichkeiten z.B. für Material oder Halbfertigteile?					
		$\Sigma = 1$	$\Sigma(g \times p) =$			

Ergebnis:

$$W = \frac{\Sigma(g \times p)}{\Sigma\, g \times p_{max}} = \frac{\Sigma(g \times p)}{1 \times 2} = \frac{\qquad}{1 \times 2}$$

Bitte ankreuzen:

O W>0,6: geringer Handlungsbedarf
O 0,6>W>0,2: einzelne gezielte Maßnahmen nötig
O W<0,2: umfangreiche Maßnahmen nötig

Fragebogen zur Beurteilung der Arbeitssituation durch die Beschäftigten

Teil I: Allgemeine Fragen zur Beurteilung der Arbeitsituation

		stimmt überhaupt nicht (nie)	stimmt kaum (selten)	stimmt teils-teils (manch-mal)	stimmt ziemlich (oft)	stimmt auf jeden Fall (immer)
1)	Für meine Arbeit brauche ich verschiedene Hilfsmittel (Werkzeuge, Unterlagen usw.).	O	O	O	O	O
2)	Wir halten in der Abteilung gut zusammen.	O	O	O	O	O
3)	Ich bin verantwortlich für Arbeitsgeräte und Hilfsmittel.	O	O	O	O	O
4)	Ich muß für meine Arbeit gründlich ausgebildet sein.	O	O	O	O	O
5)	Ich kann mein Arbeitstempo selbst bestimmen.	O	O	O	O	O
6)	Der/die Vorgesetzte erkennt meine Arbeitsleistung an.	O	O	O	O	O
7)	Bei meiner Arbeit kann ich das tun, was ich am besten kann.	O	O	O	O	O
8)	Es ist mir genau vorgeschrieben, wie ich meine Arbeit machen muß.	O	O	O	O	O
9)	Was ich bei meiner Arbeit gelernt habe, kann ich immer wieder gebrauchen.	O	O	O	O	O
10)	Ich muß mich sehr beeilen, um mit meiner Arbeit fertig zu werden.	O	O	O	O	O
11)	Bei meiner Aufgabe merke ich, wie gut ich meine Arbeit getan habe.	O	O	O	O	O
12)	Meine Arbeit schafft gute Möglichkeiten weiterzukommen.	O	O	O	O	O
13)	Ich muß in der Lage sein, selbständig Entscheidungen zu treffen.	O	O	O	O	O
14)	Ich habe bei meiner Arbeit Gelegenheit, mich mit meinen Kolleginnen und Kollegen zu unterhalten.	O	O	O	O	O
15)	Wenn ich meine Arbeit nicht richtig machen würde, würden die Kolleginnen und Kollegen darunter leiden.	O	O	O	O	O
16)	Ich muß Dinge tun, für die ich eigentlich zu wenig ausgebildet und vorbereitet bin.	O	O	O	O	O

		stimmt überhaupt nicht (nie)	stimmt kaum (selten)	stimmt teils-teils (manch-mal)	stimmt ziemlich (oft)	stimmt auf jeden Fall (immer)
17)	Ich habe so viel zu tun, daß es mir über den Kopf wächst.	O	O	O	O	O
18)	Ich habe die Möglichkeit meinen Arbeitsplatz zu verlassen, um z.B. Informationen, Materialien, ... zu holen.	O	O	O	O	O
19)	Die Arbeitskolleginnen und -kollegen setzen sich für mich ein.	O	O	O	O	O
20)	Ich muß bei meiner Arbeit schnell richtig reagieren können.	O	O	O	O	O
21)	Meine Arbeit erfordert enge Zusammenarbeit mit anderen Leuten aus dem Betrieb.	O	O	O	O	O
22)	Ich weiß, wie die Arbeit in meiner Abteilung abläuft.	O	O	O	O	O
23)	Ich weiß, wofür meine Arbeit gut ist.	O	O	O	O	O
24)	Es kommt schon vor, daß mir meine Arbeit zu schwierig ist.	O	O	O	O	O
25)	Ich weiß Bescheid, was meine Arbeitskolleginnen und -kollegen eigentlich tun.	O	O	O	O	O
26)	Bei meiner Arbeit habe ich Verantwortung.	O	O	O	O	O
27)	Ich kann bei meiner Arbeit immer wieder neues dazulernen.	O	O	O	O	O
28)	Der/die Vorgesetzte kritisiert mich auch in der Gegenwart anderer.	O	O	O	O	O
29)	Es passiert so viel auf einmal, daß ich es kaum bewältigen kann.	O	O	O	O	O
30)	Ich fühle mich bei meiner Arbeit stark beaufsichtigt und kontrolliert.	O	O	O	O	O
31)	Ich weiß bei meiner Arbeit, was ich tue.	O	O	O	O	O
32)	Meine Arbeit trägt viel dazu bei, daß es rund läuft in der Abteilung.	O	O	O	O	O
33)	Meine Arbeit ist abwechslungsreich.	O	O	O	O	O
34)	Der/die Vorgesetzte verhält sich gegenüber meiner Arbeit teilnahmsvoll.	O	O	O	O	O
35)	Bei meiner Arbeit kann ich alle meine Kenntnisse und Fähigkeiten einsetzen.	O	O	O	O	O
36)	Wenn nötig, helfen mir die Arbeitskolleginnen und -kollegen.	O	O	O	O	O
37)	Meine Arbeit ist anspruchsvoll.	O	O	O	O	O
38)	Ich sehe, was mit dem Ergebnis meiner eigenen Arbeit geschieht.	O	O	O	O	O

		stimmt überhaupt nicht (nie)	stimmt kaum (selten)	stimmt teils-teils (manch-mal)	stimmt ziemlich (oft)	stimmt auf jeden Fall (immer)
39)	Bei meiner Arbeit habe ich das Gefühl, daß ich wirklich etwas geleistet habe.	O	O	O	O	O
40)	Bei meiner Arbeit gibt es Sachen, die zu kompliziert sind.	O	O	O	O	O
41)	Bei meiner Arbeit muß ich aufpassen, daß mir nichts passiert.	O	O	O	O	O
42)	Ich kann mir meine Arbeit selbständig einteilen.	O	O	O	O	O
43)	Um meine Arbeit zu erledigen, muß ich mich mit meinen Arbeitskolleginnen und -kollegen absprechen.	O	O	O	O	O
44)	Bei meiner Arbeit muß ich zu viele Dinge auf einmal erledigen.	O	O	O	O	O
45)	Ich bin darüber im Bild, was in anderen Abteilungen getan wird.	O	O	O	O	O
46)	Bei meiner Arbeit kann ich zu wenig zeigen, was ich gelernt habe.	O	O	O	O	O
47)	Meine Arbeit ist langweilig.	O	O	O	O	O
48)	Meine Arbeit kann ich nur in Zusammenarbeit mit den Arbeitskolleginnen und -kollegen richtig ausführen.	O	O	O	O	O
49)	Ich bin verantwortlich für die Gesundheit und Sicherheit der Arbeitskolleginnen und -kollegen.	O	O	O	O	O
50)	Bei meiner Arbeit muß ich immer das gleiche tun.	O	O	O	O	O
51)	Der/die Vorgesetzte bespricht Entscheidungen mit den Mitarbeitern und setzt sie wie besprochen um.	O	O	O	O	O
52)	Der/die Vorgesetzte weist die Arbeitsaufgaben so zu, daß ich meine Fähigkeiten entfalten kann.	O	O	O	O	O
53)	Über wichtige Dinge, die unsere Arbeit betreffen, werde ich ausreichend informiert.	O	O	O	O	O
54)	Ich werde in Entscheidungen, die mich selbst betreffen, mit einbezogen.	O	O	O	O	O
55)	Über wichtige Dinge und Vorgänge in unserem Betrieb werde ich ausreichend informiert.	O	O	O	O	O

		stimmt überhaupt nicht (nie)	stimmt kaum (selten)	stimmt teils-teils (manch-mal)	stimmt ziemlich (oft)	stimmt auf jeden Fall (immer)
56)	In unserem Betrieb werde ich über alles, was wichtig ist, rechtzeitig informiert.	O	O	O	O	O
57)	Meine Ideen und Vorschläge werden durch meinen direkten Vorgesetzten/meine direkte Vorgesetzte berücksichtigt.	O	O	O	O	O
58)	Meine Ideen und Vorschläge werden durch die Leitung berücksichtigt.	O	O	O	O	O
59)	Bei langfristigen Planungen werden diejenigen beteiligt, die später die Auswirkungen der Planungen zu tragen haben.	O	O	O	O	O
60)	Im Betrieb werden vor der Einführung des Qualitätsmanagementsystems alle aus unserer Abteilung zusammengerufen und informiert.	O	O	O	O	O
61)	Die Informationen über die Einführung des Qualitätsmanagementsystems sind ausreichend.	O	O	O	O	O
62)	Man unterrichtet uns über Erfolge, wie z.B. Einhaltung der Liefertermine, Reduzierung der Fehler, ...	O	O	O	O	O
63)	Unser Unternehmen bietet gute Weiterbildungsmöglichkeiten zum Thema „Qualitätsmanagement“ an.	O	O	O	O	O
64)	Ich werde im Betrieb recht oft vor vollendete Tatsachen gestellt.	O	O	O	O	O
65)	Mein Vorgesetzter/meine Vorgesetzte läßt mich wissen, was er/sie von mir erwartet.	O	O	O	O	O
66)	Mein Vorgesetzter/meine Vorgesetzte unterstützt das qualitätsbewußte Arbeiten mit Rat und Tat.	O	O	O	O	O
67)	Ich habe genügend Freiräume, um meine Arbeit zufriedenstellend zu erledigen.	O	O	O	O	O
68)	Ich merke, wie sich meine Arbeit durch das Qualitätsmanagement verändert.	O	O	O	O	O

Teil II: Statistische Angaben

Wir bitten Sie abschließend noch um einige Angaben zu Ihrer Person, um Ihre Antworten mit den Ergebnissen anderer Untersuchungen vergleichen zu können. Wir versichern Ihnen, daß Ihre Angaben vertraulich behandelt werden und nur in anonymisierter Form statistisch ausgewertet werden.

1. Geschlecht:	2. Alter:	3. Familienstand:
O männlich	O unter 25 Jahren	O verheiratet
O weiblich	O 26-35 Jahre	O ledig
	O 36-45 Jahre	O verwitwet
	O 46-55 Jahre	O geschieden
	O über 56 Jahre	O getrennt lebend

4. Welche Schulausbildung haben Sie? *(Mehrfachnennungen möglich!)*

O ohne Schulabschluß
O Hauptschul-/Volksschulabschluß/Polytechnische Oberschule (bis Klasse 8)
O Realschulabschluß/mittlere Reife/Polytechnische Oberschule (bis Klasse 10)
O Abitur/Fachabitur/Erweiterte Oberschule

5. Welche Berufsausbildung haben Sie? *(Mehrfachnennungen möglich!)*

O ungelernt
O abgeschlossene Lehre
O Fachschulausbildung
O Hochschul-/Fachhochschulausbildung
O andere Ausbildung: ______________________

6. Wo arbeiten Sie?

O Vertrieb/Verkauf	O Fertigung (Teilefertigung/Montage/Lackiererei)
O Entwicklung/Konstruktion	O Qualitätswesen (-sicherung, -management)
O Versand/Beschaffung/Lagerwesen	O Verwaltung
O Arbeitsvorbereitung	O Sonstiges: ______________________

7. Mit wievielen Mitarbeitern haben Sie während Ihrer Arbeit regelmäßig zu tun?

O unter 5 Personen
O 6-10 Personen
O 11-20 Personen
O über 20 Personen

8. Arbeiten Sie als ...

O Arbeiter/in
O Vorarbeiter/in
O Meister/in
O technische/r Angestellte/r
O kaufmännische/r Angestellte/r bzw. Verwaltungsangestellte/r
O Sonstiges: ______________________________

9. Wie lange arbeiten Sie schon im Betrieb?

O weniger als 1 Jahr
O 1-5 Jahre
O 6-10 Jahre
O mehr als 10 Jahre

10. Leisten Sie Teilzeitarbeit?
O ja
O nein

11. Haben Sie Gleitzeit?
O ja
O nein

Vielen Dank für Ihre Mitarbeit!

Prozeßorientiertes Inhaltsverzeichnis für den Hauptteil des QM-Handbuchs

Firmen- zeichen	Qualitätsmanagementhandbuch **Inhaltsverzeichnis**	Kapitel **II** Seite **1/1** Rev. 1

Kapitel		Revisionsstand
I	Grundsatzerklärung	
II	Inhaltsverzeichnis	
III	Allgemeines	
1	**Managementprozesse**	
1.1	Zielplanung	
1.2	Qualitätsbezogene Führungsprozesse	
1.2.1	Leitsätze und Zielstellungen	
1.2.2	Organisation	
1.2.3	Bewertung des QM-Systems	
1.3	Produktionsprogrammplanung	
1.4	Finanzwesen	
1.5	Personalwesen	
2	**Haupt- und Serviceprozesse**	
	Hauptprozesse	
2.1	Angebotsabwicklung	
2.2	Auftragsabwicklung	
	Serviceprozesse	
2.3	Produktdefinition	
2.4	Produktionsplanung und -steuerung	
2.5	Beschaffung	
2.6	Produktionslogistik	
2.7	Produkterstellung	
2.8	Prüfung	
2.9	Versand	
2.10	Kundenbetreuung	
3	**Anlagen**	
3.1	Liste der aktuellen Verfahrensanweisungen	
3.2	Liste der aktuellen Formblätter	
3.3	Verwendete Abkürzungen und Symbole	
3.4	Zuordnung der Prozesse zu den QM-Elementen	

Erstellt	Geprüft, QMB	Freigabe, GF	Freigabedatum
Unterschrift	Unterschrift	Unterschrift	Datum

Liste der Prozesse und Dokumentationsformen

Aufgabenfeld	Prozeß	Prozeßtyp	Dokumentations-form
Aufträge für Standard-produkte	Angebotsabwicklung	Routineprozeß	Flußdiagramm
	Auftragsabwicklung	Routineprozeß	Flußdiagramm
	Produktionsplanung und -steuerung	Routineprozeß	Flußdiagramm
	Beschaffung	Routineprozeß	Flußdiagramm
	Produktionslogistik	Routineprozeß	Flußdiagramm
	Produkterstellung	Routineprozeß	Flußdiagramm
	Prüfung	Routineprozeß	Flußdiagramm
	Versand	Routineprozeß	Flußdiagramm
Aufträge für vordefinierte Varianten	Angebotsabwicklung	Routineprozeß	Flußdiagramm
	Auftragsabwicklung	Prozeß mit festgeleg-ten Abläufen	Flußdiagramm
	Produktionsplanung und -steuerung	Prozeß mit festgeleg-ten Abläufen	Flußdiagramm
	Beschaffung	Routineprozeß	Flußdiagramm
	Produktionslogistik	Routineprozeß	Flußdiagramm
	Produkterstellung	Routineprozeß	Flußdiagramm
	Prüfung	Routineprozeß	Flußdiagramm
	Versand	Routineprozeß	Flußdiagramm
Aufträge mit kunden-spezifischen Anpassungen	Angebotsabwicklung	Prozeß mit festgeleg-ten Abläufen	Flußdiagramm
	Auftragsabwicklung	Prozeß mit nicht fest-gelegten Abläufen	Prozeßmanagement für flexible Prozesse
	Produktdefinition	Prozeß mit nicht fest-gelegten Abläufen	Prozeßmanagement für flexible Prozesse
	Produktionsplanung und -steuerung	Prozeß mit nicht fest-gelegten Abläufen	Prozeßmanagement für flexible Prozesse
	Beschaffung	Prozeß mit nicht fest-gelegten Abläufen	Prozeßmanagement für flexible Prozesse
	Produktionslogistik	Prozeß mit festgeleg-ten Abläufen	Flußdiagramm
	Produkterstellung	Prozeß mit nicht fest-gelegten Abläufen	Prozeßmanagement für flexible Prozesse
	Prüfung	Prozeß mit festgeleg-ten Abläufen	Flußdiagramm
	Versand	Prozeß mit festgeleg-ten Abläufen	Flußdiagramm
Aufträge mit Produktneu-entwicklungen	Auftragsabwicklung	Offener Prozeß	Projektmanagement
	Produktdefinition	Offener Prozeß	Projektmanagement

Darlegung der Auftragsabwicklung

2.2 Auftragsabwicklung

2.2.1 Zweck und Anwendungsbereich

Der Prozeß der Auftragsabwicklung dient der Abwicklung der Kundenaufträge von Auftragseingang bis zur Auslieferung des Produktes bzw. der Inbetriebnahme beim Kunden.

Vom Hauptprozeß Auftragsabwicklung werden folgende Serviceprozesse ausgelöst:
- Produktdefinition,
- Produktionsplanung und -steuerung,
- auftragsspezifische Beschaffung.

Folgende Funktionsbereiche sind an der Auftragsabwicklung und ihren Serviceprozessen beteiligt:
- Vertrieb,
- Auftragseingang,
- Entwicklung,
- Arbeitsvorbereitung,
- Einkauf,
- Fertigung,
- Prüfabteilung,
- Materialwesen,
- Lager,
- Qualitätswesen,
- Warenausgang,
- Kundendienst.

2.2.2 Begriffe

- **Startphase**
  Eine Startphase ist ein strukturierter Prozeßbeginn für Prozesse, für die nur Zielvorgaben oder Zielvorgaben mit Teilzielen geplant werden können.
- **Meilenstein**
  Ein Meilenstein ist ein zeitlicher und inhaltlicher Abstimmungspunkt.

2.3 Prozeßbeschreibung

a. Eingaben, Vorgaben und Ergebnisse der Auftragsabwicklung

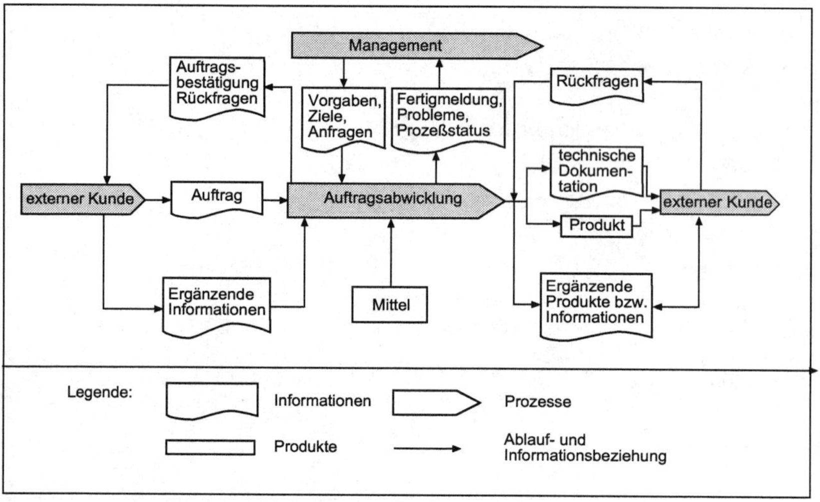

b. Ablaufplan der Auftragsabwicklung

Der Ablaufplan der Auftragsabwicklung gibt eine Übersicht über

- die Serviceprozesse, Tätigkeiten und ihre Ablaufbeziehungen,
- die Meilensteine und
- die Zuständigkeiten für die Serviceprozesse und Tätigkeiten.

Ablaufplan der Auftragsabwicklung

Meilensteine:
1. Beginn der Serienfertigung
2. Produktions-beginn
3. Fertigungs-beginn
4. Liefertermin

Zeiteinheiten (Wochen): 1 2 3 4 5 6 7 8 9 10

		Zuständigkeiten
0	**Bestellung (extern ausgelöst)**	
1	**Angebotsabwicklung**	Vertrieb, Entw., Fertig.
2	**Auftragsabwicklung**	
2.1	Vertragsprüfung	Vertrieb, Auftragseing.
2.2	Auftragsannahme	Vertrieb, Auftragseing.
2.3	Auftragsüberwachung	AV
2.4	Fakturierung / Zahlungsüberwachung	Auftragseingang
3	**Produktentwicklung** (Variante)	
3.1	Technische Produktspezifikation	Entwicklung
3.2	Entwickeln	Entwicklung
3.3	Konstruieren	Entwicklung
3.4	Prototypenbau, Nullserie	Fertigung
3.5	Werksnormung, Regelwerk	Entwicklung
3.6	Prüfplanung, Qualitätsplanung, Doku	Entwicklung,Prüfabt.
4	**Produktionsplanung und -steuerung**	
4.1	Produktionsplanung	AV
4.2	Produktionssteuerung	AV
5	**Beschaffung**	
5.1	Lieferantenwahl	Einkauf
5.2	Bestellabwicklung	Einkauf
5.3	Wareneingang	Lager
6	**Produktionslogistik**	
6.1	Bereitstellung Fertigung / Montage	Lager
6.2	Lagerhaltung für Neuteile	Lager
7	**Produkterstellung**	
7.1	Werkstattsteuerung	AV
7.2	(Teile-)Fertigung / Montage	Fertigung
7.3	Erstellung der Fertigungsunterlagen	Fertigung
7.4	Produktabnahme	Entwicklung
8	**Prüfung**	
8.1	Prüfmittelüberwachung	Q-Wesen
8.2	Wareneingangsprüfung	Lager
8.3	(End-)Produktprüfung	Prüfabteilung
8.4	Sonderprüfungen	Prüfabteilung
9	**Versand**	Materialwesen
10	**Kundenbetreuung**	Kundendienst, Entw.

Legende: ■ auftragsbezogener Prozeß; ▒ auftragsübergreifender Prozeß; ⟿ Prozeß begann bereits bei Auftragsbeginn

Flußdiagramm von Fertigungsschritt Oberflächenmontage

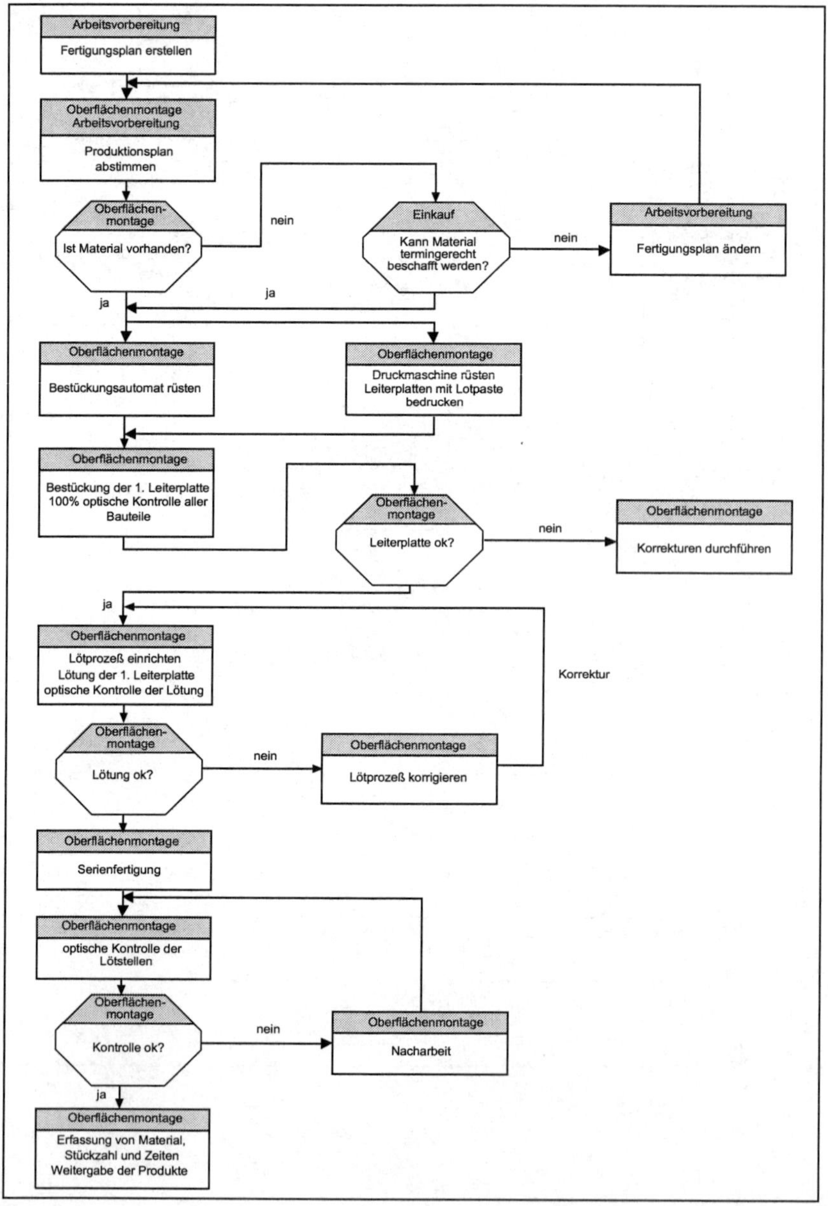

Flußdiagramm von Fertigungsschritt Durchsteckmontage

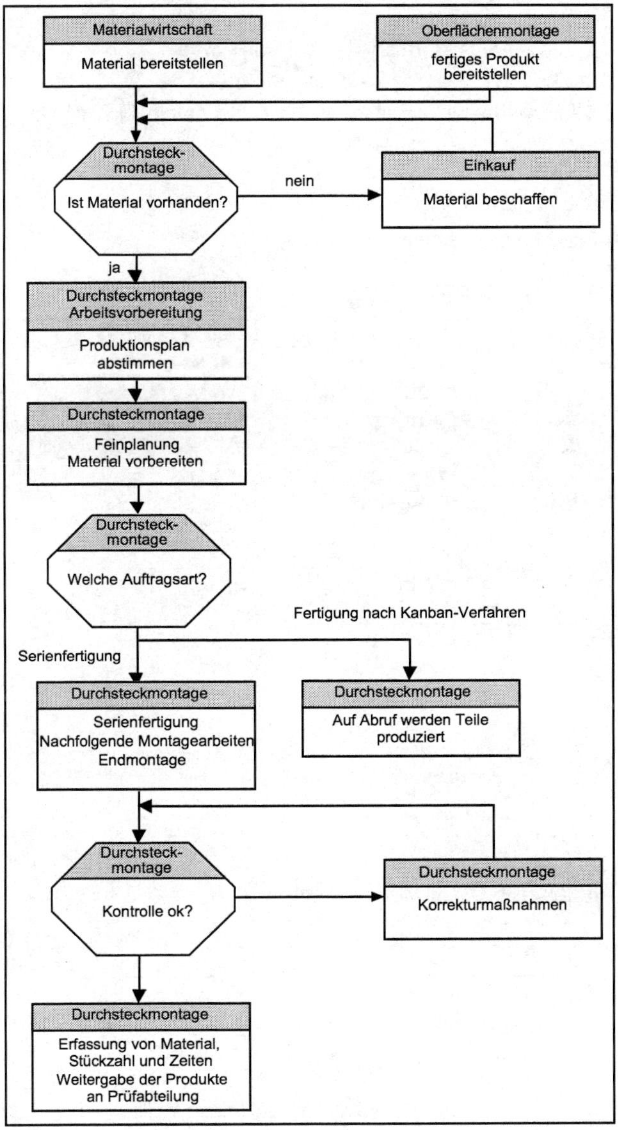

Beispiele für Wirtschaftlichkeits- und Qualitätskennzahlen in den Funktionsbereichen des Unternehmens (nach Tomys 1995, S. 99ff.)

Diese Kennzahlen stellen Beispiele dar, die in ein Kennzahlensystem des Qualitätscontrolling eingeordnet werden können. Jedes Unternehmen muß selbst entscheiden, welche Kennzahlen in das flexible Qualitätsmanagementsystem aufgenommen werden sollen.

a) Wirtschaftlichkeitskennzahlen

Kennzahl	Meßgröße	Bezugsgröße	Einheit
Investitionsquote	Investitionen	Betriebsleistung	
Rentabilität	Gewinn	Kapitaleinsatz	
Relative Wirtschaftlichkeit	Ausbringungsmenge aktueller Preis / Wert	Einsatzmenge aktueller Preis / Wert	%
Arbeitsproduktivität	hergestellte Teile	Anzahl der Beschäftigten (Arbeitsstunden)	%
Mengenproduktivität	Ausbringungsmenge	Einsatzmenge	%
Wert-Produktivität	Ausbringungsmenge zum Festpreis	Einsatzmenge zum Festpreis	%
Durchlaufzeit	gesamte Zeit vom ersten Bearbeitungsschritt bis zur Fertigstellung		Zeiteinheit

b) Allgemeine Qualitätskennzahlen

Kennzahl	Meßgröße	Bezugsgröße	Einheit
Auditergebnisse[1]	eigenes Unternehmen		Qualitätskennzahl (QKZ)
Vorschlagquote	Anzahl Verbesserungsvorschläge	Anzahl der Beschäftigten	

[1] Systematische und unabhängige Untersuchung, durch die das Vorhandensein und das sachgerechte Anwenden sepzifischer Anforderungen beurteilt wird

c) Qualitätskennzahlen für den Verkauf

Kennzahl	Meßgröße	Bezugsgröße	Einheit
Kundenzufriedenheit	Wiederkäuferzahl	Anzahl aller Kunden	
Retouren	Retourmenge	gesamte Fertigungsmenge	%
Beanstandungen	Produktausfälle	Gesamtzahl Produkte	%
Beanstandungen	Umsatz	Anzahl der Reklamationen	
Kundenzufriedenheit	Beanstandungen	Zeiteinheit	Anzahl pro Zeiteinheit
Inbetriebnahmedauer	Ist-Arbeitsstunden	Anzahl Inbetriebnahmen	Zeiteinheit
Kulanzanteil	Kulanzkosten	Umsatz	%
Garantieanteil	Garantiekosten	Umsatz	%
Gewährleistungsanteil	Gewährleistungsaufwand	Umsatz	%
Serviceanteil	Servicekosten	Umsatz	%
Wartungsumfang	Wartungsaufwand	Produktkosten	
Instandhaltungsanteil	Instandhaltungsaufwand	Herstellkosten	%

d) Qualitätskennzahlen der Beschaffung

Kennzahl	Meßgröße	Bezugsgröße	Einheit
Audit	Lieferantenbeurteilung		Qualitätskennzahl (QKZ)
Retouren	Retourmenge	gesamte Einkaufsmenge	%
Liefertreue	Anzahl der Anlieferverspätungen	Gesamtzahl der Lieferungen	%
Fehllieferungen	Anzahl fehlerhafter Anlieferungen	Gesamtzahl der Lieferungen	%

e) Qualitätskennzahlen in Entwicklung, Konstruktion und Planung

Kennzahl	Meßgröße	Bezugsgröße	Einheit
FMEA[2]	Risikoprioritätszahl		
FMEA-Index	Anzahl der FMEA-Projekte		
Entwurfsänderungen	Anzahl der Änderungen der Konstruktion vor der Freigabe		
Konstruktions-änderungen	Anzahl der Änderungen in der Fertigungsplanung		
Fertigungsänderungen	Anzahl der Änderungen in der Fertigung, Montage		
Entwicklungsquotient	Produktentwicklungszeit	Produkt-lebenszeit	
Zeitüberschreitungs-quote	Zeitüberschreitung	Gesamt-umsatz	%
Innovationsrate	Umsatz mit neuen Produkten	Gesamt-umsatz	%
FuE-Quote	FuE-Aufwand	Umsatz	%
FuE-Personalintensität	FuE-Personalanzahl	Gesamtper-sonalanzahl	
Lizenzbilanz	Einnahmen über Lizenzen	Ausgabe für Lizenzen	

[2] Fehler-Möglichkeits-und-Einfluß-Analyse: Systematische Vorgehensweise in der Konstruktion von Neuprodukten und Produktänderungen unter Einbeziehung von Fachleuten aus anderen Bereichen

e) Qualitätskennzahlen Fertigung und Montage

Kennzahl	Meßgröße	Bezugsgröße	Einheit
Nacharbeit	Anzahl der nachgearbeiteten Teile	gesamte gefertigte Teile	%
Ausschuß	Anzahl der Teile	gesamte gefertigte Teile	%
Anlagenverfügbarkeit	Ausfallzeit	Sollaufzeit	%
Maschinenverfügbarkeit	Ausfallzeit	Sollaufzeit	%
Anlagenstörungen	Anzahl der aufgetretenen Störungen		
Außerplanmäßige Instandsetzung	Anzahl der außerplanmäßigen Instandsetzungen		
Prüferzahl	Anzahl der Prüfer	Gesamtanzahl direkter Beschäftigter	%
Prüfzeit	Prüfzeitanteil	Fertigungsplanzeit	%
Prüfaufwand	Prüfkosten	Umsatz	%
Fehllieferungen (intern)	Anzahl fehlerhafter Lose	Gesamtzahl Produkte	%
Problemlösungsgruppen	Anzahl Problemlösungsgruppen		
Montagefehler	Anzahl Montagefehler	100 Einheiten	
interner Fehleraufwand	interne Fehlerkosten	Umsatz	%
Durchlaufzeit	gesamte Zeit vom ersten Bearbeitungsschritt bis zur Fertigstellung		Zeit
Stillstandszeit	Stillstandszeit	Fertigungsplanzeit	%
Kapazitätsauslastung	tatsächliche Kapazitätsbeanspruchung	durchschnittlicher Lagerbestand	%
Fertigungsintensität	Ist-Kosten	Soll-Kosten	%